A Monsieur Durat-Lasalle.

Hommage de l'auteur.

Solard

HISTOIRE
DE
L'HOTEL ROYAL
DES INVALIDES.

TOME PREMIER.

BLOIS. — IMPRIMERIE DE CH. GROUBENTAL, GRANDE-RUE, 46

Louis XIV.

HISTOIRE
DE
L'HOTEL ROYAL
DES INVALIDES
DEPUIS SA FONDATION JUSQU'A NOS JOURS,
PAR AUGUSTE SOLARD,

SECRÉTAIRE INTIME DE M. LE MARÉCHAL OUDINOT, DUC DE REGGIO,
GOUVERNEUR DES INVALIDES.

> Entre tous les établissemens que nous avons faits dans le cours de notre règne, il n'y en a point qui soit plus utile à l'État que celui de l'Hôtel Royal des Invalides, toutes sortes de motifs doivent engager *le dauphin et tous les autres rois nos successeurs* à lui accorder une protection particulière ; nous les y exhortons autant qu'il est en notre pouvoir. *(Testament de Louis XIV.)*

TOME PREMIER.

BLOIS,
CH. GROUBENTAL, EDITEUR.

PARIS,
A LA LIBRAIRIE MILITAIRE DE J. DUMAINE, NEVEU ET S' DE G. LAGUIONIE,
(Maison ANSELIN), rue et Passage-Dauphine, 36.

1845.

A son Excellence

Le Maréchal OUDINOT, Duc de REGGIO,

Pair de France, Gouverneur des Invalides, etc., etc., etc.,

HOMMAGE

Du plus profond respect

et

D'un entier dévouement.

AVERTISSEMENT.

Il n'existe point d'histoire des Invalides.

Lejeune de Boullencourt, l'un des premiers secrétaires de l'Hôtel ;

Jean-François Félibien des Avaux, de l'Académie Royale des Inscriptions et historiographe des bâtimens du Roi;

Jean-Joseph Granet, avocat au Parlement de Paris;

L'abbé Pérau, licencié en théologie de la maison et société de Sorbonne;

M. Genty de Bussy, aujourd'hui intendant-militaire et membre de la Chambre des Députés, ont, à la vérité, publié à diverses époques, des descriptions historiques de cet établissement; mais ces publications ont été presque exclusivement consacrées à la partie artistique et architecturale de l'Hôtel ; et l'institution des Invalides, considérée sous le point de vue militaire, historique et social, n'a pas encore trouvé d'historien.

Personne cependant ne saurait le contester ;

Un des moyens les plus sûrs de perpétuer les souvenirs de notre gloire nationale, et de jeter dans l'esprit de l'armée ce puissant levier d'émulation qui a contribué à élever si haut le nom de la France, c'est, sans contredit, celui que le gouvernement a adopté, en décidant qu'un historiographe serait attaché au dépôt de la guerre pour écrire l'histoire de tous les régimens de l'armée.

S. A. R. Mgr le duc d'Orléans, si malheureusement enlevé à la France et au monde, avait compris tout ce que cette idée renfermait de fécond pour l'avenir; il écrivait lui-même l'histoire des 2e et 17e légers qui avaient combattu sous ses ordres en Afrique, et la mémorable lettre (1) qu'il adressait en 1839 à M. le colonel de Gouy, commandant le 1er régiment de hussards, restera comme un témoignage vivant de l'importance qu'il attachait à la question qui nous occupe.

Il est donc permis de le penser, si Mgr le duc d'Orléans eût eu le bonheur de voir la fin de l'immense et patriotique travail dont il traçait le plan au colonel du 1er régiment de hussards, il eût voulu le couronner par une histoire complète des Invalides.

Cette pensée qui était dans le cœur du prince que regrettera longtemps le pays et l'armée tout entière, nous avons entrepris de la réaliser.

Le premier rang dans l'armée est assigné aux Invalides, comme se composant de militaires de toutes armes, et à raison de l'âge, des blessures, et de longs et honorables services.

Comme monument, l'Hôtel royal des Invalides est, dans son ensemble, l'un des plus beaux de l'architecture moderne.

Comme institution, l'institution des Invalides est l'une de celles dont s'honore le plus la France.

Envisagé poëtiquement, l'Hôtel des Invalides parle aux passions les plus généreuses, il recèle et il résume presque en lui seul les plus grandes gloires du pays.

C'est donc au pays, à l'armée, à tous les militaires invalides que s'adresse notre livre.

Nous le dédions à leur illustre Gouverneur, au commandant des grenadiers réunis, dans lequel se personnifient avec tant d'éclat toutes les vertus de l'homme de guerre.

(1) Voir le *Moniteur* du 10 août 1842.

CHAPITRE PREMIER.

NATIONALITÉ, IMPORTANCE, NÉCESSITÉ DE L'INSTITUTION DES INVALIDES, SON INFLUENCE SUR L'ESPRIT DE L'ARMÉE.

L'Institution de l'Hôtel Royal des Invalides a été célébrée par les historiens, les politiques, les économistes qui l'ont admirée à l'envi. Tous ont pensé qu'à elle seule elle suffirait à illustrer un grand règne; et, en effet, il n'est pas de fondation que la France soit plus fière d'offrir au respect de l'étranger.

« Je fus hier aux Invalides, dit Montesquieu,
« dans sa quatre-vingt-quatrième *Lettre persane*,
« j'aimerais autant avoir fait cet établissement, si
« j'étais prince, que d'avoir gagné trois batailles;
« on y trouve partout la main d'un grand mo-
« narque; je crois que c'est le lieu le plus respec-
« table de la terre ! Quel spectacle, en effet, de
« voir assemblées dans un même lieu toutes ces vic-
« times de la patrie qui n'ont respiré que pour la
« défendre, et qui, se sentant le même cœur et
» non pas la même force, ne se plaignent que de
« l'impuissance où elles sont de se sacrifier encore
« pour elle ! Quoi de plus admirable que de voir
« ces guerriers débiles dans cette retraite, obser-
« ver une discipline aussi exacte que s'ils y étaient
« contraints par la présence de l'ennemi ! »

Telle est l'opinion du publiciste le plus profond qui ait illustré la France, et le témoignage de l'immortel auteur de *l'Esprit des Lois* a été sanctionné par le jugement qu'a porté l'Europe entière de cette sublime Institution; c'est ce suffrage en action, c'est cette glorieuse émulation des peuples les plus éclairés qui doit nous faire apprécier à sa juste valeur l'importance de l'institution des Invalides.

Nos rois, en travaillant avec persévérance, depuis Charles IX jusqu'à Louis XIV, à l'enfantement d'une vaste communauté où le soldat blessé, mutilé ou vieilli dans les combats, trouverait à la fois un asile, une famille et des soins maternels, nos rois ont été au devant d'un vœu national. L'Institution que Louis XIV, couronnant les efforts de ses prédécesseurs, a eu la puissance de fonder est restée debout, entourée du respect le plus profond et de la plus vive sollicitude. Son importance, au lieu de diminuer, a grandi de règne en règne, d'évènemens en évènemens. Chaque révolution, loin de l'amoindrir, lui a apporté un prestige nouveau, une gloire nouvelle. La France a donc le droit d'être fière de ce que ses princes ont établi, de ce que son peuple a confirmé, compris et honoré.

Lorsque par un mouvement à jamais mémorable, la Révolution renversa presque toutes les œuvres des gouvernemens précédens, elle s'arrêta respectueuse devant l'asile donné par le grand roi aux serviteurs du pays. Quelle main assez téméraire oserait, dans l'avenir, toucher au monument que le peuple de 93 prit sous sa protection, et qui apparaîtra dans les siècles à venir sous le double prestige de la sanction royale et populaire !

L'immortel auteur de l'*Esprit des Lois*, Montesquieu, qui se connaissait en institutions, a eu raison de le dire : « La terre n'a pas de lieu plus res-
« pectable que ce temple consacré au malheur in-

« dividuel, comme à la gloire publique, sous le
« nom d'Hôtel-des-Invalides. » Aucune des illustrations qui, depuis Pierre-le-Grand de Russie, sont venues demander à ses dômes des pensées puissantes et fécondes, n'a été trompée dans son attente. On parle du respect des Lacédémoniens pour leurs vieillards; mais que l'on jette un seul regard sur l'éclat majestueux dont rayonne la demeure de nos vétérans, à coup sûr, on mettra la France au-dessus de Lacédémone!

Demandons-nous, en effet, quel est l'édifice du monde sous les voûtes duquel ait reposé une masse de gloire aussi grande que celle qui s'abrite sous les voûtes du dôme de Saint-Louis.

Tout le siècle de Louis XIV est là, ce siècle dans lequel la France fut si grande, ce siècle qui s'éveilla au bruit du canon de Rocroy et s'endormit à l'ombre des lauriers de Denain. Ils s'abritèrent là, les héros de Fontenoy; elle est là, cette génération gigantesque, extraordinaire, qui a versé son sang héroïque sur mille champs de bataille, depuis Lens et Fribourg jusqu'à Waterloo, jusqu'au passage des Portes-de-Fer, depuis Trafalgar jusqu'à Mogador. Quelle série prodigieuse d'hommes et d'illustrations! depuis le valeureux capitaine des Bandes, sous Louis XIV, jusqu'au soldat populaire qui reçut les adieux de Fontainebleau, depuis le vainqueur des Dunes, jusqu'à l'illustre chef de l'état-major-général de l'armée d'Italie, si justement surnommé par l'Empereur le Bayard des temps modernes. Et comme si ce n'était pas assez de gloire, comme s'il fallait que l'hôtel du mérite militaire français fût un lieu véritablement unique, un de ces lieux où l'univers se rend en pélerinage, voici que la grande tombe de l'homme du siècle y a sa place marquée.

La dernière demeure d'Alexandre-le-Grand disparut bien vite sous les ruines de Babylone, abandonnée qu'elle fut des ambitieux Argyraspides. On ne montre plus le tombeau de César. Celui de Charlemagne, à Aix-la-Chapelle, a été profané. Plus heureux que les trois grands génies dont il a réuni en lui seul les étonnantes qualités, l'Alexandre, le César, le Charlemagne de notre âge vieillira parmi les vétérans de la gloire nationale. Tant qu'un de ceux qu'il commandait, soit au Caire, soit à Austerlitz, tant qu'un de leurs successeurs pourra soutenir une arme dans sa main mutilée, les dépouilles immortelles rapportées de Sainte-Hélène commanderont l'admiration des peuples et la respectueuse vénération des rois.

Si la France reculait sur les champs de bataille; si la France descendait de son rang parmi les nations, du fond des Invalides, mille voix ranimeraient son énergie, la ramèneraient au combat;

c'est qu'une telle institution devient le rempart d'un peuple.

En même temps qu'elle est une garantie pour l'honneur national, l'institution des Invalides est aussi une garantie pour la sécurité du pays, et, en effet, nulle fondation d'utilité publique n'a été plus féconde, plus positive et mieux entendue.

L'institution des Invalides a pour but de donner au soldat blessé, mutilé, ou vieilli dans la pratique des armes, une retraite honorable et assurée, une existence tranquille et douce, à la fin de sa carrière, une famille, dans laquelle il trouve des soins éclairés, respectueux, constants. C'est une institution que l'État entretient dans la vue de payer la dette de l'État. La considérer comme création de philantropie, ce serait oublier complètement la pensée des fondateurs et du pays ; ce serait méconnaitre les généreuses prescriptions de l'ordonnance constitutive de Louis XIV.

Pour nous, nous voulons voir dans l'institution ce qu'elle est réellement : une dette noblement payée par la reconnaissance du pays ; un Panthéon national ouvert à sa gloire !

Chez toutes les nations qui ont possédé plus ou moins le génie militaire, un grand principe, un principe fondamental a toujours été posé et toujours été finalement reconnu, c'est que, si le citoyen acquitte une dette en combattant pour son pays, en prodiguant pour lui et son sang et son existence, le pays contracte envers celui qui a payé cette dette avec honneur, une obligation grave, sérieuse, et à laquelle il ne pourrait se soustraire sans déshonneur !

Le problème à résoudre pour les nations militaires a conséquemment toujours été celui-ci : comment acquitter, envers le citoyen devenu soldat, envers le défenseur de la patrie, cette dette du sang ?

Assurément, le peuple le plus militaire de l'antiquité, ce fut le peuple de Romulus et de Servius-Tullius. Eh bien ! quel était le sort des soldats romains ?

Des centurions qui avaient le corps couvert de cicatrices, étaient chargés de chaînes par d'impitoyables créanciers. Les lanières de l'usure lacéraient leurs membres déjà déchirés par les piques ennemies. Plus tard, on imagina les colonies militaires, non pas tant pour récompenser le soldat, que pour donner au peuple une part du riche butin territorial de la conquête. Enfin, aux temps les plus brillants de la gloire militaire des Romains, sous Sylla, sous Pompée, sous César, on donna aux vétérans les terres elles-mêmes des citoyens. Sans un généreux protecteur, Virgile eût quitté l'héritage paternel de Mantoue, pour le céder au vétéran de Pharsale et d'Actium. Devant cette invasion militaire, l'Italie tout entière s'enfuit. Ce furent ceux qu'on avait armés pour la défendre qui en firent la conquête. Là aboutirent les travaux des Romains. Leurs soldats régnèrent sur eux.

Partout, pour ainsi dire, tout a été fait à l'exemple des Romains.

Ceux qui se sont préoccupés du sort du soldat éloigné de ses drapeaux, n'ont su assurer ce sort qu'aux dépens de celui du citoyen. La France seule a marché dans une voie plus juste, elle a donné un exemple qu'on s'est empressé de suivre. En créant l'Hôtel Royal des Invalides, *elle a moralisé l'Europe.*

Elle ne s'est pas contentée d'inventer pour le serviteur du pays, des honneurs, un repos assuré à la fin d'une longue carrière de travaux; elle n'a pas eu assez de faire à ses défenseurs une large place dans son administration, dans ses conseils; elle a imaginé les récompenses les plus précieuses pour la valeur; elle a été plus loin : elle s'est établie la servante empressée du soldat qui, par l'âge ou par les accidents de la guerre, a perdu, à son service, ses moyens d'existence. Elle ne lui a pas jeté, à ce soldat, l'aumône de Bélisaire. Elle l'a pris sous son aile, à l'abri de sa gloire; elle ne lui a pas élevé un hospice, un refuge, où l'on entre par nécessité et la rougeur au front; elle lui a consacré, dans le plus bel emplacement de sa capitale, une vaste retraite, toute pleine de glorieux souvenirs, tranquille, paisible, où l'on est fier d'être admis, où toutes les infirmités sont surveillées et soignées, par devoir, par dévouement.

Ainsi, le pays a montré le cas qu'il faisait de ses serviteurs ; il a proclamé qu'on ne saurait assez s'occuper d'eux ; il s'est honoré en les honorant. La France délicate et polie, reine de la civilisation, a essayé de payer sa dette avec une délicatesse digne de son nom.

L'âge moderne a changé la manière de combattre. Chez les anciens, ou les blessures étaient mortelles, ou bien elles étaient légères et guérissables ; il y avait peu de mutilations. Au temps de la féodalité, les vrais combattants, les combattants actifs étaient à couvert sous l'acier. A la fameuse bataille de Brenneville, on donna, toute une journée, de grands coups d'épée à deux mains; on fit, toute une journée, de grandes joûtes à la lance, on s'attaqua, on se défendit, et le soir venu, deux guerriers seulement étaient morts. L'un d'eux avait péri étouffé sous le poids de son cheval et de son armure.

Depuis l'invention du moine Schwartz, l'aspect

des choses a bien changé... Qu'importent l'audace, l'habileté? la balle et le boulet ne respectent aucun héroïsme.

Or, ce que redoute le soldat, et surtout le soldat français, ce n'est pas la mort; s'il craint quelquefois ce trépas, qui arrive si rapide, si inattendu sur les champs de bataille, c'est pour ses frères encore enfans, c'est pour son vieux père, pour ses sœurs et sa mère qui resteront pour le pleurer.

Ce que redoute encore le soldat, c'est la mutilation, c'est la balle qui laboure les chairs, brise les muscles et rend nécessaire une amputation, c'est le boulet qui jette l'homme sur la terre, privé d'un ou de plusieurs membres, incapable de se relever; voilà le tableau qui effraie la jeune recrue, avec lequel le vétéran a peine à se familiariser.

Grâce à l'institution des Invalides, un asile de paix attend les héros mutilés; la main maternelle de la patrie les relève sur le champ de bataille, panse leurs blessures et les conduit dans ce noble refuge de la gloire. Là, ils trouveront leurs glorieux camarades, leurs vieux officiers, qui les guidaient au combat et à la victoire; ils y formeront une famille de frères d'armes. Ils seront placés sous les ordres tout paternels d'un vétéran de la gloire française.

Dans leur village, avec une pension de retraite,

ils seraient encore à la merci de ceux qui soigneraient leur vieillesse ou leurs infirmités. Ici, ils ne seront à la merci de personne ; on prévoira, on économisera pour eux ; on prendra soin de leurs vêtemens, de leur nourriture, on occupera autant que possible leur existence. Tout vétérans, tout mutilés qu'ils sont, ils restent soldats ; ils vivent heureux encore de cette vie militaire à laquelle il est si pénible de renoncer ; l'image de la guerre leur sourit encore ; ils conservent les glorieuses reliques des souvenirs nationaux. Après avoir conquis à leur patrie des palmes immortelles, ils veillent sur le dépôt de sa gloire, et si jamais, ce qu'à Dieu ne plaise, le sort de la patrie était en danger, on les reverrait encore verser pour elle les dernières gouttes de leur sang

Ici, point d'isolement possible ; le chevet sur lequel repose le vétéran malade est orné de la croix chrétienne. Le christianisme avec ses consolations ineffables ne le perd jamais des yeux. Enfin, l'existence de l'invalide n'exclue pas la vie de famille. Aucun obstacle ne s'interpose entre lui et les siens.

De là, une action morale immense.

Sans doute, le peuple de nos armées ne met un prix ni à son dévouement ni à sa bravoure. Le pays serait ingrat, que le soldat se dévouerait toujours, qu'il serait toujours brave ; mais quel est l'homme qui peut défendre son âme des pensées d'avenir, la garantir des inquiétudes, quoiqu'on fasse. Dès l'instant où l'institution des Invalides a existé, il y a eu un pacte entre le pays et ses défenseurs. Ces derniers ont su qu'outre la Providence, une divinité tutélaire, le Génie de la France, veillait sur leur sort ; ils ont su que s'ils ne mettaient à leurs travaux aucun prix, la patrie, dans sa sagesse et sa prudence, préparait les moyens d'acquitter envers eux une dette. Dès cet instant, qu'on en soit bien persuadé, le soldat a grandi à ses propres yeux, il s'est estimé davantage.

L'institution des Invalides est donc d'un côté, une preuve grave, irréfragable, à la fois positive et poétique de la moralité profonde qui distingue en France et la nation et la royauté. En second lieu, elle est un gage donné d'avance au soldat partant pour affronter les périls de la guerre. Comme telle, elle l'élève à une grande hauteur; elle a sur son courage une action décisive.

Ainsi, grandeur nationale, gloire, moralité, utilité, voilà les mots que l'on pourrait inscrire sur le fronton de l'édifice élevé par Louis XIV.

On a parlé de dépenses ; mais comme l'a fait ressortir un publiciste, la question de l'existence de l'ancien temple de Mars, n'est pas de celles que l'on résout avec des chiffres. C'est avec le cœur, avec le sens moral, avec le sentiment du grand, du noble, du beau, de l'utile, qu'il serait seulement permis de la trancher.

En envoyant nos marins recueillir à travers l'Océan les restes de Napoléon, pour les déposer ensuite au sein même de la fondation par excellence de Louis XIV, le gouvernement de 1830 nous semble avoir pour jamais décidé la question. Nous le disons dans notre sincérité, le règne actuel, en donnant aux Invalides la garde du cercueil impérial, a fait autant pour ces vieux soldats que Napoléon et que le fondateur de l'Hôtel lui-même. Il appartenait peut-être au prince dont la pensée féconde a ressuscité Versailles, de rendre impérissable, autant que le sont les entreprises humaines, la plus noble, la plus utile des créations du plus illustre de nos rois.

CHAPITRE II.

HISTOIRE DE LA FONDATION DE L'HÔTEL ROYAL DES INVALIDES.

La fondation de l'Hôtel royal des Invalides par Louis XIV, est un fait pour ainsi dire populaire ; aucun nuage ne plane sur cet évènement. Il n'en est pas de même des circonstances antérieures qui s'y rattachent, soit de loin, soit de près. Il est curieux de rechercher quels exemples, quelles données précédentes ont pu guider les conseils du royal fondateur.

Evidemment, il n'y a rien dans l'antiquité d'analogue à l'Hôtel Royal des Invalides, c'est-à-dire, à une vaste retraite, consacrée par un grand état, à la vieillesse et aux infirmités des soldats émérites, des vétérans.

« S'il y eût eu, chez les Grecs, dit l'abbé Pérau,
« un établissement de cette nature, les orateurs,
« les poètes, les historiens si curieux de perpé-
« tuer la gloire de leur nation, ne se seraient-ils
« pas fait un devoir d'en transmettre la mémoire
« à la postérité, et de nous apprendre par quelles
« sages mesures Athènes mettait à exécution ce
« beau décret de l'Aréopage, qui portait, que ceux
« qui avaient vieilli sous les armes ou qui reve-
« naient couverts de blessures, seraient nourris
« aux dépens de la République. »

Ce n'est pas le Prytanée qui a pu fournir l'idée première de l'institution dont nous nous occupons.

Les Romains n'ont eu rien de semblable. Les colonies militaires étaient leur moyen le plus fécond pour assurer l'existence du soldat-citoyen. On compulse vainement leurs annales pour apprendre de quelle manière ils rendaient supportable le sort des citoyens qui, dans le cours de leur vie militaire, avaient été blessés, au service de la République, assez grièvement pour être désormais incapables d'un travail fructueux. Sans doute, ils étaient nourris aux dépens de l'État, mais comment, dans quel lieu? L'Histoire romaine est muette sur ce point. Nous apercevons seulement, par un assez grand nombre d'exemples, que les places d'officiers, d'appariteurs, de magistrats, de gardes des édifices et des temples, étaient affectées spécialement aux vétérans.

La question de l'existence du soldat soit blessé, soit affaibli par l'âge ou par les fatigues de la guerre, paraît avoir fort proéccupé nos ancêtres. Cette question ne pouvait être résolue que lorsqu'il existerait au service de l'État une armée permanente.

Chez les Germains, chez les Francs, l'homme d'armes paraît avoir fait la guerre à ses risques et périls. Soumis à un chef, il recevait de lui, selon sa bravoure, ou d'après des conventions, une part du butin, soit du butin mobilier, soit de la conquête territoriale. C'est ainsi qu'ont commencé les bénéfices qui devinrent les fiefs ; c'est là l'origine de la féodalité. Mais la première condition pour un tenancier féodal, c'était de pouvoir garder et défendre son fief, de pouvoir rendre, en raison dudit fief, à son seigneur, le service féodal militaire. Il ne s'agit donc ici que des compagnons actifs des chef et des princes.

Comment ceux-ci procédèrent-ils à l'égard de leurs compagnons, blessés, infirmes, écrasés par la vieillesse? Les abandonnèrent-ils avec ingratitude, comme on abandonne des instruments inutiles, ou bien s'occupèrent-ils de leur sort? Tout barbares qu'aient été les Francs, nous ne voudrions pas croire à l'affirmative sur la première question.

Il serait facile de prouver que, du moment où les princes de la race mérovingienne et leurs leudes eurent fondé des abbayes et des monastères d'hommes, il y eut dans ces abbayes, dans ces monastères, des réserves faites pour les soldats mutilés. Il y a dans les recueils des historiens des Francs, de nombreuses traces de cette coutume. Cette retraite, comme le fait remarquer l'avocat Granet, était en effet la plus convenable pour les secours spirituels et temporels.

Les Carlovingiens imitèrent les descendants de Mérovée et de Clovis; mais ce ne fut pas Charlemagne, comme on l'a affirmé, qui imagina de mettre à la charge des abbayes les vétérans mutilés, sous le nom d'oblats ou de religieux, de moines, laïcs ou lais; il tint seulement la main, avec une digne fermeté, à ce que, par égoïsme ou par intérêt, les supérieurs des monastères ne se refusassent pas à recevoir dans leur communauté, les soldats qui leur étaient adressés. Il veilla aussi à ce qu'on ne les négligeât point, à ce qu'on ne se permît pas à leur égard des traitements répréhensibles. Les mesures qu'il prit sur cet important sujet laissèrent de profonds souvenir. Claude Seyssel, historien de Louis XII, rapporte que, de son temps encore, c'était une tradition parmi les moines d'une abbaye du Languedoc, que Charlemagne punit un de leurs abbés, pour avoir refusé de recevoir comme *oblat*, dans sa communauté, un soldat que ce prince lui avait envoyé (Voy. Cl. Seyssel).

Ainsi les vétérans mutilés ou affaiblis par l'âge, eurent sous les princes francs, mérovingiens ou carlovingiens, une existence qui fut assurée par l'institution des oblats.

Nous n'avons pas à entrer ici dans une discussion ecclésiastique sur cette institution. Elle est aussi vieille que l'institution des abbayes elles-mêmes : car, dès leur origine, les communautés religieuses eurent à nourrir des étrangers malheureux, qui vinrent s'offrir à elles ou que leurs fondateurs leur adressèrent. Ces étrangers furent ce qu'on a appelé *les oblats*. A côté de ces oblats par excellence, se placent d'autres classes du même nom ; mais nous n'avons pas à en parler.

On a beaucoup discuté aussi sur l'origine du droit d'oblation. Ce droit est celui de tout fondateur; il n'appartient pas seulement au roi, chef suprême de la féodalité, mais au seigneur, protecteur de l'abbaye.

Le clergé qui refusa toujours de laisser convertir en impôt la pension des oblats, ne songea jamais, il faut le dire à s'élever contre ce droit. L'Église, au contraire, prit plaisir à accepter, à traiter convenablement les vieux pensionnaires des rois et des seigneurs. Cependant quelques supérieurs de communauté essayèrent de s'affranchir de la nourriture et de l'entretien des soldats mutilés, d'autres tentèrent de faire tourner l'usage à leur profit. Ne pouvant, sans se déshonorer, refuser de recevoir les oblats, ils imaginèrent de faire donner ces places, soit à leurs officiers, soit à leurs domestiques; nous verrons plus tard que la fraude fut découverte. Plusieurs princes, notamment Louis XII, Henri III et Henri IV, s'occupèrent avec activité de faire restituer à qui de droit les pensions et les titres d'oblats.

Philippe-Auguste fut, selon toute apparence historique, le premier roi qui reconnut que l'institution des oblats n'était pas suffisante pour assurer le sort des soldats blessés ou mutilés.

Le fait est facile à comprendre.

Philippe-Auguste est le premier roi de France qui ait eu à sa solde, dans tous les temps, un corps permanent de troupes. C'est dans l'histoire de son régne qu'il faut chercher les premiers éléments de notre armée permanente. Son règne fut agité par des guerres presque continuelles, deux croisades, sans compter celle contre les Albigeois, la guerre avec Richard et Jean d'Angleterre, la guerre avec Othon d'Allemagne, et la grande, l'immortelle bataille de Bouvines.

Evidemment, les abbayes dépendantes du domaine de la couronne et des prévôtés conquises ou agrégées par Philippe-Auguste, ne durent pas suffire à recevoir tous les soldats blessés, tous les vétérans mis hors de service; Philippe-Auguste songea à les réunir tous dans une seule ou dans plusieurs abbayes. A cette époque la royauté n'était point riche, elle avait beaucoup de charges pour peu de revenus. Il fallait, selon l'expression moderne, aller à l'économie.

Philippe-Auguste écrivit à la cour de Rome pour obtenir que l'établissement qu'il projetait jouît de tous les privilèges des communautés ecclésiastiques, et fût néanmoins exempté de leurs charges envers le Saint-Siége. Le pape, qui était alors le célèbre Innocent, consentit à la demande du roi de France, comme l'atteste sa réponse contenue dans la soixante-cinquième lettre de la *Collection de ses Épîtres*.

Mais l'établissement projeté par Philppe-Auguste fut-il fondé? Le projet reçut-il seulement un commencement d'exécution, ou fut-il abandonné? Nous avons cru reconnaître que s'il y eut un établissement fondé, ce fut un hospice ordinaire, exempté de la surveillance de l'évêque et placé sous la garde du prévôt de Paris. Les vétérans blessés y étaient indistinctement mêlés avec d'autres infirmes.

Saint Louis, qui perfectionna l'organisation monarchique commencée par Philippe-Auguste, s'occupa, comme son grand-père de l'existence des soldats mutilés ou blessés; plusieurs passages du *Livre des métiers* d'Étienne Boileau, l'attestent suffisamment. Certaines redevances des marchands sont appliquées à l'entretien des oblats du roi.

Mais laissant de côté toutes ces preuves peu convaincantes et que chacun interprète à sa guise, nous trouvons saint Louis, à son retour de la croisade, fondant la maison des Quinze-Vingts, où l'on devait entretenir ceux des Croisés que le soleil éclatant de l'Asie avait frappés de cécité. Cet asile fut la première maison historique consacrée à des soldats invalides. Elle ne pouvait être fondée que par un grand roi, par un saint (1).

(1) Il fit semblablement faire la Maison-Dieu de Pontoise, celle de Vernoul, la maison des Quinze-Vingts de Paris. — JOINVILLE, ch. 85.

Nous ne voyons pas que les successeurs immédiats de saint Louis, Philippe-le-Hardi, Philippe-le-Bel et ses trois fils, Philippe-de-Valois, le roi Jean, aient eu une institution plus complète. Bien que nous n'ayons aucuns renseignemens précis sur les essais qu'à pu faire le sage Charles V, cependant nous sommes portés à croire qu'il suivit la voie indiquée par Philippe-Auguste et par Saint-Louis. En effet, nous voyons ce prince imaginer toutes sortes de plans pour rejeter hors du royaume les bandes de soldats devenus inutiles à la défense du territoire. Pour compléter ses plans, il dut nécessairement assurer l'existence de ceux des soldats qui, ne pouvant, à cause de leurs infirmités, suivre les bandes hors du royaume, où seraient morts de misère sur les grands chemins, ou auraient été réduits soit au vol, soit à la mendicité.

Sous Charles VI, la France eut assez de se débattre aux mains des traîtres et des étrangers. Mais comment se fait-il que Charles VII qui organisa la première armée permanente, qui leva le premier impôt permanent pour entretenir cette armée, n'ait rien laissé qui soit relatif à la condition du vétéran mis hors de service? Ceci est inexplicable.

Louis XI, trouvant sans doute suffisante l'institution des religieux laïcs, commença à pensionner, non-seulement les chefs des troupes royales, mais les soldats eux-mêmes. Leur pension était modique assurément, mais on ne saurait révoquer en doute que les archers de la garde écossaise, par exemple, à leur sortie du service, n'aient reçu communément du prince, soit une forte somme une fois payée, soit une terre, soit une somme annuelle. Charles-le-Téméraire pensionnait aussi ses hommes d'armes.

Charles VIII, qui fit les premières conquêtes extérieures de la France, qui rêva le trône impérial de Constantinople, qui posséda un instant Naples et le Milanais, Charles VIII ne négligea pas non plus l'existence des gens de guerre. On en peut voir quelques preuves dans Philippe de Comines et d'autres historiens de cet aimable prince, la meilleure des créatures, selon leur témoignage.

Nous arrivons ainsi à Louis XII, sous lequel commencèrent à se développer tous les germes des choses utiles et grandes qui ont depuis distingué la monarchie française.

Il suffit de jeter un coup-d'œil sur les annalistes de son règne, pour voir que, s'il protégea le cultivateur contre les déprédations du soldat, il sut aussi pourvoir à la sécurité présente et à venir de l'homme d'armes.

Le vainqueur de Marignan, le trop fougueux héros de Pavie, le défenseur de l'unité française contre le colosse espagnol, François Ier imita son vertueux prédécesseur Louis XII.

Quand il institua la grande milice des francs-archers, et quand ensuite il ordonna la levée de l'impôt appelé solde des trente mille hommes, il établit en même temps que tous les gens de guerre qui auraient été mis hors de service, non-seulement seraient exempts des tailles et autres charges, mais encore, que tous les petits emplois faciles à remplir leur seraient dévolus. C'est pour ces invalides de François Ier, que furent soldées ce que l'on appelait les morte-payes, c'est-à-dire les payes faites aux soldats mis hors de service, et qui ainsi ne profitaient pas directement à l'État. On payait indistinctement et le soldat actif et le vétéran, seulement la solde de celui-ci était une *morte-paye*.

Sous Henri II, sous François II, sous Charles IX, tous ceux qui s'occupèrent de l'administration de l'État, Montmorency, les Guise, Catherine de Médicis, Michel de l'Hôpital, Condé, jetèrent un regard de justice sur la condition des vieux soldats.

L'ordonnance du 28 octobre 1568, donnée par Charles IX, bien que très-courte, offre à ce sujet de précieux renseignements.

Durant les débats des différentes pragmatiques-sanctions, les bénéficiers ecclésiastiques avaient mis au jour toutes sortes de prétentions souvent contradictoires. Ils avaient à peu près anéanti en l'éludant l'institution des oblats. Ils se permettaient de choisir eux-mêmes ces vieux pensionnaires. Charles IX frappa sévèrement cette fraude.

« Entendons, dit-il, que, pour quelque cause ou
« quelque occasion que ce soit, les titulaires des
« prieurés qui sont en la collation des archevê-
« ques, évêques, abbés, chapitres et communautés
« de nos royaumes, pays et terres de notre obéis-
« sance, soient chargés, ni tenus de recevoir au-
« cun soldat ou autre estropié, ès-places de reli-
« gieux-lais ou oblats, mais seulement, voulons
« lesdits religieux-lais, être par nous mis en ab-
« bayes et prieures qui sont à notre nomination
« et sur laquelle notre Saint-Père le Pape a accou-
« tumé de pourvoir. »

Ainsi, d'après cette ordonnance, la royauté se réserve exclusivement de choisir et de placer ceux des vieux serviteurs de l'État qui lui paraissent avoir mérité d'être entretenus dans les abbayes.

La mesure de Charles IX fut insuffisante.

Henri III se vit obligé de reproduire son ordonnance, et le texte de celle qu'il rendit le 4 mars 1578 mérite que l'on en cite quelques passages :

« Nous, ces choses considérées, voulant remé-
« dier à tous ces abus et afin qu'ils n'ayent plus
« de lieu à l'avenir, nous mandons très expressé-

« ment, enjoignons et à chacun de vous en droit,
« si voulons et nous plaît, cette fois pour toutes,
« sans attendre de nous, autres jussions ou com-
« mandemens, que dès incontinent que vous aurez
« reçu les plaintes et doléances, ayant obtenu de
« nous des lettres de provision desdites places de
« religieux lais, vous contraigniez a entendre eux
« représenter promptement et sans délai par de-
« vant vous, pour être vus et visités par les chi-
« rugiens et gens à ce connaissant, ouis et interro-
« gés, leurs certificats vérifiés, afin que s'ils ne
« se trouvent avoir été au service de nos ayeux,
« et de nous, et autres de la qualité requise, soient
« par vous et un chacun de vous démis et déposs-
« sédés des dites places de religieux lais, et en leur
« lieu y mettre et installer, les dits soldats estro-
« piés et impotens, d'autant que les dites places
« ont été affectées ou destinées pour ceux qui ont
« été perclus ou estropiés pour le service de nos
« prédecesseurs ou de nous, sans avoir égard à
« leur provision et réception et de tout ce qui s'en
« serait ensuivi, lesquelles, nous avons autrefois
« cassées et annulées, et les cassons, rescindons
« et annulons dès à présent, comme pour lors,
« nonobstant oppositions ou appellations quelcon-
« ques, faites et à faire, sans toutefois qu'il y soit
« commis aucune fraude, ou abus, tous ports et

« faveurs cessans, ni tenir les pauvres supplians
« en longueur de procès et iceux, garder d'op-
« pression et de violence et les tenir en notre
« protection et sauvegarde. »

Dans une seconde ordonnance, rendue en 1585, au mois de février, le roi de France et de Pologne, enchérit encore sur cette dernière ; il est plus explicite et plus énergique. Il déclare son édit perpétuel et irrévocable; il ordonne que les contrevenans soient soumis à une forte amende; il s'étonne que sa protection royale n'ait apporté aucune commodité aux vieux serviteurs de l'État: il s'indigne des difficultés sans nombre par lesquelles on les degoûte ; il veut expressément que les seuls soldats estropiés, vieux et caducs devenus infirmes au service, soient admis comme oblats dans les abbayes, que personne ne leur dispute leur place ; il enjoint aux baillis, sénéchaux, à tous les dépositaires de l'autorité royale, de tenir la main avec énergie à ce que ses ordres soient exécutés.

Henri IV que l'on a souvent accusé d'ingratitude envers ses serviteurs, Henri IV le roi du peuple, le compagnon, le modèle du soldat, ne pouvait oublier ceux qui lui avaient conquis son royaume à Arques, à Ivry, ceux qu'il menait aux combats depuis le jour où sa main avait pu supporter le poids d'une épée. Nous ne pouvons résister au plaisir de citer quelques uns de ses édits ; comme tout ce qu'a fait, et ce qu'a dit l'aïeul de Louis XIV, ils ont une admirable éloquence; l'analyse en déflorerait la sainte énergie.

« Comme en toutes les œuvres qui sont recommandées de Dieu, il n'y en a point qui lui soient plus agréables que la charité envers les pauvres, c'est pourquoi les Rois très-chrétiens, prédécesseurs, et plusieurs notables personnages de nos sujets à leur imitation, ont fait de très-belles fondations en plusieurs et divers endroits de notre royaume, terres et pays de notre obéissance, pour les nourrir, loger et entretenir et faire bâtir et édifier de belles et grandes maisons, Hôtel-Dieu, hôpitaux, maladreries, et autres lieux pitoyables, auxquels toutes sortes de pauvres se retiraient; mais, comme les troubles et guerres ont eu cours dans notre royaume, depuis long-temps, il y a eu une infinité de pauvres gentilshommes, capitaines et soldats qui ont porté les armes pour notre service et des rois nos prédécesseurs, lesquels non-seulement ont employé leurs jeunesses et reçu de grandes blessures ; mais aussi ont les uns perdu leurs membres, ou sont demeurés mutilés et estropiés d'iceux ; les autres, vieux, caducs, incapables de faire aucune chose, et ceux qui avaient des métiers, ne les peuvent exercer ni gagner leur vie, étant par ce moyen réduits en grande nécessité et pauvreté, honteux de mendier et vaguer par les rues, au mépris de leur qualité, préjudice de leurs personnes et grand scandale du public, cela nous aurait donné occasion pour subvenir à leur pauvreté et la honte qu'ils ont de se voir en extrême nécessité, après avoir bien mérité de nous par des services si signalés, et leur donner le moyen de vivre le reste de leurs jours, et aussi pour donner plus grande occasion aux autres gentilshommes, capitaines et soldats, de nous faire le service qu'ils nous doivent, et hasarder leur vie plus hardiment et avec pareille affection et fidélité, que lesdits pauvres estropiés, vieux et caducs, sur l'assurance qu'ils auront, en cas qu'ils seront blessés ou estropiés à notre service et de nos successeurs, à l'avenir d'avoir une certaine retraite pour être logés, nourris et entretenus le reste de leurs vies, par nos édits du 15 octobre 1597 et avril 1600, donné, octroyé et confirmé auxdits pauvres gentilshommes, capitaines et soldats estropiés qui sont demeurés viels et caducs en nous faisant service, la maison royale de la Charité Chrétienne du faubourg Saint-Marceau de notre bonne ville de Paris, et à icelle donné et affecté et confirmé pour fondation perpétuelle et irrévocable, la recherche des comptes de l'Hôtel-Dieu, les proseries, hôpitaux, maladreries, aumôneries, confréries et autres lieux pitoyables de notre royaume, le reliquat desdits comptes et deniers revenants bons, et les amendes et les confiscations qui proviendront des abus et malversations commis par les administrateurs et gouverneurs d'icelles et autres. »

Cette ordonnance de Henri IV, qui est à la date de juillet 1604, établit la première maison d'invalides qui ait été fondée sérieusement en France. Le rusé Béarnais, conseillé par l'intègre Sully, lui donne pour fonds d'entretien, *les rognures* des autres hôpitaux, et charge l'administration de la maison de la rue Saint-Marceau, de surveiller le bien des pauvres dans tout le royaume (1).

(1) Nous plaçons ici en note les propres termes de Sully et les remarques de son éditeur.

« Cet ordre des finances dépendait, en premier lieu, de l'exactitude du payement. Le roi commença par l'assurer par la suite, de manière que rien ne pût le retarder, ni divertir ailleurs les fonds qui y furent destinés. Ce réglement fut suivi d'un autre qui n'était guère moins juste, ni moins propre à faire aimer le métier des armes . c'est celui par lequel on pourvut aux nécessités des soldats ; lorsque les blessures qu'ils avaient reçues, ou les maladies qu'ils avaient contractées en servant Sa Majesté, les avaient mis également hors d'état de servir ou de travailler, on fit en sorte qu'il ne leur manquât rien dans cette affligeante situation, ni pour le nécessaire à la vie, ni pour leur soulagement (*). » (*Mémoire de Sully*, liv. 19e, t. II.)

(*) Par édit du roi du 7 juillet 1605, (parce qu'apparemment cette affaire ne put être consommée que l'année suivante), Sa Majesté donne aux gentilshommes, officiers et soldats estropiés à son service, la maison royale de la Charité Chrétienne, fondée des deniers provenant des reliquats de comptes des hôpitaux, aumôneries,

Pour assurer l'exécution entière, complète, habile de ses intentions, il constitua un bureau composé de quatre hauts fonctionnaires, et de quatre gentilshommes et vieux capitaines. Les premiers devaient surveiller les hôpitaux du royaume et administrer l'hospice des Invalides; les autres devaient siéger dans le conseil de réception des gentilshommes, capitaines et soldats blessés ou infirmes.

Il fut enjoint par la même ordonnance, à tous les administrateurs du bien des pauvres dans le royaume, de faire réviser non-seulement leurs comptes, leurs titres, leurs pouvoirs. Ce fut maître Robert sieur de la Chapelle, qui reçut la charge de cette immense vérification.

Puis, comme la maison de la rue Saint-Marceau pourrait bien ne pas suffire aux besoins complets de l'armée, les commissaires délégués qui étaient Hurault sieur de Mesle, Jean Leguay, Gilles Champhuon sieur du Rousseau et Antoine Deslaurent,

---

léproseries, etc., et de ceux des pensions des moines lais ou oblats : la surintendance en appartenait au connétable. Cet établissement a encore été changé, ou, pour mieux dire, effacé par celui que Louis-le-Grand y a substitué de nos jours, en élevant et *dotant l'Hôtel Royal de Mars,* ou des Invalides, monument qui suffirait seul à immortaliser sa mémoire. Cette maison de la Charité Chrétienne n'était, auparavant, qu'un hôpital sans revenu, bâti par Henri III, pour les soldats estropiés : il était situé dans le faubourg Saint-Marcel, rue de l'Oursine, et il tombait alors en ruines. Deux ans après, Henri IV fit encore bâtir l'hôpital de Saint-Louis : il accorda pour cet effet, à l'Hôtel-Dieu, dix sols par minot de sel, dans la généralité de Paris, pendant quinze ans, et cinq sols à perpétuité.

furent autorisés à fonder dans les diverses provinces des maisons analogues et à déléguer pour leur administration tels commissaires qu'il leur conviendrait (1).

Henri IV voulut aussi que le roi seul et son conseil eussent la haute surveillance de la nouvelle fondation. Il fut défendu à toute autre juridiction de s'en occuper.

Enfin, et pour sanction dernière, le bon roi créa un ordre particulier pour les gentilshommes, capitaines et soldats estropiés. Cet ordre avait déjà été remis à leur syndic, François Allain, par une trêve du 30 mai 1603.

La marque coutumière de cet ordre était un manteau portant une croix de satin blanc, bordé de bleu, au milieu de laquelle se trouvait un écusson rond de velours bleu, bordé de blanc, avec une fleur de lys au centre. Cette même croix devait servir, dit l'abbé Pérau, d'armoirie à l'ordre, et l'on devait combiner autour ces deux inscriptions, l'une en cercle, l'autre entre des palmes.

1° *Henricus IV, Dei gratiâ, Francorum et Navarræ rex, nos introduxit, 6 feb. 1603.*

2° *Pour avoir bien servi.*

Mais les *rognures* des hôpitaux du royaume ne

---

(1) C'est là l'origine des succursales des Invalides. Voyez chapitre des compagnies détachées et des succursales.

suffirent pas à entretenir convenablement la maison royale de Charité chrétienne. Le roi ordonna formellement que, du bien des pauvres dans toute la France, il fut fait deux parts, l'une pour les pauvres ordinaires, l'autre moitié de la première pour les Invalides. Ses ordres ne furent pas exécutés; le Parlement n'enregistra pas les lettres-patentes données à ce sujet, soit qu'il n'eût pas été mis en demeure de les enregistrer, soit qu'il eût trouvé la dernière part exhorbitante et l'eût fait comprendre au grand conseil du roi.

Aussi, au mois de juillet 1606, un nouvel édit plus énergique, déclaré perpétuel et irrévocable parut-il appuyé de mesures convenables.

Cet édit confirmait la donation à la maison de la Charité, de la recherche des comptes des établissements de bienfaisance, et des amendes infligées à leurs administrateurs maltraitants.

La partie réellement féconde et financière, était celle-ci :

L'institution des oblats existait toujours, mais évidemment la fureur de la Ligue et celle du protestantisme avaient diminué, aussi bien la considération que la fortune des couvents. Les moines et les soldats ne pouvaient vivre en bonne intelligence. Les premiers se plaignaient de ces huguenots que le roi envoyait, disaient-ils, pour les affamer. Les soldats accusaient les abbés de mauvais traitemens, de tracasseries.

Pour mettre tout le monde d'accord, le roi, sans se préoccuper de l'orage qu'il allait soulever contre le trône, en mettant un impôt sur les maisons du clergé, convertit en argent la charge qui consistait pour les communautés religieuses à nourrir les oblats.

« Nous affectons, dit-il, tous les deniers qui proviendront des places et pensions des religieux-lais, en chacune abbaye et prieuré de notre dit royaume et pays de notre obéissance, tant des abbayes et prieurés fondés par nos prédécesseurs rois, ducs, comtes, barons, qu'autres étant à notre nomination et disposition, à eux affectés de tout temps, suivant nos ordonnances et règlements ci-devant, sur ce fait, pour être tous lesdits deniers employés au payement et entretenement desdits pauvres gentilshommes, capitaines et soldats estropiés en nous faisant service en notre cavalerie, soit arquebusiers à cheval, chevau-légers, archers ou gendarmes de nos ordonnances, prendront certificats et attestations des capitaines et mestres-de-camps, sous la charge desquels ils auraient servi et été estropiés, contenant le temps de leurs dits services, leur valeur, leurs combats, périls et hasards, auxquels ils se sont exposés, et en quelle action de guerre ils ont été blessés pour notre dit service. »

Ce fut le duc de Montmorency qui reçut la charge de vérifier les services, les brevets des cavaliers, et d'en faire dresser les rôles, signés de sa main.

Le duc de Montmorency, connétable de France, devait aussi écrire en marge, l'importance de la pension annuelle, qu'à son avis, chaque blessé ou estropié méritait, selon sa qualité et ses services.

Quant à ceux qui avaient servi dans l'infanterie, ils devaient présenter leurs états aux ducs d'Espernon, colonel général de l'infanterie. Ce gentilhomme avait à faire, sur ces états, le même travail que le connétable.

Comme Montmorency et d'Espernon pouvaient être employés souvent pour le service du roi, hors du siége de l'État, Henri IV prit les mesures suivantes qui consacrent le gouvernement des Invalides par des maréchaux de France.

« En cas d'absence de nos cousins d'Espernon et Montmorency, dit le roi, *les certificats et attestations seront remis aux deux plus anciens maréchaux de France* qui se trouveront à notre suite, et à nos amés l'archevêque de Sens, grand-aumônier de France, et aux sieurs de Souvray, de Châteauvieux et de la Roche-Pot, conseillers d'État. »

Jusqu'alors, par un abus scandaleux, les pensions

ou places d'oblats avaient été souvent données à des individus sans titres et sans services ; le même édit coupa le mal dans sa racine en ordonnant que, dans les trois mois, une révision générale serait faite, de tous les titres des oblats, au greffe de la Charité chrétienne, par les gentilshommes déjà désignés. Un tribunal spécial de judicature se trouva aussi constitué par la même ordonnance. Il devait, au besoin, se transporter de localités en localités. Les substituts des procureurs-généraux étaient chargés de dresser un état exact des établissements de bienfaisance de leur ressort, indiquant leur valeur, leur revenu, le nombre de leurs pensionnaires. On leur donnait un délai de trois mois pour faire ce travail, sous peine d'encourir une suspension et des dépens.

Enfin, l'édit de juillet 1606 conservait et sanctionnait les dispositions de celui de 1604, relatives à un ordre d'honneur.

Cette fois on obéit à l'ordre du monarque ; mais la recherche des comptes, ainsi que le marque Granet, ne produisit que de minces résultats. Quant à l'évaluation de la richesse des communautés et établissements de bienfaisance, elle amena le conseil du roi à fixer à 60 livres la valeur numéraire en icelle de la place d'oblat. La charge imposée jusqu'alors à chaque établissement, de nourrir un nombre d'oblats proportionné à son étendue et à sa richesse, fut convertie en une somme de 60 livres par oblat, qu'il devait payer annuellement.

L'auteur de toutes ces mesures pleines de sollicitude pour la position des vieux serviteurs de l'État, mourut en 1610 sous le poignard des assasins. Avec lui s'évanouirent les brillantes espérances que la France avait fondées sur son génie et sur son activité. La régente Marie de Médicis, mal conseillée, sembla prendre à tâche de suivre le contre-pied de la marche tracée par le fondateur de la dynastie royale de Bourbon.

Un arrêt du conseil d'État du 1er septembre 1611, supprima, sinon l'établissement de la Charité chrétienne, du moins l'impôt payé par les communautés pour les oblats, et décida que les officiers et soldats estropiés iraient remplir, comme auparavant, les places d'oblats dans les abbayes et les prieurés qui étaient soumis à cette charge.

Ainsi avorta la première Institution des Invalides, création due à Henri IV, marchant dans la voie tracée par ses prédécesseurs.

Louis XIII, qui lui succéda, ne devait pas être plus heureux. Colbert n'avait pas paru. Ni Richelieu, ni Mazarin, comme on le sait, ne suivirent, pour la réforme financière du royaume, les plans de Sully. De l'épuisement du trésor naquit l'impuissance de la royauté. Voici en quoi consiste la tentative de Louis XIII. Elle eut un caractère plus noble que celle de Henri IV. Elle date du siége mémorable de la Rochelle.

Par un premier édit, Louis XIII évalua au chiffre de 100 livres la somme que valait chaque place d'oblat. Il ordonna qu'un nouveau recensement général de ces places fût fait dans tout le royaume. Les gentilshommes, capitaines et soldats blessés au siége de la Rochelle, durent être pourvus les premiers. C'est en vain que le clergé réclama contre cette augmentation : ses remontrances furent repoussées. Cette ordonnance fut portée en 1629. Elle nous conduit à celle de novembre 1633 également remarquable pour le fond comme pour la forme ; ordonnance qui constitue la seconde ébauche de l'établissement des Invalides.

Le prince pose d'abord en principe, que l'ancien établissement des religieux-lais, après avoir été maintenus dans les abbayes du royaume durant plusieurs siècles, est tombé en désuétude ; par ce fait, la condition des vieux serviteurs de l'État est devenue pénible et déshonorante. C'est à quoi la royauté qui veille sur la grande famille française, veut porter remède.

En conséquence Louis XIII décide, par un édit perpétuel et irrévocable, la fondation d'une communauté ou ordre de chevalerie, sous le nom et titre de Commanderie de Saint-Louis, où *tous ceux qui feraient voir par de bonnes preuves ou attestations, qu'ils ont été estropiés à la guerre, pour le service du roi, seront reçus et admis pour y être nourris et entretenus le reste de leurs jours, de toutes les choses nécessaires à la vie.*

C'est le cardinal duc de Richelieu qui est chargé, comme la personne la plus capable du royaume, d'organiser cette communauté, d'en fonder ou désigner les bâtiments, d'en dresser les statuts, d'en faire la police.

Pour subvenir à l'entretien de la Commanderie de Saint-Louis, il est décrété que chaque abbaye du royaume et tout prieuré dont le revenu excédera la somme de 2,000 livres, payera chaque année, à partir du 1er janvier 1634, la somme de 100 livres. Ce seront les receveurs-particuliers des décimes de chaque diocèse, qui percevront cet impôt, moyennant 5 livres pour leurs frais, et le transmettront au receveur-général.

Afin qu'aucune abbaye et qu'aucun prieuré, n'échappe à la redevance, Louis XIII, dans la dernière partie de son ordonnance, prescrit un nouveau recensement général des communautés du royaume. Ce sont les baillis, sénéchaux, prévôts, lieutenants et autres juges royaux, qui dresseront un état exact de ces communautés, qu'ils transmettront au garde-des-sceaux Séguier.

En attendant l'organisation complète de la Commanderie, Louis XIII ordonne que le receveur-général paie à tout serviteur ayant pension assignée sur quelque abbaye, une pension annuelle de cent livres, de quartier en quartier. »

Le décret royal du fils de Henri IV ne fut pas une lettre morte : le cardinal s'occupa de suite et activement de sa prompte, bonne et efficace exécution.

Louis XIII ayant fait présent au vainqueur de la Rochelle d'un fonds considérable provenant des amendes imposées à de riches usuriers, juifs et chrétiens, celui-ci affecta cette somme à l'appropriation des bâtiments destinés à la nouvelle Commanderie; il la plaça dans le château de Bicêtre. Ce fut le 7 août 1634, quelques mois après l'édit, que, par son ordre et à ses frais, on commença, comme le marque la *Gazette de France*, la clôture de la Commanderie de Saint-Louis, pour le logement et nourriture des capitaines et soldats estropiés, vieux et caducs.

Le cardinal de Lyon, aumônier de France, reçut la charge de l'administration du nouvel établissement. Il ne fut plus bruit que de cette fondation. Le 27 septembre 1634, tous les pensionnaires de la Commanderie, sortirent processionnellement. Tout Paris se porta à leur rencontre, ainsi que le rapportent plusieurs documents contemporains.

Mais, soit que les fonds consacrés par Louis XIII, fussent insuffisants, soit que la Commanderie de Saint-Louis ne pût recevoir qu'un nombre restreint de vieux serviteurs, soit enfin que la guerre de trente ans, eût accru le nombre des invalides, au commencement du règne de Louis XIV, la condition des soldats devenus infirmes au service du roi, était aussi mauvaise qu'à l'époque de la première déclaration de Henri IV. Il fallut pour l'honneur de la France et de la monarchie, frapper un coup décisif.

Il appartenait au monarque qui nous donna nos frontières et constitua notre unité, d'achever l'œuvre de ses prédécesseurs sur des bases inébranlables. La fondation de l'Hôtel Royal des Invalides par Louis XIV, fera le sujet du chapitre suivant.

CHAPITRE III.

FONDATION DE L'HÔTEL ROYAL DES INVALIDES
PAR LOUIS XIV.

Chacun connait le commencement du règne de Louis XIV. C'est d'abord *Condé* qui orne des lauriers de Rocroy le berceau du jeune prince. L'infanterie française conquiert la suprématie sur l'infanterie espagnole jusqu'alors la reine des champs de bataille. La fronde agite ensuite le royaume ; mais, quoique troublée par la guerre civile, la

France déjà victorieuse de l'Autriche, continue de grandir par la paix de Westphalie en 1648. Elle force, par une suite d'importantes victoires, le colosse espagnol à s'avouer vaincu et à traiter aux Pyrénées en 1659. Désormais la maison de Bourbon occupe la place qu'occupait la maison d'Autriche ; elle est prépondérante en Europe.

Telle est la France quand Mazarin mourant la laisse au jeune roi, en 1661, victorieuse à l'extérieur, mais mal administrée, pauvre et malheureuse au dedans.

Il appartint au gouvernement de Louis XIV d'ajouter encore à cette gloire, et de guérir, au moins pour quelque temps, les plaies de l'État.

Louvois organisa en partie les victoires nouvelles ; Colbert, par l'ordre qui, sous ses auspices, s'établit dans les finances, donna les moyens de les remporter.

Nous voyons le jeune roi, dès qu'il gouverne seul, annoncer sa grandeur future, forcer la branche d'Autriche espagnole à lui céder partout la préséance, et la cour de Rome à lui faire satisfaction ; il achète Dunkerque, protège l'Autriche contre les Turcs, le Portugal contre l'Espagne, la Hollande contre l'Angleterre.

En même temps ses ministres réparent son royaume. Il utilise ainsi les loisirs de la paix, et, sans combattre, chose inouïe ! devient le prince le plus puissant de la chrétienté. Celle-ci s'alarme ; aussi quand, après la mort de Philippe IV, le jeune roi, sous prétexte de revendiquer la dot de l'infante Marie-Thérèse, sa femme, réclame et saisit les Pays-Bas espagnols, la Hollande justement effrayée trouve-t-elle une grande facilité à former une coalition contre la France ; ce fut la première. Mais joignant cette fois la prudence à l'ambition, Louis XIV détourne l'orage en traitant à Aix-la-Chapelle, en 1668.

Ce traité n'avait pour but que d'isoler la Hollande. La paix fut bientôt rompue. Les Pays-Bas se voient de nouveau envahis. Mais une seconde coalition se déclare en 1673, et voici la France lancée dans tous les hasards d'une guerre contre l'Europe.

C'est dans cet instant solennel que Louis XIV, réalisant la pensée de ses prédécesseurs, fonde l'Hôtel-Royal des Invalides.

Déjà, à différentes reprises, les conseillers de sa couronne s'étaient occupés du sort des vétérans.

Ainsi, en janvier 1670, étant à Saint-Germain-en-Laye, Louis XIV avait donné une déclaration royale qui augmentait de 50 livres les pensions des religieux-lais et les portait de la sorte au chiffre de 150 livres. Cette pension doit être payée aux titulaires par quartiers. Les considérans sur lesquels le roi s'appuie dans cette ordonnance, sont les mêmes, à peu de chose près, que ceux contenus dans plusieurs déclarations de Henri IV et de Louis XIII.

Cette déclaration royale fut rendue sur le rapport de Louvois.

Bientôt parut un arrêt du conseil du roi, concernant la même matière.

Il était bien évident que, tant que les abbayes payeraient elles-mêmes aux religieux-lais leur modique pension, il y aurait une foule d'abus. L'arrêt du conseil y porta remède. Il ordonna qu'à dater du 1er février suivant, les chapitres eussent à verser entre les mains du receveur-général du clergé, alors le sieur Penautier, le montant des pensions que devait chacun d'eux. Il ordonna aussi une revue générale des titres des pensionnaires.

Enfin, dans une ordonnance du 24 février de la même année, sa majesté, pour mettre fin à tous les abus, déclara l'intention dans laquelle elle était d'établir un hôtel royal où seraient entretenus les soldats blessés ou estropiés à la guerre, ou vieillis dans le service. Deux parts seront faites du fond provenant des sommes versées par les chapitres. L'une servira à l'*entretenement* des soldats dans le dit hôtel, l'autre servira à payer des pensions aux officiers, pensions ainsi fixées : chaque capitaine deux cents livres, chaque lieutenant ou officier subalterne cent cinquante livres, chaque sergent cinquante livres.

La même ordonnance établit les titres en vertu desquels on jouira des pensions, et s'occupe des vacances et des mutations. Elle fut lue publiquement à la tête des corps et compagnies d'infanterie qu'elle regardait en particulier.

On marchait évidemment dans une meilleure voie ; mais le but n'était pas encore atteint. Il fallait y arriver. Les mesures se succédèrent avec rapidité.

Le 12 mars de la même année 1670, il fut ordonné qu'il serait fait, sur le payement de l'ordinaire et de l'extraordinaire des guerres, une retenue de deux deniers pour livre. On devait appliquer les fonds qui proviendraient de cette retenue à la construction et à l'ameublement de l'hôtel dont il était fait mention dans l'ordonnance de février.

Enfin, le 15 avril, la construction de l'Hôtel Royal des Invalides fut annoncée, par un nouveau décret royal, comme un projet entièrement arrêté. En attendant, le prince décidait qu'il serait loué, pour donner commencement à l'Institution, un vaste local, dans le faubourg Saint-Germain, où l'on donnerait asile aux officiers et soldats incapables de servir.

Louvois fut commis à l'exécution de ce décret. Il reçut, pour aides et pour suppléans, Camus Destouches, Camus Duclos et Camus de Beaulieu, c'est-à-dire les trois sociétaires dans lesquels il avait le plus de confiance.

On aura peine à croire aujourd'hui, avec les idées que nous nous faisons du pouvoir absolu de Louis XIV, on aura peine à croire que la partie fondamentale des ordonnances dont nous venons de nous occuper, n'ait point été exécutée.

Cela eut lieu pourtant. Les chapitres religieux ne payèrent point, entre les mains du receveur-général du clergé, la redevance voulue par le roi. Celui-ci se vit contraint de renouveler son décret à cet égard, par un arrêté du conseil-d'état, en date du 15 janvier 1671 ; le langage de cet arrêté fut comminatoire : les abbés et prieurs qui oseraient se soustraire à l'ordonnance, devaient être contraints au paiement exigé, et cela par voie de saisie et de vente de leurs biens. Il était défendu au parlement de s'occuper de l'affaire. On considérerait comme non avenue toute réclamation qui y aurait trait.

Malgré ce langage comminatoire, les conseillers

de la couronne se virent forcés de faire signer au roi, le 27 août et le 26 septembre 1671, deux arrêtés qui confirmaient ce dernier.

Ce ne fut pas encore assez ; ne pouvant échapper directement aux ordres royaux, les uns, parmi les chapitres, prétendaient avoir payé directement aux religieux-lais, la somme demandée ; les autres prétendirent que les princes prédécesseurs de Louis XIV les avaient exemptés ; tous firent des difficultés. Quelques-uns même surprirent, au conseil privé et au grand conseil, des arrêts favorables.

La patience de Louvois et celle du monarque furent à bout. Il fallut en finir avec toutes ces mauvaises volontés.

C'est pourquoi, le 27 avril 1672, parut un dernier arrêté du conseil qui enjoignit à tout abbé et prieur d'abbaye ou de prieuré, à la nomination royale, et d'un revenu de mille livres, de payer immédiatement 150 livres, pour les années 1670 et 1671, et de continuer ce paiement annuel.

Cette fois on obéit, et les constructions de l'Hôtel Royal des Invalides commencèrent. En attendant, on entretint les vétérans de l'état dans une grande maison de la rue du Cherche-Midi, près de la Croix-Rouge.

Enfin, on put disposer les travaux de l'Hôtel projeté ; on les confia, sous la direction de Louvois et des frères Camus, aux soins du célèbre architecte Libéral Bruant.

Alors parut le mémorable édit qui constitua d'une manière décisive l'institution de laquelle nous nous occupons. La pensée du fondateur y est clairement et nettement établie. Il veut créer une institution toute royale. Ce n'est pas un sentiment de charité qui lui dicte son projet ; ce n'est pas non plus un sentiment de magnificence ou d'amour-propre.

Ceux qui ont donné pour frontispice aux Invalides, la Charité présentant à Louis XIV des officiers et des soldats estropiés à son service, et lui inspirant de fonder pour eux une retraite (1), ceux-là se sont trompés : en place de la Charité, il fallait mettre la Justice.

Le Justice seule inspirait alors le grand roi : la lecture du texte de l'ordonnance constitutive le prouve dès l'abord.

Dans cette ordonnance, Louis XIV commence par remercier Dieu d'avoir donné à la France la paix des Pyrénées. « Il a, dit-il, occupé tous les loisirs que cette paix lui a donnés, à réparer les maux causés par la guerre, à corriger les abus. » Mais laissons-le parler son langage royal.

(1) Cette faute a été commise par GRANET, en tête de son *Histoire de l'Hôtel Royal des Invalides.*

« Nous avons estimé *qu'il n'était pas moins digne*
« *de notre piété que de notre justice*, de tirer hors la
« mendicité les pauvres officiers et soldats de nos
« troupes qui, ayant vieilli dans le service, ou qui,
« dans les guerres passées, ayant été estropiés,
« étaient non-seulement hors d'état de continuer
« à nous en rendre, mais aussi de rien faire pour
« pouvoir vivre et subsister, et qu'il était bien rai-
« sonnable que ceux qui ont exposé librement leur
« vie et prodigué leur sang pour la défense et le
« soutien de cette monarchie, et qui ont si utile-
« ment contribué aux gains des batailles que nous
« avons remportées sur nos ennemis, aux prises
« de leurs places et à la défense des nôtres, et qui,
« par leur vigoureuse résistance et leurs généreux
« efforts, les ont réduits souvent à nous demander
« la paix, jouissent du repos qu'ils ont assuré à nos
« autres sujets, et passent le reste de leurs jours en
« tranquillité. »

Le prince considère ensuite que rien ne serait plus capable de détourner *ceux qui auraient la volonté de porter les armes, d'embrasser cette profession*, que de voir la méchante condition où seraient réduits la plupart de ceux qui, s'y étant engagés sans avoir de bien, y auraient vieilli ou auraient été estropiés, si l'on n'avait soin de leur subsistance et entretènement.

« Il a, continue-t-il, essayé comme ses prédéces-
« seurs d'adoucir la condition de ces vieux servi-
« teurs de l'État, soit en les plaçant dans les
« abbayes, soit en les envoyant pour vivre des
« mortes-soldes dans les places frontières, mais
« ceux-ci ont vendu ou composé de leurs positions
« de religieux-lais ; ceux-là se sont déplu dans
« les résidences à eux assignées, de sorte que tous
« sont misérables. »

Il a donc fallu recourir à d'autres moyens. Beaucoup ont été proposés.

« Après un mûr examen, nous n'en avons pas
« trouvé de meilleur « ajoute Louis XIV » que celui
« de faire bâtir en quelque endroit commode et
« proche de notre bonne ville de Paris, un hôtel
« royal d'une grandeur et espace capable d'y re-
« cevoir et loger tous les officiers et soldats, tant
« estropiés que vieux et caducs de nos troupes, et
« d'y affecter un fonds suffisant pour leur subsis-
« tance et entretènement. »

En conséquence, le roi a donné des ordres pour l'édification d'un tel hôtel au faubourg Saint-Germain. Cet hôtel est fort avancé, de sorte qu'il ne reste plus qu'à pourvoir à l'organisation de cet établissement.

« Pour ces causes » continue sa glorieuse majesté :

« Savoir faisons, qu'après avoir fait mettre cette
« affaire en délibération en notre conseil, nous, de
« l'avis d'icelui et de notre grâce spéciale et pleine
« autorité royale, avons, par ce présent édit, per-
« pétuel et irrévocable, fondé, établi et affecté,
« fondons, établissons et affectons à perpétuité le-
« dit hôtel royal que nous avons qualifié du titre
« des Invalides, lequel nous faisons construire au
« bout dudit faubourg Saint-Germain de notre
« dite ville de Paris, pour le logement, subsistance
« et entretènement de tous les pauvres officiers
« et soldats de nos troupes qui ont été ou seront
« estropiés, ou qui, ayant vieilli dans le service en
« icelles, ne seront plus capables de nous en ren-
« dre ; duquel hôtel, comme fondateur, nous vou-
« lons être aussi le protecteur et conservateur
« immédiat, sans qu'il dépende d'aucun de nos
« officiers, et soit sujet à la visite et juridiction de
« notre grand-aumônier ni autres. »

Louis XIV s'occupe ensuite des moyens d'assurer l'existence de son hôtel royal. Il lui assigne d'abord, et c'était naturel, tous les deniers provenant des places des religieux-lais.

« Mais, dit-il, comme le nombre des officiers et
« soldats estropiés, vieux et caducs, est fort grand
« et qu'il ne peut manquer d'augmenter (la guerre
« étant ouverte comme elle l'est), nous avons af-

« fecté et affectons pour toujours à l'entretien de
« l'hôtel, le fonds qui proviendra des deux deniers
« pour livre de tous les paiements qui seront faits
« par les trésoriers-généraux de l'ordinaire et de
« l'extraordinaire de nos guerres et cavalerie lé-
« gère, à cause de leurs dites charges, et par celui
« de l'artillerie. »

Ce fonds devrait être suffisant. « Le roi entend
« qu'il ne soit reçu ni accepté pour ledit hôtel, au-
« cunes fondations et dons, aucunes gratifications
« qui pourraient lui être faites par quelques per-
« sonnes, et pour quelque cause que ce soit. »

Ainsi la nouvelle institution doit être une véritable institution royale et publique, sans analogie aucune avec les fondations pieuses de divers genres.

Louis XIV fait en outre, d'avance, don à l'hôtel de tous les terrains et bâtimens qui sont nécessaires, soit à son embellissement, soit à son agrandissement. Il le déclare exempt de tout impôt, de tout droit de guet, de garde et fortifications, de toutes fermetures de villes et faubourgs.

L'ordonnance constitutive passe enfin à ce qui concerne l'administration de l'Institution royale.

« C'est le secrétaire-d'état au département de la guerre qui aura, en qualité de directeur et administrateur-général du dit hôtel, le pouvoir de faire et exécuter tout ce qu'il estimera nécessaire et à propos pour le maintien de la discipline et du bon régime.

« Chaque mois, ce haut fonctionnaire de l'état tiendra un conseil composé des colonel, lieutenant-colonel et sergent-major du régiment royal des Gardes-Françaises, des colonels de son vieux corps de l'infanterie, du colonel-général de la cavalerie légère, du mestre-de-camp-général des dragons. Ce conseil avisera à toutes les choses de l'Hôtel. Aucun de ceux qui le composent ne recevront *pour cela* d'appointemens.

« Nul ne sera admis dans l'hôtel qu'après examen fait des certificats qui constateront ses services.

« Les officiers, serviteurs et domestiques employés pour le service des Invalides, seront nommés par le ministre-directeur, qui les destituera suivant sa convenance. Il présentera à la nomination royale : le gouverneur, l'aumônier, le chapelain, le receveur, le contrôleur, les médecins, pharmaciens et chirurgiens. »

Ces derniers fonctionnaires sont l'objet d'une mesure spéciale. Louis XIV entend, par exemple : Que les médecins de l'hôtel jouissent des mêmes honneurs et privilèges que ceux de sa maison. Il veut que six ans d'exercice dans l'hôtel gagnent aux chirurgiens, sans examen ni réception, le grade de maîtrise dans leur art. Si les maîtres s'opposaient à ce qu'ils tinssent boutique dans Paris, le roi les condamnerait à 300 livres d'amende.

« Les artisans qui travailleront dans l'hôtel, seront de même privilégiés. Ils ne pourront être sujets à des visites de maîtres ou jurés, ni recherchés et inquiétés pour tous les ouvrages et manufactures qu'ils feront. »

Viennent ensuite les privilèges généraux.

Louis XIV termine en accordant à l'hôtel le droit de *franc-salé* pour trente minots par an, à prendre au grenier de Paris, et l'affranchissement de tous droits d'entrée pour 300 muids de vin par an.

Enfin, la comptabilité générale de l'Hôtel sera arrêtée en assemblée générale du conseil, auquel pourront assister tous les colonels, mestres-de-camp et lieutenant-colonels des régiments tant d'infanterie que de cavalerie et dragons, présents à Paris.

Cette mémorable ordonnance fut donnée à Versailles. Elle porte la signature du roi, celle du grand chancelier Letellier et du marquis d'Aligre. Elle fut enregistrée au parlement de Paris le 5 juin 1674, sur la requête du procureur-général du roi, à la cour des Aides le 9 juin, au grand conseil du roi le 29 du même mois, au bureau des finances de la généralité de Paris, le 9 juillet, et en la chambre des Comptes le 18 août.

Ainsi fut constitué légalement, après un enfantement si long qu'il rappelle le *Tantæ molis erat condere* du poète latin, l'institution glorieuse d'une retraite destinée au soldat vétéran. L'ordonnance constitutive reçut sa pleine et entière exécution.

Sous la surveillance du monarque, sous la direction de Louvois, par les soins de ses secrétaires, par les travaux de Libéral Bruant, d'Hardouin Mansard et d'une foule de grands artistes, surgit un vaste ensemble de constructions monumentales qui reçut le titre d'Hôtel Royal des Invalides.

Louis XIV et son ministre ne se contentèrent pas d'en assurer l'existence et l'organisation par des règlements ultérieurs : quand Louvois mourut, il voulut que sa tombe fût placée dans l'édifice élevé en partie par ses soins, cet édifice étant son plus beau titre aux regrets de l'État et du roi. Pour le prince, par son testament, il recommanda l'hôtel à ses successeurs, et voici les termes dans lesquels il s'exprima :

« Entre les établissemens que nous avons faits dans le cours de notre règne, il n'y en a point qui soit plus utile à l'État que celui de l'Hôtel Royal des Invalides. Il est bien juste que les soldats, qui, par les blessures qu'ils ont reçues à la guerre, ou par leur long service et leur âge, sont hors d'état de travailler et de gagner leur vie, aient une subsistance assurée pour le reste de leurs jours; plusieurs officiers qui sont dénués des biens de la fortune y trouvent aussi une retraite honorable. Toutes sortes de motifs doivent engager le dauphin *et tous les rois nos successeurs* à soutenir cet établissement et à lui accorder une protection particulière, nous les y exhortons autant qu'il est en notre pouvoir. »

Ni les successeurs de Louis XIV, ni la France, n'ont jamais un seul instant oublié les dernières volontés du grand roi en ce qui concernait sa glorieuse fondation.

Plus d'une fois ce noble établissement a été en butte à de violentes attaques; plus d'une fois des pouvoirs rivaux s'en sont disputé l'administration exclusive; mais l'opinion qui avait pris sous sa protection la magnifique conception de Louis **XIV**, l'opinion, cette reine du monde, a suffi, à toutes les époques, pour déconcerter les mauvais vouloirs, pour maintenir la nature et la forme du gouvernement voulu par le fondateur; la gloire a été comme un manteau sous lequel, dans les temps orageux, s'abritait cette institution d'utilité nationale ; elle a donc eu ses bons comme ses mauvais jours.

Son histoire est à la fois celle du pays et celle de l'armée. Nous nous occuperons d'abord de ses destinées générales; puis nous analyserons l'histoire de son organisation. Il faut distinguer *l'Institution des Invalides* de l'Hôtel destiné aux invalides. Les annales de cet établissement seront exposées ailleurs.

CHAPITRE IV.

PHASES DIVERSES DE L'INSTITUTION DES INVALIDES, DEPUIS SA FONDATION JUSQU'A SA RÉFORME PAR L'ASSEMBLÉE NATIONALE, EN 1792.

Les avantages de l'institution des Invalides étaient trop évidens pour être contestés ; aussi voyons-nous, sous le règne de Louis XIV, la France entière s'empresser, pour ainsi dire, afin de prendre sous sa protection l'œuvre de son prince. Les plus grands artistes, l'élite des administrateurs concourent à son perfectionnement.

Pourquoi faut-il avoir a le dire, le clergé des provinces et l'esprit provincial cherchèrent à entraver les mesures prises par le pouvoir central. Chaque année voyait paraître des édits pressans, rendus indispensables par les difficultés qu'on éprouvait dans le recouvrement des fonds des oblats, obstinément refusés par les chefs des chapitres et des prieurés.

L'intérêt n'était pas le seul motif de cette obstination : la création d'une maison centrale contrariait une foule de communautés et de chapitres ; mais la royauté tint bon. A mesure que Louis XIV fit une conquête, il soumit les maisons ecclésiastiques à son impôt d'honneur et de prédilection. Le gouvernement de Louis XV l'imita.

La mauvaise volonté des soldats eux-mêmes se manifesta plus d'une fois ; il leur fallait quitter leur province, renoncer à leurs villages ; il leur fallait se soumettre à une sorte de discipline, après avoir rêvé la liberté. Avec le temps, néanmoins, les soldats comprirent leurs véritables intérêts, et Louvois ne fut pas obligé de répéter deux fois la menace qu'il fit de *pendre* les réclamans (1).

Enfin, les trésoriers des guerres eurent peine à s'habituer à la comptabilité nouvelle qu'on leur

---

(1) Voyez chapitre du service alimentaire.

imposait: l'energie du roi triompha, sans difficulté, de leurs lenteurs. Quelques-uns essayèrent de payer un peu moins qu'ils ne devaient; on en fit justice, témoin surtout l'édit de 1709.

D'ailleurs, l'Europe jugea bientôt, comme la France: Guillaume d'Orange, cet éternel, cet impitoyable rival de Louis XIV, imitant son ennemi, fit à la nation anglaise l'abandon de son riche château de Greenvich, pour servir d'asile à six mille matelots. Plus tard, Frédéric II fit construire, à Berlin, un hôtel des invalides, sur le même plan que celui du grand roi, et Catherine II de Russie établit une fondation pareille sur les bords de la Newa.

Ces imitations, le plus bel hommage rendu à l'utilité de l'Institution, en furent la consécration définitive.

L'Hôtel Royal des Invalides put, dès-lors, défier et le temps, et les prétendus novateurs; pourtant ces derniers ne furent point arrêtés par le respect général qui entourait cet établissement. Ni la visite du tzar Pierre, en 1717, et ses témoignages d'admiration, ni le vœu populaire, ni l'affection royale, ni l'imitation des étrangers ne furent capables de mettre un obstacle aux entreprises de ces esprits inquiets, dont la pensée constante est que l'on perfectionne toutes les fois que l'on change.

L'ordre qui régnait parmi les invalides, leur noble tenue, les sages réglemens qui présidaient à l'administration intérieure, ne détournèrent pas non plus les attaques.

C'est après la mort de Louis XV, pendant cette époque de crise qui précéda la Révolution, que le premier orage contre l'Institution de Louis XIV éclata.

Louis XV avait constamment protégé l'Hôtel; il y était venu, il y avait goûté le pain du soldat, il avait augmenté les constructions de son prédécesseur par d'autres grandes constructions destinées aux officiers; il avait établi dans l'Hôtel une école pour les enfants de troupe, et aux portes de l'Hôtel une autre école pour les fils de sa noblesse qui se destineraient aux armes. Cependant, de son vivant, des manœuvres sourdes furent dirigées contre les Invalides. Laissons parler un instant le plus brillant des défenseurs de l'asile de nos vieux soldats, l'illustre abbé Maury.

« Dès 1755, un homme plus distingué par ses qualités militaires que par son talent pour l'administration, un homme né avec plus d'inquiétude dans le caractère que d'étendue, et surtout que de mesure dans le génie, un homme pour qui le changement était un besoin, qui ne réfléchissait jamais qu'après avoir agi, qui prenait souvent son esprit pour sa raison, qui confondait ainsi les conjectures de son imagination avec les calculs de l'économie politique, un militaire qui ne savait que détruire, qui connaissait assez peu les hommes et les affaires pour croire qu'on administrait un grand royaume avec des mémoires et des livres, et que l'on crut longtems un homme à moyens, parce qu'il était un homme à projets; M. de Saint-Germain, enfin, avait adressé à M. Paris-Duverney, une lettre qu'il publia contre l'établissement des Invalides. Il proposait de substituer trente-six hospices militaires à cet asile des guerriers français. M. de Saint Germain promettait, selon l'usage, une forte réduction de dépenses sur les frais de cette institution nationale; mais il avait si mal évalué ses économies, qu'il fut évidemment prouvé par la discussion de son projet, que ses trente-six hospices seraient beaucoup plus dispendieux, et cependant moins profitables que l'Hôtel des Invalides.

« Malheureusement pour la France, ce systématique et inconstant officier, hautement recommandé par l'opinion générale, qui trompa le roi, fut appelé dans la suite au ministère; il conjura, dès-lors, la suppression absolue des Invalides; mais on l'arrêta une seconde fois par des calculs, et surtout par le vœu public qu'il n'osa pas braver. Cependant, pour ne point abandonner son premier plan, il réduisit de plus de la moitié le nombre des soldats invalides : il s'obstina toujours à dire qu'ils étaient malheureux à l'Hôtel, et qu'ils le combleraient de bénédictions dès qu'ils seraient dans leurs provinces.

Cependant, voici un fait authentique consigné dans la vie même de M. de Saint-Germain, et que l'on trouve en tête de sa correspondance avec Paris Duverney :

« M. de Saint-Germain fit rendre, en 1776, deux ordonnances, pour renvoyer de l'Hôtel, le même jour, un grand nombre d'invalides. Ils en sortirent consternés et gémissans ; ils demandaient avec douleur quel crime ils avaient commis pour être ainsi expatriés à leur âge ; ils regardaient de loin ces murs chéris qu'on les forçait d'abandonner, et tant qu'ils purent découvrir leur commun asile, ils ne cessèrent de le contempler avec le plus touchant attendrissement. La file des charriots qui les transportaient fut arrêtée, en traversant Paris, par un embarras de voitures, à l'entrée de la place des Victoires. Ces vieux soldats lèvent les yeux ; ils aperçoivent les traits si familiers pour eux de Louis XIV ; ils se précipitent tout-à-coup, les yeux baignés de larmes, devant l'image adorée de leur grand fondateur; ils élèvent vers lui leur tremblantes mains, ils l'appellent leurs père, ils s'écrient en gémissant qu'il ne leur reste plus de père. »

Ainsi, les invalides eux-mêmes se chargèrent de répondre au ministre de Louis XVI. Toutefois, il faut faire remarquer que M. de Saint-Germain ne voulut point détruire l'Hôtel, comme l'insinue le cardinal Maury. Toutes ses ordonnances sont pleines de protestations à cet égard. Il s'éleva seulement contre l'abus de la centralisation des Invalides; il avait pour lui des précédens, à savoir : les ordonnances du duc de Choiseul (1), et l'opinion du ministre Letonnelier de Breteuil.

Ne comprenant sans doute pas la position du duc de Choiseul, qui s'était vu sur les bras *trente mille invalides*, tristes résultats des guerres de Louis XV, il fit décider par le roi qu'à l'avenir l'Hôtel ne donnerait asile qu'à 1,500 hommes, dont 1,400 seuls, officiers et soldats, l'habiteraient. Il réduisit les dépenses de la maison, il amoindrit le personnel du grand et du petit état-major.

Nous sentons la nécessité de dire ici un mot de

(1) Voyez chapitre des titres et de l'admission aux Invalides.

la manière dont le comte de Saint-Germain prétendait arriver à une réforme utile.

Depuis longtems l'Hôtel avait été jugé insuffisant pour contenir tous les militaires invalides ; on avait inventé les compagnies détachées, origine des succursales. Il y avait, en 1774, jusqu'à cent soixante-quatre détachemens d'invalides dispersés dans les villes et forteresses du royaume. Une ordonnance, signée de Choiseul, réduisit ce nombre à quatre-vingt-un (1).

Ces détachemens étaient cantonnés à Saint-Omer, à Caen, Rennes, Bayonne et Moulins ; les bas-officiers aux Invalides mêmes, à l'Arsenal, à la Bastille, aux Tuileries, à l'École militaire, au château de Vincennes, à Salins, à Dijon, au fort Barrau et à Bayonne ; les fusiliers à Boulogne, Montreuil, Doullens, Péronne, Bapaume, Aire, Ardres, Guise, Ham, Marienbourg, Thionville, Château-de-Bouillon, Marsal, Landskrom, Phalsbourg, Fort-Mortier, Lons-le-Saulnier, Belfort, Bourg-en-Bresse, Bourgoin, Grenoble, Montélimart, Valence, Villeneuve-les-Avignon, Romans, Digne, Marseille, Hières, Cannes, Saint-Tropez, Sisteron, Agde, Sommières, Aiguemortes, Collioure, Port-Vendres, Bellegarde, château de Salces, Prat-de-Mollion, Villefranche,

---

(1) Voyez chapitre des compagnies détachées.

Mont-Louis, château de Lourdes, Andaye, fort de Socon, Bayonne, Saint-Jean-Pied-de-Port, Navarrins, fort Médoc, Brouage, châteaux d'Angoulême, de Niort, d'Angers, Rennes, châteaux de Nantes, de Saint-Malo, de Dieppe, et citadelle du Hâvre.

Les hommes qui formaient ces compagnies détachées, compagnies connues chacune sous le nom de son capitaine, n'étaient point incapables de tout service : ils répondaient aux corps que l'on a appelés depuis, et qui constituent de nos jours, les vétérans.

Faisant une épuration, un tri parmi la population de l'Hôtel, le comte de Saint-Germain voulut faire de l'Hôtel des Invalides, un hospice réservé aux seuls et réels invalides, à ceux que l'on nomme, par exemple, aujourd'hui, les moines-lais. C'était l'exécution d'un projet du duc de Choiseul. Ceux qui furent jugés capables de quelque service, reçurent la destination des compagnies détachées. A cette occasion, la solde de ces compagnies et leur nombre furent augmentés.

C'est le sieur de La Pons qui eut la charge d'exécuter la malheureuse ordonnance que Saint-Germain arrachait, pour ainsi dire, au trop faible Louis XVI. On lui recommanda un soin excessif dans l'exécution de cette mesure. Une foule d'abus furent alors frappés, sans pitié, dans toutes les branches du service (1).

D'un autre côté, le roi abandonna la suprême protection des Invalides ; tout en confirmant les privilèges et les immunités de la maison, il renvoya, par ses lettres-patentes du 26 août de la même année, la connaissance des contestations nées et à naître, à leur sujet, à la grande chambre du Parlement de Paris.

Quoiqu'il en soit, l'ordonnance du comte de Saint-Germain ne fut pas exécutée à la lettre ; il se vit forcé de réintégrer dans l'asile ouvert au courage invaincu, mais affaibli, la moitié des hommes dirigés sur les compagnies détachées. Mais un coup funeste n'en fut pas moins porté ; et la malheureuse combinaison des ministres de Louis XVI autorisant, non pas le peuple qui eut plus de bon sens qu'eux, mais un certain parti, l'Hôtel des Invalides faillit, en 1791, être arraché à sa destination. Quant à l'institution des Invalides, elle était impérissable. Il n'entra dans la pensée de personne d'y porter atteinte.

Les réformes du comte de Saint-Germain avaient rendu pénible le régime de l'Hôtel, quand éclata la

(1) C'est alors qu'un grand nombre de bâtimens se trouvant vides, les plans en relief des places conquises, jusqu'à cette époque déposés au Louvre, furent envoyés à l'Hôtel.

révolution. Profitant donc du prestige qu'ils avaient conquis à la journée de la Bastille, les invalides, eux aussi, demandèrent la liberté.

On leur fit signer des pétitions qu'ils adressèrent à l'Assemblée Nationale. Ces pétitions avaient pour épigraphe :

Pension et liberté !

L'Assemblée nationale ne tarda pas à s'occuper d'une question aussi grave.

Le comité militaire fut chargé de préparer un rapport. Il élut, comme fondé de pouvoir, Dubois-Crancé.

Ce dernier partit de ce principe, que le chiffre des militaires ayant droit aux Invalides était de trente mille, même d'après les ordonnances royales, que, par conséquent, l'Hôtel était une institution illusoire. Il établit ensuite que l'Hôtel contenait 2,800 hommes, qui coûtaient annuellement environ 2,800,000 livres ; il affirma, s'appuyant de nombreuses adresses signées par des invalides, que, si l'Assemblée Nationale, en supprimant l'Hôtel, voulait accorder 1,200 livres à chaque lieutenant-colonel, 1,000 livres aux commandans de bataillon, 800 livres aux capitaines, 600 livres aux lieutenans, 422 livres aux maréchaux-des-logis en chef, 300 livres 10 sous à tous les officiers, 237 livres 10 sous aux soldats, *tous les invalides de*

l'Hôtel, ou presque tous, seraient contens de cette somme, et préféreraient un pareil traitement à l'habitation de l'Hôtel; « car, ajouta-t-il, la plupart évaluent en-
« core pour le double de cette somme, la liberté. »

Présentant ensuite sous un jour funeste pour l'institution des Invalides, la création des compagnies détachées, il opposa à la vie désœuvrée que les vétérans menaient dans l'Hôtel, les avantages qu'ils retireraient de leurs rapports journaliers avec la population : des exemples de sagesse, des conseils, et surtout de l'occupation. Passant à la situation des moine-lais (1), il parla du danger d'accumuler sur un seul point de si grandes misères, de si grandes infirmités. Il réduisit enfin, avec Alexandre de Lameth, la question de l'Hôtel des Invalides à celle-ci :

« Savoir si les pensions des trente mille soldats invalides seraient augmentées par la suppression d'un Hôtel qui ne servait qu'à deux ou trois mille d'entr'eux. »

D'après l'organisation des retraites, décrétée par l'Assemblée Nationale, la réponse ne pouvait pas être douteuse ; le comité militaire conclut en conséquence, à la suppression de l'Hôtel qui serait

---

(1) Voyez chapitre des titres et admissions à l'Hôtel. Différentes classes des Invalides.

vendu à la municipalité de Paris, pour faire de cet établissement *une grande prison*. Quant aux invalides ayant besoin de soins, ils seraient dispersés, à leur choix, dans les 83 hospices départementaux qui seraient établis, ou désignés, à cet effet, comme hospices de la patrie ; on les maintiendrait en possession d'un tiers de leurs pensions, ils seraient en communauté. Les compagnies détachées, sauf les huit compagnies de canonniers réparties sur les côtes, seraient supprimées.

Le rapport du comité militaire fut lu à l'Assemblée Nationale dans la séance extraordinaire du 15 février 1791. Il produisit les impressions les plus variées. La discussion allait s'entamer : l'abbé Maury se leva, repoussa les motifs du rapporteur ; allégua que la question n'était pas suffisamment éclairée et demanda l'ajournement de cette discussion. M. de Noailles appuya avec force cette demande. L'ajournement fut prononcé, et le sort de l'Hôtel dût être débattu dans la séance du 22 mars, au soir.

Comme c'était l'usage alors, le public discuta en attendant. Des manifestations propres à éclairer l'Assemblée furent faites. Les Invalides se divisèrent en deux camps : dans l'un brilla le capitaine Lejeune qui demanda impétueusement en plein réfectoire, et obtint de la part d'un grand nombre d'invalides, l'improbation des décisions du comité militaire ; dans l'autre, serrés en cohorte compacte, deux cent trente-cinq officiers signèrent une adresse favorable au comité. L'Hôtel faillit devenir le théâtre d'une funeste collision.

Les partisans de la suppression obtinrent bientôt l'avantage du nombre, et présentèrent à l'Assemblée Nationale 2,000 signatures. Le capitaine Lejeune eut pour son parti l'avantage de l'éloquence. Lui et ses amis soumirent, à la même assemblée, une requête en sens contraire ; elle mérite d'être citée :

« Les officiers de tous les grades, soussignés, prient MM. les Représentans de la Nation de prendre en considération leurs craintes sur l'avenir qui attend les officiers et les soldats invalides. Isolés, sans famille, ou exposés chaque jour à perdre lés seuls parens qui leur sont encore attachés, ces vieux militaires ne peuvent espérer de trouver un asile que chez des hommes guidés par l'intérêt ; et la modicité de leur pension ne tentera personne. Accoutumés à l'insouciance la plus entière sur les besoins de première nécessité, ces vieillards peuvent-ils espérer d'eux-mêmes cette économie soutenue qui leur deviendrait indispensable ? et s'il leur est impossible, à leur âge, d'apprendre à compter avec eux-mêmes, leurs derniers jours seront dévorés par l'inquiétude du besoin. Il y a plus, aucune pension bourgeoise ne peut leur donner cette nourriture certaine à laquelle ils sont accoutumés, et ce n'est point à leur âge qu'on change de régime. Les pensions annoncées dans le projet du décret suffiront à l'entretien et à la nourriture, mais quel officier, quel soldat pourra faire les frais de son premier établissement? »

Tel était l'état de la question quand la mémorable discussion de 1791 s'ouvrit le mercredi 29 mars, au soir.

Tous les vieux soldats assiégeaient les avenues de l'Assemblée Nationale; ils s'adressaient, suivant leurs opinions, aux membres influens; ils leur remettaient des placets, rappelaient leurs services, manifestaient leurs sentimens par des exclamations!

Les signataires de la requête que l'on vient de lire comptaient sur l'abbé Maury et sur tout le côté droit.

Dubois de Crancé commença par rappeler son rapport. Il fit sur l'Assemblée la plus vive impression; la cause de l'Hôtel sembla perdue. Un orateur que l'on n'a pas assez remarqué, le député Guillaume, se chargea le premier de répondre; il le fit avec succès, quoique interrompu par les membres du comité militaire, et surtout par Alexandre de Lameth : « *Au lieu de dénaturer cette institution « sublime*, s'écria-t-il en finissant, il me semble

« plus digne de l'Assemblée Nationale d'en réfor-
« mer les abus, d'y ajouter tout l'éclat dont le
« nouveau régime peut la rendre susceptible, de
« la décorer de tout ce qui peut honorer ces res-
« pectables vieillards et leur rappeler le souvenir
« de leurs exploits. »

Custine prit alors la parole ; il dit que : « For-
« mée par les grands, l'institution des Invalides
« ne pouvait être défendue que par des partisans
« des choses fastueuses et inutiles. » Mais il ajouta :
« Qu'il ne fallait pas substituer à l'Hôtel de nou-
« veaux hospices dans lesquels les invalides se-
« raient oubliés. » Il termina en demandant que
l'on formât de tous les vieux soldats des compagnies
de garde-côtes : « Là, dit-il, réunis en bataillons,
« employés à un service doux, ces vieillards rece-
« vraient, moyennant les trois quarts de leurs
« pensions, tous les soins nécessaires. »

C'est alors que l'abbé Maury, avec l'autorité de sa
voix et de son nom, se dirigea vers la tribune. Son
discours fut admirable de sagesse, de raison et de
haute éloquence. Il raconta l'histoire de l'Hôtel ; il
prouva qu'il y aurait honte pour la nation à détruire une institution qui l'honorait à un aussi haut
point. Il discuta et défendit avec chaleur les intérêts
des vieux soldats : « Ils demandent la liberté, qu'on
« la donne à ceux qui la veulent ; mais qu'on ne

« force pas les autres à l'accepter ; car cette liberté
« là, ce serait la mendicité, le malheur. Vous avez
« créé des pensions de retraite, accordez-là, cette
« pension, et dès ce moment, à tous les soldats
« invalides qui voudront sortir de l'Hôtel. Je vous
« invite à ne la refuser à personne ; mais je vous
« somme aussi de ne forcer aucun soldat à l'ac-
« cepter. » Telle fut sa conclusion.

Dans une séance suivante, M. de Clermont-Tonnerre appuya cette conclusion par un discours dont l'assemblée décida unanimement l'impression. Il demanda la conservation de l'Hôtel réformé, purgé des abus qui l'encombraient. Il s'éleva surtout contre cette distinction que l'on faisait entre le pain du soldat et celui de l'officier : « C'est du bon, c'est du
« meilleur pain, s'écria-t-il, que la patrie doit à
« un malheureux soldat ; car c'est du bon sang
« qu'il a versé pour elle ! » Il proposa donc, comme le meilleur moyen de réforme, que les invalides surveillassent eux-mêmes leurs réglemens et leur discipline.

C'est en vain que Menou, que Dubois-Crancé, qu'Alexandre de Lameth, s'efforcèrent, avec une violence inexprimable, de détruire l'effet produit par M. de Clermont-Tonnerre. L'assemblée était décidée ; elle voulait conserver l'Hôtel, mais réformer les abus. Saisissant sa pensée, d'Emmery la formula avec précision et habileté. Toute la violence du comité militaire échoua contre la fermeté du président, qui était, ce jour-là, M. de Montesquiou. Le décret proposé par M. d'Emmery fut adopté.

Ce décret qui a sa place marquée ici, conserva l'Hôtel, prépara la réforme des abus et la mémorable loi de 1792.

« L'Assemblée Nationale décrète qu'il ne sera
« reçu désormais, à l'Hôtel des Invalides, confor-
« mément à l'édit de création que des militaires
« qui auraient été estropiés, ou qui auraient at-
« teint l'âge de caducité étant au service de terre
« ou de mer, et qui n'auraient, d'ailleurs, aucun
« moyen de subsister.

« Ceux qui sont actuellement à l'Hôtel seront les
« maîtres d'y rester ; ceux qui voudront en sortir
« auront une pension de retraite, savoir :

« Les lieutenans-colonels 1,200 livres, les com-
« mandans de bataillon 1,000 livres, les capitai-
« nes 800 livres, les lieutenans 600 livres, les
« maréchaux-des-logis en chef 422 livres 3 sous
« 4 deniers, tous les sous-officiers 300 livres 10
« sous, tout soldat invalide 227 livres 10 sous.

« L'Assemblée Nationale prenant en considéra-
« tion particulière la situation de ceux qui ont été
« le plus maltraités à la guerre, accorde 100 livres

« de gratification annuelle, en sus des traitemens
« ci-dessus désignés, à tous officiers et soldats in-
« valides retirés à l'Hôtel, qui se trouvent privés
« d'un bras, d'une jambe, de la vue, ou par d'au-
« tres accidens quelconques, sont de la classe des
« moine-lais.

« Tous les traitemens ci-dessus désignés seront
« payés aux officiers, sous-officiers et soldats qui
« quitteront l'Hôtel, sans aucune retenue, mois
« par mois, partout où ils désireront fixer leur re-
« traite, et sans frais; et les dits traitemens ne
« pourront-être saisissables en tout ni en partie;
« mais ils ne jouiront, à l'avenir, d'aucun privi-
« lège, ni de leur habillement.

« Il sera fourni à chaque officier, sous-officier
« et soldat de l'Hôtel, un habit neuf et un petit
« équipement complet, tel qu'il est annexé au
« présent décret, indépendamment de 10 sous par
« lieue pour chaque sous-officier, et pour se ren-
« dre à la destination qu'il lui plaira choisir.

« L'état-major de l'Hôtel est supprimé. L'admi-
« nistration sera réformée. Le comité militaire
« présentera incessamment ses vues sur cet objet,
« ainsi que sur les moyens de conserver quelques
« compagnies détachées des vétérans. »

CHAPITRE V.

HISTOIRE GÉNÉRALE DE L'INSTITUTION, DEPUIS 1791 JUSQU'A NOS JOURS.

Le comité militaire, vaincu solennellement dans son projet de suppression de l'Hôtel des Invalides, eut recours à mille petits moyens pour réparer sa défaite ; nous en trouvons la preuve dans le *Politicon* de 1792, où on lui reproche publiquement d'employer des manœuvres furtives.

Cette malveillance fut encore déjouée ; la loi qui

devait réformer l'Institution, dans laquelle s'étaient glissés des abus véritables, entre autres celui qui consistait à purger les régimens des mauvais soldats en les envoyant à l'Hôtel ; cette loi ne tarda pas à être élaborée. La première lecture du projet, faite par Lacuée, le 29 février 1792, remplit plusieurs séances. On ne discuta pas, occupé qu'on était des opérations de la guerre, de la conversion des richesses privées en assignats, des insurrections populaires ; seulement, quand il s'agit de la suppression des logemens des employés, Rougier de la Bergerie, demanda et obtint une exception en faveur du célèbre philantrope *Parmentier*, alors pharmacien-major de l'Hôtel. Un autre membre réclama une exception pareille pour le major-général Sombreuil.

Cette loi fut promulguée par le gouvernement du roi, le 30 avril suivant.

Elle commence par déclarer que l'établissement connu sous le nom d'Hôtel des Invalides, est conservé sous la dénomination d'*Hôtel National des Militaires Invalides*.

Ce titre était assurément plus explicite que le précédent, par l'adjonction du mot *Militaires*.

La loi ramène ensuite l'Hôtel à sa destination primitive, en statuant que cet établissement ne recevrait désormais que des officiers, sous-officiers et soldats qui auraient atteint l'âge de caducité, étant sous les armes, tant au service de terre que de mer.

Elle admet le principe de la liberté et du choix, en donnant à tout militaire admis aux Invalides, le droit d'obtenir la pension de son grade, destinée à représenter le séjour à l'Hôtel, s'il venait à en sortir ; elle établit aussi que tout militaire faisant partie de cet établissement, et ayant opté pour la pension, aura toujours la faculté de rentrer à l'Hôtel, concurremment avec ceux qui n'auraient pas opté.

L'Hôtel est placé sous la surveillance spéciale du Corps Législatif pour le nombre des places et pour la question financière. La loi règle ensuite, comme nous le verrons, son administration, qu'elle place dans le ressort du ministère de l'intérieur, et qu'elle rend presque toute élective et publique.

Cependant la première partie du décret de 1792 est purement conservatrice.

La partie vraiment organique et constitutive de cette loi, est celle qui a trait aux compagnies détachées.

Ces compagnies sont abolies : elles sont remplacées par le corps des vétérans nationaux, composé de cinq mille hommes, et se divisant en cent compagnies de cinquante hommes chacune, y compris les officiers, sous-officiers et soldats. Douze compagnies sont affectées au service de l'artillerie. Chaque département a droit à une compagnie.

Les militaires compris dans le corps des vétérans, sont considérés comme en activité de service.

Ainsi, l'Institution des Invalides et celle de la Vétérance, déjà ébauchée par l'organisation des compagnies détachées, survécurent aux premiers orages révolutionnaires.

Mais elle eut à traverser bientôt des jours plus mauvais. Le remarquable travail de l'Assemblée Nationale fut mal appliqué. Le principe de l'élection porta l'anarchie dans le gouvernement des Invalides qui, tout en étant un gouvernement de famille, n'en devait pas moins être soumis à une sorte de discipline; aussi fallut-il bientôt nommer des commissions pour recevoir les plaintes des pensionnaires de l'Hôtel.

En 1793, ils se virent envahis par suite du décret qui ordonna au ministre de la guerre d'admettre provisoirement, parmi eux, les volontaires nationaux et les soldats qu'on ramenait blessés de la frontière. Ils furent contraints de porter leurs griefs à la connaissance du public; ils les fondèrent principalement sur ce que l'organisation décrétée n'était pas même mise à exécution.

Leurs plaintes eurent un médiocre résultat. On accorda beaucoup sur le papier, on donna peu effectivement. L'attention des législateurs et celle de la nation étaient fixées sur d'autres objets. Le Comité de Salut Public s'empara, d'ailleurs, bientôt de la surveillance de l'Hôtel. Il en supprima l'administration établie par le décret de 92, et la remplaça par une agence dont il nomma les membres, par arrêté du 26 floréal an II. Cette agence ne fit guère mieux que l'administration · Cependant il faut reconnaître qu'à l'exemple de tous les pouvoirs qui se succédèrent durant les orages de la république, elle eut à l'égard des invalides les meilleures intentions, témoin le rapport de Dumas aux Jacobins.

Nous voyons aussi, en l'an III, une commission s'occuper activement de rechercher les moyens de venir au secours des Invalides. L'année suivante une nouvelle commission facilita aux citoyens privés de quelques membres, le moyen d'exercer leur industrie, et, la même année, le Directoire adressa un message pour obtenir une organisation de l'Hôtel.

Mais il n'y eut rien de fait ; et en l'an V, le député Gossuin se vit obligé d'intéresser la sensibilité du Conseil des Cinq-Cents en faveur des militaires revenus des armées avec des blessures ou des infirmités. Il rappela qu'un décret de l'Asemblé Nationale du 12 janvier 1793, leur accordait une solde de 30 sous par jour. Cette somme était alors suffisante, mais le discrédit du papier-monnaie ayant rendu cette solde entièrement nulle, leur misère était complète. Gossuin proposait, en conséquence, de payer aux soldats tout-à-fait invalides, 50 sous par jour, et aux blessés encore valides, 7 sous.

Un peu plus tard, Lefranc rappela que la Convention avait promis de distribuer un milliard aux défenseurs de la patrie. Pelet (de la Lozère) lui répondit que la Convention n'avait jamais promis que 400 millions, et un décret sur les pensions résulta de cette discussion. Il fut insuffisant.

Le 5 fructidor an V, Normand en fit adopter un autre qui avait pour but de créer, près des compagnies de vétérans, 600 places d'officiers, en adjoignant à chacune des 300 compagnies existantes, un capitaine et un lieutenant en second. Ce décret aurait apporté quelque amélioration à la position des invalides, si l'état des finances eût été meilleur.

Le 28 du même mois, Jourdan attira l'attention des législateurs sur les pensionnaires de l'armée nationale. Leurs pensions ne leur étaient pas payées; Camus revint sur cette motion.

Enfin, le 25 nivose an VI, Joseph Martin fit adopter une résolution qui rappelait la loi de Louis XIV ;

elle ordonnait qu'à l'avenir, toutes les dépenses de la guerre, tant ordinaires qu'extraordinaires, de quelque nature qu'elles pussent être, seraient soumises à une retenue de deux centimes par franc, sauf néanmoins les soldes numéraires des sous officiers et des soldats.

Lacuée fit rejeter par les Anciens cette résolution comme incomplète. Un trait qui honore au suprême degré les armées de la république, nous a été conservé par le discours qu'il prononça dans cette occasion, c'est que les soldats exemptés par les Cinq-Cents, avaient réclamé le droit d'être assujétis à la retenue, en faveur des invalides. Dans ce même discours, Lacuée proposa d'établir quatre succursales de l'Hôtel, et d'en placer une au château de Versailles.

Le Conseil des Cinq-Cents rendit alors son décret de ventos an VI, qui assura le paiement d'une somme suffisante aux besoins de l'Hôtel. Cet établissement fut encore une fois sauvé.

De son côté, le Directoire, qui avait pris en main les intérêts des Invalides, ne resta pas inactif; il suivit le conseil de Lacuée : une première succursale fut établie à Versailles, et, bientôt, Saint-Cyr en reçut une seconde.

Il ne s'ent tint pas là : il avait sur les bras l'Europe entière; l'armée seule pouvait sauver la France.

L'Hôtel des Invalides devint le lieu sacré des fêtes nationales. La ci-devant église de l'Hôtel, érigée en temple de Mars, fut l'Olympie de la république, comme nous le verrons en parcourant les fastes de l'Hôtel.

Les consuls, eux aussi, s'occupèrent avec suite des invalides ; ils essayèrent, à plusieurs reprises, de changer ou de perfectionner leur organisation. Ils créèrent quatre succursales nouvelles. Ils firent du temple de Mars une sorte de Panthéon militaire où l'on déposa les restes de Turenne et de Latour d'Auvergne, où l'on couronna les héros émérites des armées.

Bonaparte, premier consul, vint présider dans ce Panthéon la magnifique cérémonie du 1er vendémiaire an IX. Il y rétablit l'ancien culte par son arrêté du 27 germinal et il réorganisa l'Hôtel en l'an XI. Dès-lors l'Institution des Invalides sortit de l'anarchie dans laquelle elle était tombée. Gouverné d'une main ferme par Ibert, si célèbre sous le nom de Maréchal-Serrurier, l'Hôtel vit s'ouvrir sous ses auspices un avenir non moins glorieux que le passé, et infiniment plus tranquille.

Ce fut sous ses dômes que Napoléon, élevé au trône impérial, vint recevoir le serment des premiers membres de la Légion-d'Honneur. Les mêmes dômes reçurent les drapeaux enlevés aux ennemis de la France, à Wagram, à Austerlitz, et sur vingt champs de bataille.

Enfin, en 1811, il parut digne à l'Empereur d'assurer pour jamais l'existence de l'Institution, en la dotant magnifiquement et en l'asseyant sur les bases d'une organisation plus solide. C'est dans cette intention qu'il rendit le décret organique du 25 mars 1811, qui replaça l'existence de l'Hôtel dans les conditions où il était sous Louis XIV, et en fit un des gouvernements les plus élevés de l'état.

Les évènemens de 1814 et 1815 n'ôtèrent rien à la gloire de l'Institution. En effet, si par une faute déplorable, son gouverneur, pour sauver l'honneur de l'Hôtel, sacrifia les trophées dont les Invalides avaient la garde, les étrangers ne souillèrent pas leur demeure en y posant un pied profane.

Les descendans de Louis XIV, redevenus rois de France, ne pouvaient pas rester en arrière de Napoléon. Il faut le dire à leur gloire, jamais ils ne songèrent à persécuter, au sein de l'Hôtel, les débris de ces armées qui avaient fait si grand celui que l'on traitait alors d'usurpateur.

Accroissement de privilèges, augmentation de dotation, visites royales, honneurs rendus, réglemens intérieurs, voilà ce que la restauration valut à l'Hôtel et à l'Institution. Si le souvenir du maréchal Serrurier est resté dans la mémoire des vieux serviteurs de l'État, ils n'ont pas oublié non plus le comte de Latour-Maubourg, bien qu'il n'eût point l'honneur insigne d'être un des premiers dignitaires de l'armée.

Les évènemens de 1830 ne furent pas, d'abord, favorables à la fondation de Louis XIV. Les prétextes du comte de St-Germain, les erremens du comité militaire reparurent aussitôt après Juillet.

On ne se contenta pas de faire rentrer, en supprimant la dotation des Invalides (1), l'asile du brave dans le domaine administratif commun. Les mots de *réduction*, d'*économie* furent prononcés.

En 1834, ces mots donnèrent encore une fois l'occasion au pays de faire éclater ses sentimens, en faveur de cette création du grand siècle.

On nous permettra de laisser parler le *Moniteur* du 22 avril 1834 : c'est peut-être la seule bonne manière de faire l'histoire contemporaine.

Le chapitre xix du budget de la guerre, en 1834, concernait les Invalides. La commission chargée d'examiner, au nom de la chambre des députés, le projet du gouvernement, proposa, par l'organe de M. Passy, son rapporteur, une réduction de

(1) Voyez chapitre de l'organisation financière.

40,000 francs, portant sur le traitement du gouverneur. La discussion suivante s'engagea. Elle contient et le *pour* et le *contre*.

M. Liadières a la parole :

Messieurs,

« Quelque partisan que je sois des économies, quelque disposé que je me montre toujours à seconder les vœux et les besoins du pays à cet égard, il est, je l'avoue, des économies que je ne saurais comprendre, et de ce nombre, est celle qui a pour but la suppression totale de l'allocation affectée, jusqu'à ce jour, au gouverneur des Invalides.

« L'honorable rapporteur de la commission vous a dit que les fonctions de gouverneur des Invalides n'étaient pas indispensables, et qu'elles pouvaient être supprimées. C'est pousser un peu loin, selon moi, le rigorisme des doctrines économiques, c'est avoir oublié, selon moi, la haute pensée qui préside à cette création célèbre, pensée qui, traversant plus d'un siècle, est venue, sans s'affaiblir, de Louis XIV jusqu'à nous ; c'est l'avoir oubliée, dis-je, que de ranger le gouvernement des Invalides parmi les superfluités administratives.

« Certes, Messieurs, si l'Hôtel des Invalides n'était qu'un simple lieu d'asile pour quelques centaines de soldats, s'il n'était qu'un hospice militaire de plus, je comprendrais sans peine qu'on pût en abandonner la direction à quelque chef militaire plus ou moins obscur, à quelque agent secondaire de l'administration.

« Mais il n'en est pas ainsi: Voyez quels sont les soldats, et jugez quel en doit être le chef. Il ne suffit pas pour y être admis d'avoir rempli son métier de soldat; il faut avoir vieilli sous les drapeaux ou s'être vu mutiler sur quelque champ de bataille. Ce n'est pas la pitié publique qui leur offre un asile, il leur est offert par la reconnaissance natiotionale. Là, Messieurs, sont représentés par quelques hommes, disons-mieux, par quelques débris d'hommes, les nombreuses et puissantes armées qui ont porté si loin et si haut la gloire du nom francais; nos compatriotes viennent les visiter avec orgueil; les étrangers viennent aussi contempler avec admiration et respect les cicatrices qu'ils ont faites, mais qui leur ont coûté plus cher, qui leur furent plus douloureuses qu'à ceux mêmes qui les ont reçues.

« Et c'est à de pareils hommes que l'on pourrait imposer un chef obscur ou secondaire! Cela n'est pas possible. Il leur faut un chef digne d'eux-mêmes, un chef enfin qui résume en lui, pour ainsi dire, toutes ces gloires qui l'entourent, comme ils résument en eux les gloires des diverses armées dans lesquelles ils ont combattu ; et lorsqu'on a trouvé un pareil chef, lorsque le gouvernement en a doté cet établissement d'orgueil national, nous, mandataires du pays, nous lui enleverions ce que la munificence nationale accorda jusq'à ce jour à ses prédécesseurs ? Messieurs, soyons économes, j'y consens, mais avant tout soyons justes, et je crains bien qu'en cette circonstance, nous ne courions grand risque de ne pas l'être.

« En effet, j'ai prouvé, je crois, que si l'on veut conserver à l'Hôtel des Invalides son primitif et glorieux caractère, un gouverneur illustre est indispensable ; mais ce gouverneur, maréchal ou général, peu importe (il s'agit ici de gloire et non de grade), ce gouverneur jouissait, avant d'être investi de ce titre, d'un traitement de maréchal ou d'une retraite de général, dont il pouvait disposer à son gré. Si on lui donne une position spéciale, il n'en peut plus disposer qu'au gré des exigences de cette position. Ainsi le gouverneur des Invalides doit nécessairement accueillir chez lui quelques-uns des étrangers illustres qui viennent visiter l'Hôtel ; il doit recevoir quelquefois à sa table un certain nombre de ses vieux camarades. Prélèvera-t-il les dépenses qui en résultent sur son traitement de maréchal. Je dis plus, parmi ces vétérans qui l'entourent, il y a des vieillards, des infirmes, des pères de famille, des hommes qui se distinguent par une conduite digne d'éloges, qui sont les meilleurs parmi les bons. Le gouverneur des Invalides prélèvera-t-il, sur son traitement de maréchal ou sur sa retraite de général, de quoi les aider dans leurs familles, les récompenser de leur conduite, de quoi ajouter enfin, quand ils le méritent, un peu de superflu à leur modeste nécessaire? Messieurs, je le répète, cela ne me paraît pas juste. La France veut être économe, mais elle ne veut pas être avare; elle ne peut pas, dans sa dignité, donner des honneurs qui soient un fardeau pour ceux qui les acceptent. Je vote donc pour que l'indemnité soit maintenue, et je suis convaincu que le pays vous saura gré de cette forte libéralité faite au chef de nos vieilles gloires, comme une de ses plus utiles économies.

« M. LE RAPPORTEUR. — La question est fort simple, Messieurs. En 1832, une des commissions chargée de l'examen du budget de la guerre, reconnut que les fonctions de gouverneur des Invalides n'étaient pas nécessaires; qu'il y avait dans l'Hôtel un général commandant, indépendamment du gouverneur, et qu'on pourrait confier ces fonctions à ce général commandant. La Chambre remarqua que le maréchal Jourdan était alors gouverneur des Invalides, et qu'il y aurait un inconvénient, qu'il y aurait quelque chose de fâcheux pour le pays à ce qu'un guerrier si illustre fût privé de ce titre ; mais il fut dit, et la Chambre parut accueillir ce vœu, que, dans le cas ou malheureusement il viendrait à décéder, il ne serait pas remplacé dans ses fonctions. Ce malheur est arrivé, et c'est l'accomplissement d'une espèce d'engagement pris par la Chambre, que la commission vient lui demander.

« En fait, l'établissement des Invalides est en quelque sorte un monument ; mais un monument qui est utile à une époque, n'a pas le même caractère d'utilité à une autre époque. Messieurs, depuis plusieurs années vous avez la paix, et trouvez-vous encore beaucoup d'invalides à faire entrer à l'Hôtel. (Bruits divers.)

« Une voix. — Il s'en fait tous les jours.

« Si la paix dure encore quelque temps, vous aurez bientôt à y mettre, non plus des soldats mutilés dans les combats, mais des hommes ayant fait leur trente années de service dans l'armée. Il y a dans chaque époque des nécessités qu'il faut peser. Pour ma part, et je l'ai déjà dit, je crois que l'établissement des Invalides dans sa généralité, n'est pas d'une utilité réelle. Sans doute, il y a après chaque guerre un certain nombre de soldats qui ont droit à des soins particuliers, parce qu'ils ne pourraient pas les recevoir dans leurs familles ; mais je pense que la plupart des hommes qui entrent aux Invalides, seraient mieux dans leurs foyers avec une pension de retraite. (Interruption.)

« M. Vatout. — Et ceux qui n'ont pas de foyer, qui n'ont pas de fortune, qui n'ont pas de pain ?

« M. le Rapporteur. — On me fait une objection, on parle des hommes qui n'ont pas de foyer, mais rappelez-vous, Messieurs, qu'il est fort petit le nombre de ceux qui entrent aux Invalides. Le personnel actuel est de 4,000 au plus, et je le répète, pour le cas où la guerre viendrait à créer de nouveaux invalides, des hommes ayant droit au traitement de l'Hôtel, comme la commission l'a dit, ce qu'il y a de mieux à faire, c'est de diminuer le nombre des entrées, parce que, la guerre survenant, vous aurez des places à donner aux hommes qui seront blessés sur le champ de bataille.

« Quant au traitement du gouverneur, il n'est pas besoin de longues explications pour vous faire comprendre en quoi consiste la question. Ce traitement est inutile.

« On a dit que le gouverneur des Invalides avait des gratifications à donner. Il est possible, Messieurs, que, dans sa munificence personnelle, l'un des gouverneurs ait donné des gratifications aux soldats, mais ce n'est pas une nécessité. Les soldats aux Invalides trouvent toutes les ressources qui sont nécessaires à leur subsistance et à leur habillement, et je ne crois pas que, dans aucun cas, il y ait nécessité de leur accorder des gratifications.

« Quant aux visites des grands personnages et à la nécessité de les recevoir, lorsqu'on va aux Invalides, c'est pour voir l'Hôtel et non les appartements du gouverneur. On visite l'établissement, les hommes, les drapeaux, les canons, tout ce qui s'y trouve. Pour le gouverneur lui-même, il n'est dans les Invalides qu'une simple décoration, et je le répète, une décoration inutile. Un commandant suffira : il y a moins de 4,000 hommes à l'Hôtel, et assurément un tel commandement n'exige pas un gouverneur.

« Au reste, je sais qu'il y a là une question délicate, parce qu'il s'agit du maréchal Moncey, d'un homme dont les titres à la reconnaissance nationale sont incontestables; mais après la mort du maréchal Moncey, et Dieu veuille qu'il vive longtemps, vous aurez un autre gouverneur et la question se représentera.

« M. JAUBERT. — Messieurs, à propos du traitement de M. le gouverneur de l'Hôtel Royal des Invalides, l'Institution elle-même a été attaquée par l'honorable rapporteur de la commission. Il a fait valoir deux raisons qui, malheureusement, ne sont pas valables.

« Il a dit que, par suite de la paix dont nous jouissons depuis un certain nombre d'années, les places à l'Hôtel pourraient devenir vacantes. Une bien triste expérience, une expérience toute récente, nous a prouvé le contraire, et les braves qui forment les restes des vieilles phalanges d'Égypte et d'Allemagne, verront bientôt arriver dans leurs rangs, les braves qui ont également bien mérité de la patrie en combattant pour l'ordre public à Lyon et à Paris. Nous n'en savons pas encore le nombre, mais il paraît que cette déplorable liste est considérable !

« L'honorable rapporteur pense que des allocations données aux anciens militaires mutilés, et dont ils jouiraient dans l'intérieur de leurs familles, remplaceraient avec avantage l'institution elle-même, mais il a oublié que dans ce système ; nous perdrions l'enseignement, la grande institution morale qui résultent d'une fondation magnifique, placée là aux yeux de tous comme un grand exemple à la vertu militaire. Cette institution morale disparaîtrait complètement, en présence de ces secours distribués comme des aumônes, aux vieux soldats, dans le sein des familles. Il ne faut pas oublier non plus, et cette réflexion a été faite tout-à-l'heure sur plusieurs bancs de la Chambre lorsque M. le rapporteur a exposé ses vues à cet égard, il ne faut pas oublier, qu'un grand nombre de soldats auxquels les places de l'Hôtel ont été accordées, n'ont pas de familles, ne connaissent pas les jouissances du toit paternel, et ne sauraient où reposer leur tête, si l'État ne se chargeait pas de leur sort. C'est donc l'État qui dans leur vieillesse doit leur fournir un noble asile. (Marques d'approbation.

« Cette considération ne peut être perdue de vue.

« Je le dis avec regret, beaucoup trop de choses ont été attaquées dans le temps où nous vivons; mais je ne crois pas que la Chambre veuille entrer dans cette voie de destruction.

« Je reviens à la question en discussion : le traitement de gouverneur de l'Hôtel Royal des Invalides.

« Notre honorable collègue, M. Liadières, a présenté des argumens qui ont été contestés; mais je soumettrai à mon tour, à la Chambre, une réflexion qui n'est pas dépourvue d'intérêt, ce me semble.

« Le gouvernement, grâce au système de réduction dans lequel nous sommes entrés, peut-être avec trop d'ardeur, (exclamations ironiques aux extrémités) a été successivement dépouillé des moyens de rémunérer les grands services, veuillez y faire attention. Lorsqu'un homme éminent a rendu à l'État des services signalés, et qu'il sort de la carrière; eh bien! examinez successivement les différentes branches du service public, et demandez-vous quelles grandes récompenses le roi peut attacher à ses services.

« Si nous parlons de la magistrature, de l'administration, des hommes d'État qui ont honoré le ministère, nous verrons toujours que les ressources du gouvernement sont extrêmement restreintes... (Bruit aux extrémités.)

« C'est là, si je ne me trompe, un grave inconvénient, une fâcheuse impuissance pour un gouvernement. Si les moyens d'encouragement manquent, les grandes actions pourront aussi devenir plus rares, vous devez du moins le craindre. Un fait récent qui vous a été révélé par une confidence du *Journal officiel*, vient à l'appui de ce que j'avance.

« M. ODILON-BARROT. — Je demande la parole.

« M. JAUBERT.—Je pense que sous l'impression de ces considérations, que je ne serais pas capable de développer sans quelque préparation, vous devez vous abstenir de porter une main imprudente sur le traitement du gouverneur des Invalides. L'armée tout entière voit, je crois, dans la manière dont est honoré le doyen illustre des maréchaux de France, une récompense pour elle-même. Je vous engage, Messieurs, à ne pas accepter la réduction.

« M. Dupin quitte le fauteuil de la présidence, où M. Étienne vient le remplacer, et monte à la tribune. (Marques d'attention.)

« M. DUPIN. — Messieurs, on vient de présenter devant vous des considérations générales sur l'établissement des Invalides, et une considération particulière, dans laquelle on fait intervenir la personne du titulaire actuel, nommé récemment gouverneur des Invalides par le roi.

« Quant à l'établissement en lui-même, je ne crains pas de dire qu'il n'en est pas qui porte plus le cachet national, le caractère de grandeur, de générosité, de reconnaissance nationale. Je ne crains pas de dire que, dût-on procurer à ceux qui y sont reçus un bien-être égal, j'allais presque dire supérieur à celui qu'ils peuvent attendre dans le sein de leurs familles, il faudrait encore maintenir et conserver ce grand établissement.

« Ce n'est pas, en effet, dans leurs chaumières, que l'étranger pourra voir ces vieux soldats, couverts de glorieuses blessures ; c'est dans l'Hôtel des Invalides, c'est dans un hôtel à eux qu'il doit voir ces glorieux débris, plus admirables encore par ce qui leur manque que par ce qui leur reste; (Très-bien, très-bien) c'est réunis dans un Hôtel à eux, que le pays pourra les montrer comme une glorieuse décoration. (Bien, très-bien.)

« Dans les grandes occasions, c'est de leurs canons, c'est de leur hôtel, que partent les signaux qu'on est quelquefois heureux de faire entendre dans le pays, et ce n'est jamais sans émotion, qu'ils retentissent au sein de la capitale... Puisse-t-elle jamais n'entendre d'autres canons. (Sensation.)

« Je passe aux considérations personnelles au gouverneur actuel des Invalides.

« Je conviens que peu d'occasions sont laissées au gouvernement, pour accorder de grandes récompenses, pour exercer une grande munificence. Le nombre des places qu'on a appelées sinécures est fort restreint, s'il n'est pas entièrement anéanti, (Légère rumeur à droite et à gauche.) cela tient à notre situation. Je ne regrette pas, sans doute, que les sinécures soient abolies, mais je regrette qu'il ne puisse y avoir, dans chaque carrière, un certain nombre de positions qui soient présentées en perspective, et deviennent un motif d'émulation; ce n'est pas moi qui proposerai de les réduire.

« Quelques relations personnelles, qui m'ont

mis à même d'apprécier la noblesse de caractère du maréchal Moncey, et qui pourraient peut-être influer sur la détermination que vous allez prendre, me décident à repousser les raisons par lesquelles on est venu défendre le traitement que vous discutez. Je ne connais pas d'homme plus honorable, plus loyal, plus véritablement chevalier que M. le maréchal Moncey. (Vive adhésion.) J'ajoute que je ne connais pas d'homme plus désintéressé.

« Il est sans fortune personnelle, et je crois bien qu'il est à peu près réduit a son traitement; traitement sans doute fort honorable, et supérieur même aux traitemens les plus élevés des autres carrières; mais dans une circonstance où il avait encore plus d'appointemens qu'aujourd'hui, en 1815, lors du procès du maréchal Ney, alors qu'il faisait partie de la commission militaire, il ne craignit pas d'affronter une destitution qui le laissait sans traitement, et le renvoyait dans ses foyers en état de disgrâce, parce qu'il se crut en conscience intéressé à ne pas accepter la qualité de juge de celui sur lequel il avait dressé un rapport, dans une autre qualité.

« Je fus alors l'avocat, le conseil de M. le maréchal Moncey, et je pourrais peut-être m'appeler l'avocat des maréchaux de France, car je les ai presque tous défendus dans leurs affaires politiques et dans leurs affaires privées.

« Alors, comme aujourd'hui, je défendis moins le traitement du maréchal, que sa délicatesse excessive. Il ne se dissimulait pas que le coup qui allait le frapper, atteindrait sa fortune plutôt que son grade de maréchal. Je le défendis ; je soutins que c'était moins un grade qu'une dignité, et qu'il ne pouvait en être arbitrairement dépouillé. Je fis valoir cette raison, sans qu'il fût question dans le mémoire que je rédigeai, ni de la détresse, ni de la gêne qui allaient résulter pour lui du coup qu'on voulait lui porter. Il fut réintégré dans son grade et dans son traitement. Il le fut par des motifs aussi nobles que ceux qui l'avaient exposé à les perdre.

« Si la Chambre conserve au maréchal Moncey son traitement, il le recevra ; mais, avec ou sans traitement, il restera gouverneur des Invalides. Ce qui le touche, le flatte, l'honore, c'est le choix du roi ; c'est d'être lui, doyen des maréchaux de France, tremblant sous l'âge, mais conservant un corps ferme, un cœur dévoué à son pays, mis à la tête de ses vieux camarades. C'est là un bonheur qu'il n'abdiquera pas, alors même qu'il devrait en jouir sans traitement. (Très-bien ! Aux voix !)

« M. le Président. — La commission a proposé une réduction de 50,000 francs.

« M. Gaétan de la Rochefoucault.—Je demande la division.

« La réduction est mise aux voix et rejetée. »

Cette discussion, aussi habilement conduite qu'heureusement terminée, n'était pas de nature à encourager les ennemis de l'Institution des Invalides ; elle ne fut plus officiellement attaquée, et elle ne peut plus l'être à l'avenir. Le dépôt des restes de Napoléon sous le dôme de Saint-Louis, a fait de l'Hôtel la Jérusalem militaire, et il semble par là destiné à toujours grandir en gloire et en renommée.

CHAPITRE VI.

DESCRIPTION GÉNÉRALE DE L'HÔTEL.

Sans être un de ces édifices qui, semblables au Parthénon d'Athènes, commandent par leur harmonieuse unité l'admiration de tous les âges, ou comme le Colysée de Rome, éblouissent par leur splendide immensité, l'Hôtel fondé par Louis XIV pour recevoir les invalides, n'en est pas moins un des beaux monumens de l'Europe moderne. Son caractère est grave comme sa destination. De larges abords, des proportions remarquables, un ensemble d'un effet éminemment majestueux, une certaine unité noble, une ornementation sévère, lui assurent une place élevée dans l'estime des connaisseurs.

L'Hôtel des Invalides donne son nom à l'un des quartiers du 10e arrondissement de Paris. Il s'élève sur la rive gauche de la Seine, à environ 400 mètres du fleuve qui coule devant sa façade principale, et dont il est séparé par une esplanade plantée d'arbres. Un très grand nombre de rues, deux ponts, les quais et de magnifiques boulevards y conduisent de tous les points.

Cet Hôtel présente de loin une masse imposante de bâtimens, du milieu de laquelle s'élance majestueusement un dôme admirablement contourné et surmonté d'une flèche du dessin le plus heureux. Soit que le soleil se mire aux dorures de ce dôme, soit que son galbe délicieux, qui rappelle l'Orient, se dessine avec grâce sur le ciel grisâtre de Lutèce, l'Hôtel des Invalides est de tous les monumens de Paris, celui dont l'aspect charme le plus les yeux. L'ensemble de cet édifice a un certain prestige qui porte l'esprit à admirer. Mais ce qui fait surtout l'éloge ne ses architectes, c'est que, ne sût-on pas sa destination, n'aperçût-on pas les glorieux débris de nos armées, on ne se dirait pas moins, à son premier aspect : « Ce doit être ici la retraite des vrais défenseurs de la France! »

A l'intérieur, une cour admirable qu'on nomme la *Cour d'honneur*, de larges galeries, de magnifiques réfectoires, deux églises remarquables remplies des souvenirs militaires les plus précieux,

Une foule d'artistes ont attaché leur nom à la construction et à l'ornementation de ce magnifique établissement.

Libéral Bruant a dessiné les bâtimens de l'Hôtel proprement dit et la première église, Jules Hardouin Mansard a fait le plan du dôme, François Girardin a dirigé les sculptures, Philippe Magnier, Corneille Vanclève, Simon Hurtel, François Barrois, François Spingola, Robert-le-Lorrain, Lapierre, Le Comte, Jean Poulletier, Lambert Sigisbert, Adam l'Aîné, Théodon, Jean de Dieu, d'Arles, Nicolas Coustou, Sébastien Slods d'Anvers, Philippe Bertrand, Lepautre, Simon Mazières, Anselme Flahaut, Bondi, Louis Armand, Pierre Legros, Antoine Flament, Antoine Coisevox, Paul Boutet, Poirier, Pierre Granier, Jean-Baptiste Fubi, Jean Thierry, Pierre Mazeline, Jacques Prou, Jean Cornu, David Pousterelle, Jean-Baptiste Pigal ont travaillé à la décoration sculpturale de l'intérieur et de l'extérieur de l'édifice ; Martin élève de Vander Meulen, Bori Boulogne, Louis Boulogne,

Noël Coypel, Charles de la Fosse élève de Lebrun, Jean Jouvenet ont illustré par de magnifiques peintures les parties principales du monument.

M. de la Cotte a dessiné l'esplanade. De nos jours, Trepsat, Cartellier, Seurre et beaucoup d'autres, ont encore contribué à l'embellissement de l'Hôtel. Le dépôt du cercueil impérial y doit être l'occasion d'une espèce de complément artistique.

Il est regrettable que ceux qui ont élevé les bâtimens de service, n'aient obéi à aucun plan ; à droite et à gauche de l'église, flanquant les constructions de Libéral Bruant, le bâtiment neuf, destiné au logis des officiers, les infirmeries et d'autres quartiers pour le service domestique de la maison, n'obéissent, pour ainsi dire, à aucun ordre.

La pensée de Napoléon a été de raser tous ces bâtiments de service, et tout en conservant les œuvres de Libéral Bruant et de Mansard, de faire de l'édifice une vaste croix présentant quatre façades comme la grande façade actuelle, et ayant le dôme à son centre. Les Invalides eussent été alors un édifice un et unique. Toute succursale fût devenue inutile.

Dans la forme actuelle de l'édifice, il faut distinguer l'Hôtel proprement dit de Libéral Bruant, et son église liée avec le dôme de Mansard ; les bâtiments neufs qui s'élèvent à l'ouest et à sa gauche, et les bâtimens qui s'élèvent à son est ou à sa droite.

L'Hôtel proprement dit est le bâtiment principal ; il forme un vaste quadrilatère, plus large que long, et présentant seulement trois façades extérieures, dont la principale regarde le nord. Du côté opposé à cette façade, le quadrilatère, au lieu de se compléter par une ligne fermée de bâtimens parallèles au côté nord, donne ouverture à une église longue, qui se termine sur une autre église appelée le Dôme et qui aboutit au midi par une façade principale ; c'est cette façade qui correspond à celle du nord.

Pour bien comprendre le plan général de l'édifice, il faut se figurer d'abord un vaste bâtiment parallèle au fleuve, et présentant au nord, sur un beau jardin extérieur, une brillante façade dont le développement, de l'est à l'ouest, est d'environ 210 mètres ; perpendiculairement à cette façade, et du nord au sud, on a élevé quatre lignes parallèles de bâtimens, d'environ 103 mètres de longueur chacune. Deux de ces lignes forment la façade ouest et la façade est, qui regardent, l'une les cours dites de l'*État-Major* et de l' l'*Amitié*, autre le jardin du gouverneur, et la cour extérieure dite de la Charbonnerie, et s'étendent chacune à une des extrémités de la façade nord. Les deux autres s'élèvent à 38 mètres de distance de ces deux premières, et laissent entre elles-mêmes, un espace vide de 65 mètres. Chacune communique avec sa parallèle, au moyen d'un bâtiment transversal, perpendiculaire à son milieu, et conduit parallèlement à la ligne du nord, à quarante-cinq mètres de distance. Une pareille ligne transversale s'élève à leurs extrémités sud ; de la sorte, le quadrilatère dont nous avons parlé, se trouve divisé en cinq parties, dont quatre sont égales en superficie, tandis que la cinquième, celle du milieu, renferme à elle seule autant d'espace que deux des autres réunies ; de la sorte aussi, sont fermées cinq cours intérieures, qui communiquent les unes avec les autres. Celle du milieu, appelée *Cour royale* ou *Cour d'honneur*, à 65 mètres de large, et est aussi longue que la longueur réunie des deux autres. Celles-ci comptent 40 mètres de large sur 45 de longueur. Elles portent aujourd'hui les noms de cours d'*Austerlitz*, de la *Valeur*, d'*Angoulême* et de la *Victoire*.

Au fond de la *Cour royale*, au midi, s'élève une première église longitudinale d'environ 27 mètres de largeur sur 75 de prolongement. Son extrémité sud aboutit à l'église du Dôme, qui semble ne faire qu'une avec elle, et présente une belle façade au midi, sur une cour extérieure, aussi appelée façade du Dôme.

A droite de ces églises, au-dessus de l'aile droite du quadrilatère principal, s'élève un autre quadrilatère moindre, où sont placées les infirmeries; il dépasse le premier à l'est, et se divise en six compartimens, présentant six cours intérieures; celle de l'infirmerie qui s'ouvre sur la cour de la *Valeur* et les cours d'*Oran*, desquelles on passe successivement dans celles de *Saint-Louis*, d'*Alger*, de *Saint-Joseph* et de *Saint-Jacques*. Ces deux dernières mènent dans la cour extérieure appelée de l'*Abondance*, autour de laquelle s'élèvent divers bâtimens de service. Le quadrilatère a environ 100 mètres de largeur sur 125 de longueur. Sa façade est regarde sur une promenade dite de l'*Infirmerie*, sa façade sud, sur la cour de l'*Abondance*.

A gauche de l'église et à l'ouest, s'élève un troisième quadrilatère, qui déborde l'aile gauche du principal. Il a la même longueur et la même largeur que celui de l'est, mais il ne se divise qu'en quatre compartimens, présentant quatre cours ou jardins intérieurs, la cour-jardin de la lingerie, et les cours de *Mars*, d'où l'on passe dans les cours de la *Paix* et d'*Arles*. Au-dessus de ce quadrilatère, vers le midi, sur la même ligne que les cours du *Dôme* et de l'*Abondance*, s'étend le jardin du général-commandant; sur le côté ouest, règne la promenade dite des *Aveugles*.

Divers bâtimens de service entourent, sans ordre, l'Hôtel; ainsi, à gauche, sur le côté ouest de la cour de l'*Amitié*, se trouvent les ateliers partagés en deux lignes par une cour appelée *Cour de l'Industrie*. Cette cour mène au chantier de bois, d'où l'on passe dans la cour des *Glacières* ou dans les jardins de l'intendant militaire, et de là, dans la cour de la *Poudrière*.

On construit en ce moment en face de la cour de la *Poudrière*, deux immenses réservoirs qui vont être alimentés par les eaux du puits artésien de Grenelle. Cette amélioration importante est due aux instances de M. le maréchal duc de Reggio, gouverneur actuel.

A l'est, au-dessus du jardin du gouverneur, entre ce jardin et les infirmeries, est placée la charbonnière, et au-dessus du quadrilatère sont la boulangerie et d'autres bâtimens séparés en deux corps par la cour de *Gênes*. Nous suivrons dans notre description ce plan général.

ESPLANADE.

M. de Cotte, intendant et ordonnateur général des bâtimens et jardins du roi, a donné le dessin de cette grande place, qui précède l'entrée principale de l'Hôtel. Le plan est fort ordinaire. De chaque côté d'un grand espace libre, aussi large que la façade nord, et qui s'étend du fossé de l'Hôtel au quai de la Seine, plusieurs allées d'arbres aboutissent à la rive du fleuve. Cet espace vide est occupé par des chaussées et des carrés de gazon. Au milieu de la chaussée principale, s'élevait une fontaine construite sous la direction de M. Trepsat, ex-architecte des Invalides. Elle a été supprimée pour laisser un libre passage au cortége qui, en 1840, vint déposer à l'Hôtel le corps de l'empereur Napoléon.

L'esplanade doit être entretenue par l'administration de l'Hôtel; mais l'Hôtel la prête parfois à la ville de Paris, pour les expositions et les fêtes. Elle compte d'ailleurs trois chaussées principales : celle du milieu correspond à la rue Saint-Dominique, celle du midi à la rue de Grenelle, celle du nord se confond avec le quai. On élève en ce moment une statue équestre de l'empereur napoléon dans le rond-point de la rue Saint-Dominique.

La principale de ses chaussées longitudinales mène à la grande grille de l'Hôtel; ses arbres s'avançaient autrefois jusqu'à la rivière. En 1772, M. le prince de Condé, pour donner de l'agrément à son petit pavillon, obtint que l'on abbatit les dix premières rangées d'arbres.

AVANT-COURS. — Cette grille est surmontée des armes de France. Elle est d'un dessin assez militaire. A sa droite et à sa gauche, deux pavillons en pierre de taille, avec des trophées et des chiffres royaux, servent, l'un de corps-de-garde, l'autre de logement aux portiers. De chaque pavillon partent des fossés qui s'arrêtent à la hauteur de la façade.

Derrière ces fossés s'étend l'avant-cour. Cette première cour présente trois allées principales qui mènent aux trois portes de la façade par des chaussées pavées et trois allées secondaires ; elle est divisée en cinq triangles naguère entourés de haies, mais fermés depuis 1844 par des grilles, et destinés à diverses plantations. La pointe de ces triangles est tournée sur un demi-cercle qui fait face à la grille ; vis-à-vis de ceux qui regardent les fossés, s'élèvent deux batteries de chacune huit pièces, et flanquées d'un mortier. Entre ces batteries sont disposés des canons sans affûts provenant de la prise d'Alger.

L'usage d'une aussi formidable artillerie est tout inoffensif : elle sert à annoncer aux parisiens, soit les grands évènements militaires, soit les naissances ou les morts des princes, soit l'aurore des fêtes publiques.

Enfin, à droite et à gauche de l'avant-cour, s'étendent de petits jardins que les militaires se plaisent à cultiver et à embellir. Ces jardins sont au nombre de 82, 41 de chaque côté.

FAÇADE. — La façade principale de l'Hôtel compte 205 mètres de développement, ce qui est peut-être exagéré pour sa hauteur. Elle se compose d'un rez-de-chaussée cintré, et de trois étages ; trois avant-corps rompent la monotomie des lignes. Celui du milieu, qui est le principal, renferme une superbe entrée, percée de plein-cintre ; il est orné de pilastres, qui ont reçu un grand arc surmonté de trophées, contenant la statue équestre du fondateur de l'Hôtel. Au pied de cette statue, on remarque la Justice et la Prudence, dont les figures cadrent bien avec deux statues représentant Mars et Minerve, et placées au bas des piliers qui soutiennent l'arc triomphal.

Toute cette décoration est du dessin de Guillaume Coustou ; le grand artiste l'avait même exécutée et achevée en 1755. L'orage révolutionnaire détruisit la statue royale. Le sculpteur Cartellier, chargé en 1814 de la rétablir avec ses appendices, s'est acquitté habilement de sa tâche.

Une inscription qu'il ne faut pas omettre, est placée au piédestal de cette statue ; elle indique l'origine et la fondation de l'édifice, et est ainsi conçue :

LUDOVICUS MAGNUS,
MILITIBUS, REGALI MUNIFICENTIÆ
IN PERPETUUM PROVIDENS
HAS ÆDES POSUIT
AN. 1675.

les deux avant-corps extrêmes, à gauche et à droite de la façade, forment des espèces de pavillons couronnés par un trophée, placé sur un attique percé de deux croisées. Une terrasse carrée entourée de balcons les termine. A leurs angles s'élèvent quatre magnifiques figures, représentant les nations dont la France a triomphé. C'est la révolution qui les a mises à cette place. Chef-d'œuvres du célèbre Desjardins, elles décoraient naguère les angles de la statue équestre de Louis XIV, inaugurée sur la place des *Victoires* par le duc de Lafeuillade. Leur habitation aux Invalides date de 1800.

A quelque distance de chacun de ces avant-corps extrêmes, sont deux porches en plein-cintre, sans décorations, et conduisant dans les cours secondaires d'*Austerlitz* et d'*Angoulême*. Leur architecture est la même que celle des fenêtres du rez-de-chaussée qui sont toutes ornées, au milieu du plein-cintre, d'une tête antique.

Enfin, ce qui indiquerait que dans le plan de Libéral Bruant, cette façade n'était pas destinée à être la principale, c'est l'usage de ces avant-corps extrêmes, uniquement réservés aux corps de vidange.

Quant aux autres parties de la façade, le rez-de-chaussée est consacré, soit à des cuisines, soit à des magasins. Le premier étage est en partie occupé par les hauts dignitaires de l'Hôtel. Au second étage de l'avant-corps du milieu, la bibliothèque attire les regards. Elle est contigüe à la salle du conseil. A droite et à gauche existent les logemens de l'intendant et du colonel-major.

Les étages supérieurs sont occupés par les autorités secondaires ou employés de la maison.

COUR ROYALE. — Ainsi que nous l'avons dit, c'est l'avant-corps du milieu de la façade qui forme porche et conduit de l'avant-cour dans la cour principale, appelée *Cour d'honneur* ou *Cour royale*.

Cette cour, avec les galeries qui l'entourent, est la plus belle partie de l'Hôtel ; elle est digne de sa destination. On regarde ses lignes pures, correctes et grandioses, comme un chef-d'œuvre de dessin et de proportion.

Là, se font les réceptions, les revues générales et particulières ; c'est, pour ainsi dire, la place d'armes de l'Hôtel.

Nous avons fait connaître ses dimensions ; elle est entourée de quatre corps de logis, avec des avant-corps dans les milieux, et des pavillons dans les angles. L'avant-corps qui regarde l'entrée principale, est formé par le portail de la première église, dont la disposition est des plus heureuses.

Deux rangs d'arcades superposées forment

d'ailleurs les quatre façades de la cour. Ces arcades sont en plein cintre et de proportions nobles et gracieuses ; un riche entablement couronne le rang supérieur, et supporte, en retrait, des croisées ornées de trophées. Derrière chaque rangée, circule une belle galerie qui, malheureusement, n'est point voûtée, mais dont l'aménagement est exquis.

Cette galerie mène aux différentes parties de l'édifice. Aux angles des pavillons, que nous avons dit être situés dans les coins de la cour, sont placés des groupes de coursiers foulant les attributs de la guerre.

Les bâtimens adossés aux galeries ont diverses destinations. Le rez-de-chaussée, à droite et à gauche de la cour, contient de splendides réfectoires, ornés de peintures des grands artistes que nous avons nommés.

Ces réfectoires, que nous décrirons au chapitre de l'alimentation, occupent en hauteur le rez-de-chaussée et l'étage supérieur. Ils sont au nombre de quatre ; un seul est affecté spécialement aux officiers.

Immédiatement au-dessus de ces réfectoires, au second et au troisième étages, les salles de *Louvois*, d'*Hautpoul*, de *Luxembourg*, de *Mars*, d'*Assas*, de la *Tour d'Auvergne*, de *Bayard* et de *Kléber*, s'étendent derrière les galeries de l'Orient et de l'Occident ;

elles servent de dortoirs, et se font remarquer par leur belle tenue et leur propreté.

COURS SECONDAIRES. — La cour *d'Austerlitz* est aussi appelée cour des *Cuisines,* parcequ'on y trouve au rez-de-chaussée, la grande cuisine et la pièce destinée à recevoir la viande pour la distribution de chaque jour; cette pièce est contigüe au lavoir. Au premier étage règne, sur les jardins, le logement du secrétaire du maréchal-gouverneur; à la suite, viennent des chambres de moinelais, ayant également vue sur les jardins et sur la cour.

Les deux étages supérieurs sont partagés en logemens et chambres de moinelais. Au troisième, les salles *Joubert* et *Dantzig*, autres dortoirs, règnent sur le côté oriental et sur le côté midi. On passe de la cour *d'Austerlitz* dans celle de la *Valeur;* on y trouve, au rez-de-chaussée, la cuisine des officiers et divers logemens. Les autres étages sont habités diversement. Les salles *Desaix* et *Vendôme*, occupent, au troisième, le côté de l'Orient et celui du Midi.

En prenant le corridor de *Bayonne,* et en suivant la galerie du midi de la *Cour d'Honneur,* on arrive dans la *Cour de la Victoire,* dont les bâtimens sont occupés par divers services. Les plans en relief des principales villes fortes de la France, remplissent de vastes galeries établies dans des combles, ménagées au-dessus du troisième étage. Confiés à la surveillance d'un colonel du génie (1), ces plans sont chaque jour augmentés sous son habile direction, et forment une collection unique au monde.

La *Cour de la Victoire* mène à la *Cour d'Angoulême*, dont les parois sont habitées diversement.

INFIRMERIES. — Du côté de l'Orient, flanquant les bâtimens de Libéral Bruant par une masse quadrilatère, assez mal disposée, s'étendent, comme nous l'avons dit, les infirmeries.

Ce quadrilatère est orienté du levant au midi. Sa face du côté de Paris a 128 mètres de longueur; sa largeur de l'orient à l'occident est de 96 mètres; il ne présente qu'un étage au-dessus du rez-de-chaussée. On n'a pas voulu lui donner une importance qui aurait nui à la vue de l'église, à l'est de laquelle il s'étend, et dont il est séparé par la *Cour de Metz*.

Il contient, outre les infirmeries, tous les logemens destinés à leur service ; les salles qui reçoivent les malades, sont au nombre de sept, savoir : celles de *Saint-Louis*, de *Saint-Joseph*, de la *Valeur*, de *Saint-Vincent de Paule*, de la *Victoire* de *Saint-Côme*, de l'*Amitié*.

La grande et petite pharmacie, la tisannerie, le

---

(1) M. le colonel Auclé.

laboratoire, la cuisine, la salle d'appareil, la salle des bains, sont toutes placées dans le même quadrilatère.

BATIMENS NEUFS. — Le bâtiment neuf flanque à l'occident, comme nous l'avons dit, l'édifice principal, et répond aux infirmeries. Louis XV, ainsi qu'on le sait, le fit élever en 1749 par M. de la Cotte pour servir de logement aux officiers de différents grades.

Il a 130 mètres de longueur sur 12 mètres de largeur. Aussi ne lui a-t-on donné qu'une importance très-secondaire. Il n'est composé que d'un rez-de-chaussée surmonté de mansardes ; la cour *de Nismes* le sépare de l'église ; la lingerie occupe le corridor de la même aîle, et, ainsi que nous l'avons dit, donne son nom à une cour particulière.

En face du corps de logis des officiers, s'étend la promenade pour les aveugles ; de petits jardins cultivés par les invalides y sont contigus. Là était le cimetière de l'Hôtel, qui a obéi au décret de 1804, ordonnant le transfèrement des cimetières hors des villes.

A la tête du corps de logis, et dans sa largeur du côté de l'intendant, se trouvaient les magasins des cuirs et les salles destinées aux exercices des trompetites, dont l'école établie en 1731, a fait place à celle des tambours.

La poudrière, les glacières, un chantier de bois, des potagers, l'avoisinent.

BATIMENS DE SERVICE. — Sous ce nom, nous comprendrons : 1° les bâtimens de la boulangerie, dans la cour de l'*Abondance* ; 2° les ateliers des divers ouvriers employés aux travaux de l'Hôtel, dans la cour de l'*Industrie*, à l'occident de l'édifice principal dont cette cour est séparée par la cour de l'*Amitié*, où l'on a établi différents jeux pour les militaires invalides ; 3° la charbonnerie, contigüe au jardin du gouverneur, à l'est de la façade orientale ; 4° les constructions de la pompe. Cette pompe est mise en mouvement par quatre chevaux, et fournit plus de 1,100 muids d'eau par jour. Cette eau provient d'un puits immense, construit de manière à ne jamais se tarir. D'ailleurs, du côté opposé à la cour de l'*abondance*, se trouvent un bassin et deux réservoirs, l'un situé à l'angle sud-ouest du bâtiment neuf, l'autre au sommet du pavillon du même côté, dans le grand édifice.

ÉDIFICES RELIGIEUX. — Libéral Bruant, accompagna ses premières constructions d'une belle église longitudinale et perpendiculaire à la cour d'*Honneur*. Cette belle église parut bientôt trop petite. Jules-Hardouin Mansard fut chargé, non pas de l'agrandir, mais d'en faire, pour ainsi dire, le vestibule ou l'arrière d'une plus magnifique, dont l'entrée serait terminée au midi. C'est alors qu'il donna le dessin d'un superbe édifice en coupole, surmonté d'un dôme devenu proverbial en Europe. Il en disposa l'intérieur, de manière à ce qu'il fût en communication avec l'église de Libéral Bruant, et à ce que son dessin, bien que d'un goût opposé, ne fit point disparate. Il ne réussit pas complètement. Son édifice fut très-beau, mais il ne fit point corps avec celui de son prédécesseur.

Tous les maîtres de l'art ont regretté que ce grand architecte n'ait pas profité des ressources de son talent pour rendre plus parfaite la jonction des deux églises. Il les a liées par des passages, qui sont plutôt, comme le dit Blondel, des dégagemens que des issues; mais l'espace le bornait; il se préoccupait, avant tout, de composer son dôme. D'ailleurs, il en tournait l'entrée principale du côté du midi, et pouvait dire qu'il n'entendait aucunement faire des deux édifices un même ensemble. On repond, il est vrai, avec Blondel, que l'entrée principale étant réservée au passage du roi, et ne s'ouvrant que dans des cas prévus, les étrangers, que la curiosité attire à l'Hôtel, et qui ignorent cette circonstance, sont tout étonnés d'être obligés de passer d'une église dans une autre église, par les passages ou dégagemens déjà cités.

Sous le rapport religieux, les deux églises forment un tout, dédié au même patron qui est saint Louis, et sont desservies par un seul et même clergé ; en réalité, elles forment deux édifices séparés. Par une distinction toute d'ancien régime, on nommait naguère celle de Libéral Bruant, l'*église des Soldats*, l'autre était l'*église Royale*. Aujourd'hui, la première est simplement appelée l'*ancienne*, l'autre est dite la *nouvelle* ou celle du Dôme.

Une arcade majestueuse les sépare ; cette arcade abrite un autel commun, composé de deux tables adossées, dont l'une regarde l'église ancienne, et l'autre l'église du dôme. Cette dernière sert de contre rétable à la première ; elle est plus élevée, et l'on y monte de la plus basse, par deux rampes placées au côté d'un troisième autel.

Pardessus ces autels, on aperçoit, selon la position où l'on est, soit la voûte du sanctuaire de l'église ancienne, soit la voûte du dôme.

L'autel commun était autrefois magnifique. Il fut détruit pendant les orages révolutionnaires. L'empereur Napoléon le fit rétablir en 1811 ; Bartholomé, alors architecte de la maison, fut chargé de reproduire, autant que possible, les décorations primitives, qui étaient dues à Guillaume Coustou.

L'empereur ne prévoyait pas que cet autel, dont il ordonna le rétablissement, serait enlevé momentanément, pour donner passage à son cercueil, ce qui eut lieu en 1840.

Nous decrirons l'une et l'autre église à l'article du service religieux ; il suffira ici, d'en donner les formes générales :

La première forme un vaisseau longitudinal d'un beau stile, et terminé par un chœur remarquable. Ce vaisseau compte environ 70 mètres de longueur sur 24 mètres de largeur. Sa clef de voûte est à 22 mètres du sol ; deux galeries joignent son portail à l'hôtel proprement dit ; deux cours séparent ses ailes des infirmeries à l'est, et du bâtiment neuf à l'ouest.

Le sanctuaire à 18 mètres de longueur de l'orient à l'occident, sur 12 de largeur du nord au midi, et 24 mètres de hauteur, jusqu'à la clef de la voûte. L'ordre corinthien domine dans la composition de cet édifice, d'ailleurs assez bien orné et éclairé.

Des tombeaux ont été, depuis peu, placés sous quelques-uns des pilastres de la nef. Ce sont ceux du comte de Guibert, baron d'Espagnac, du maréchal duc de Coigny, du maréchal comte Lobau, du maréchal Jourdan, du maréchal Moncey, duc de Conégliano.

L'église du dôme est contenue dans un carré parfait de 56 mètres de côté ; sa principale entrée est tournée au midi. L'architecte a donné a son édifice, la forme d'une croix grecque ; au centre s'élève majestueusement le grand dôme, soutenu par quatre gros piliers corinthiens.

Deux chapelles principales, consacrées, l'une à la sainte Vierge, l'autre à sainte Thérèse, en l'honneur de l'épouse du fondateur, terminent, à droite et à gauche, la largeur de la croix grecque ; deux arcades mènent, de chacune de ces chapelles, dans quatre chapelles latérales de forme ronde, et consacrées aux pères de l'Église, saint Augustin, saint Jérôme, saint Grégoire et saint Ambroise. Sous la chapelle de la Vierge repose le maréchal de Vauban, le tombeau de Turenne est en face, et la chapelle saint Jérôme a reçu, provisoirement, les dépouilles du glorieux captif de Sainte-Hélène.

Tous les trésors de l'architecture, de la sculpture et de la peinture, ont été prodigués pour l'ornementation intérieure, et même pour l'ornementation extérieure de cette église magnifique.

Son dôme extérieur, déjà fort élevé, est couronné d'une campane très-riche, sur laquelle se dresse avec grâce, une lanterne des plus élégantes.

Au-dessus de cette lanterne, une croix se perd dans les airs, et annonce à tout Paris, que la religion veille sur l'asile des vétérans de la nation.

L'entrée principale de l'église du dôme, regarde une cour appelée *Cour du Dôme.* Jadis on en sortait pour entrer en pleine campagne; un fossé revêtu de parapets et garni de barrières, la sépare aujourd'hui d'une magnifique avenue qu'à fait percer M. de Breteuil, ministre de la guerre. Il est à regretter qu'au demi-cercle de cette avenue, vis-à-vis le dôme, ne se soit encore élevé aucune des constructions élégantes qui embellissent l'abord des grands édifices de la capitale.

Les allées, percées sous la direction de M. Brongniart, l'un des architectes de la maison, et qui se prolongent jusqu'à l'École-Militaire, donnent seules quelque distinction aux entourages de l'Hôtel, du côté du midi.

Cailleteau, Levé, de Cotte, Contant d'Ivry, Camus, Boullée, ont été successivement architectes-contrôleurs des bâtimens dont nous venons de donner la description générale; de Vigny, Leroux, Viralleblet, Franque, architectes-inspecteurs. Parmi les derniers officiers des bâtimens, nous nommerons encore MM. Brongniart, Trepsat, Bartholomé, Rougevin aîné, Rougevin jeune, comme architectes, et MM. Vavin, de Guerchy, Bugnot, comme vérificateurs.

CHAPITRE VII.

LOIS ET ORDONNANCES CONCERNANT LES DIVERS TITRES D'ADMISSION A L'HOTEL ROYAL DES INVALIDES.

Pour établir ce que c'est qu'un invalide, il ne faut pas prendre à la lettre la signification de ce mot; l'invalide, n'est pas, dans le sens rigoureux du terme, un homme qui ne peut plus rien, même pour le service de la guerre. Cette dénomination, nous le pensons, aurait pu être mieux choisie; elle n'aurait pas donné lieu à de fausses interprétations.

L'invalide est, en général, un militaire que l'âge, les blessures ou des infirmités, sans le rendre précisément incapable de servir son pays, mettent néanmoins dans une position telle, que le pays, sans déshonneur, ne peut manquer de se charger de son entretien. Il y a donc, avant tout, un grand principe à établir, c'est que tout militaire qui a bien mérité de la patrie, qui a besoin d'elle, a droit d'être admis parmi ceux qu'on nomme improprement les invalides.

A la vérité, l'ordonnance de Louis XIV est formelle. L'Hôtel des Invalides fut fondé pour tirer *hors de la misère et de la mendicité*, les pauvres soldats des troupes qui, ayant vieilli dans le service, ou ayant été estropiés, sont hors d'état de continuer à rendre des services à l'État, et de pourvoir par le travail à leur subsistance.

En aucun temps la rigueur de cette décision n'a été suivie. Les titres à l'admission dans cet établissement ont toujours été, soit un long service, soit des infirmités, soit des blessures, jamais, même sous M. de Saint-Germain, l'incapacité absolue du travail ne fut exigée.

Sous Louis XIV, les pensionnaires de l'Hôtel exécutèrent la tapisserie de la salle du conseil. Aujourd'hui, comme sous Louis XIV, il n'y a d'oisifs parmi les invalides, que ceux qui sont dans la catégorie des caducs, des moinelais, des impotens, des aveugles : un tiers au moins travaille et procure ainsi des adoucissemens à sa vieillesse.

Mais, les termes du grand décret royal, fissent-ils loi absolue, il faudrait savoir encore quels sont les signes auxquels on reconnaît toujours qu'un homme, est non-seulement hors d'état de rendre des services, mais encore de subsister par lui-même. De cette difficulté d'interprétation sont nés les divers règlemens qui, à certaines époques, ont essayé de déterminer les conditions d'admission aux Invalides.

Les officiers furent d'abord présentés au nombre de trois pour chaque pension ou pour chaque place d'invalide, par un conseil composé de leurs camarades de compagnie. Parmi ces trois élus, le roi, ou plutôt les hauts fonctionnaires par lui désignés pour contrôler les admissions, choisissait celui qui leur semblait, sinon le plus méritant, au moins le plus invalide. Un conseil semblable présentait les sergents et les soldats; leur capitaine choisissait; le roi ratifiait.

Une condition fut tout d'abord posée, condition grave selon le temps. Le dôme qui protégeait l'Hôtel, étant consacré au culte catholique, il parut offensant pour ce culte, que des protestants, par exemple, fussent appelés à jouir des bénéfices, non pas de la position d'invalide, mais de l'Hôtel des Invalides Louis XIV fonda des pensions en dehors de cet établissement pour les soldats de la religion réformée (1).

On n'admit pas d'abord indistinctement les soldats de toutes les armes. Le croirait-on, l'artillerie fut soigneusement exclue jusqu'à la fin du règne du grand roi. Sur les réclamations de ce corps, le régent s'empressa d'ordonner, le 19 février 1717, que les commissaires ordinaires et extraordinaires de l'artillerie royale, et les officiers pointeurs, fussent reçus à l'Hôtel comme officiers, les garde-magasins et les capitaines conducteurs comme sergents, les maîtres ouvriers, simples ouvriers et charretiers, comme soldats. En effet, disait le régent, leur service est purement militaire, et ils exposent leur vie de la même manière que les officiers, cavaliers, dragons et soldats des troupes du roi.

Le premier règlement formel sur les admissions avait été fait et donné le 3 janvier 1710. Il portait que nul ne serait reçu à l'Hôtel, s'il ne comptait 20 ans de service consécutifs, ou s'il n'avait été estropié ou grièvement blessé au service du roi, suivant les certificats des commandans et majors

---

(1) Cette distinction n'existe plus de nos jours.

des corps, visés par les directeurs ou des inspecteurs militaires.

Ces conditions furent modifiées avantageusement pour les serviteurs de l'État en 1729. L'article 8 de l'ordonnance qui fut alors rendue touchant les invalides dit expressément que les militaires qui auront renouvelé deux fois un engagement de six ans, pourront être reçus à l'Hôtel, s'ils ne sont plus en état de servir activement.

On renouvela, l'année suivante, et cette ordonnance, et le règlement de 1710. C'est alors que les invalides furent partagés en trois classes. Ce partage est un fait historique d'une haute importance, il indique la hiérarchie militaire des corps à cette époque.

Dans la première, les officiers des *troupes du roi*, des gardes-du-corps, gendarmes, chevau-légers et mousquetaires de la garde ; les sergents de la compagnie des grenadiers à cheval ayant cinq ans de grade ; les sergents des régimens des gardes-françaises et les suisses, comptant dix ans de service ; comme tels, les officiers de la connétablie et des maréchaussées et leurs exempts, formèrent la première classe.

La seconde fut composée des gendarmes et chevau-légers, des compagnies d'ordonnance, des grenadiers à cheval, des maréchaux-des-logis de la cavalerie et des dragons, et des sergens d'infanterie ayant dix ans de grade, des cavaliers passés gardes-du corps et redevenus cavaliers, *des garde-magasins, capitaines et conducteurs d'artillerie, ayant trente ans de service et dix de grade.* Cette classe avait encore un habit distingué de celle du soldat. Ses individus recevaient chaque mois quinze sous pour leurs menues dépenses, logaient dans un même quartier, mangeaient, sans mélange, dans un même réfectoire, la même nourriture que le soldat, avec cette différence qu'ils recevaient un demi-setier de vin au premier repas.

Les soldats, cavaliers et dragons, archers de la connetablie et des maréchaussées, maîtres ou simples ouvriers et charretiers d'artillerie formèrent la dernière conjointement avec les militaires désignés pour la seconde, mais n'ayant pas le temps voulu de service ou de grade.

En 1731, les archers-gardes de la compagnie du prévôt-général des monnaies et de la maréchaussée de France, furent admis à l'Hôtel. En 1748, les sergents et grenadiers des trois bataillons de milice de la ville de Paris, ayant vingt-cinq ans de service, obtinrent le même avantage. Mais, puls le nombre des appelés augmentait, plus on se montrait sévère sur les titres des élus des diverses classes. Une lettre du marquis d'Angevillers, ministre de la guerre, à la date de 1741, en fait foi. Il fallut bientôt se relâcher de cette rigueur, et déjà en 1748, le ministre d'Argenson ordonna que tant que durerait la guerre, tout officier ayant été trois ans dans les grenadiers, après avoir été douze ans sergent, recevrait la première classe, et qu'il en serait ainsi de tout officier de cavalerie et de dragons qui aurait été trois ans officier, et douze ans maréchal-des-logis.

La paix ayant été conclue, plusieurs régimens furent supprimés comme *Royal-Barrois*, ou réduits, comme *Royal-Artillerie, Royal-Italien, Royal-Corse;* des décisions royales appelèrent l'attention des inspecteurs et des commissaires des guerres sur les vétérans de ces corps, et les firent entrer à l'Hôtel. On rechercha alors aussi, en vertu des mêmes décisions, les vétérans de la cavalerie française, de la cavalerie de *Royal-Allemand*, de *Rosen*, *Nassau* et *Fitz-James* et de la cavalerie irlandaise. Ils furent admis, soit à l'Hôtel, soit aux compagnies détachées, qui reçurent alors de notables augmentations; les officiers, bas officiers et soldats des troupes légères, hussards, grenadiers, fusiliers, furent aussi admis.

C'est à cette époque, que Louis XV affecta à ces braves militaires, les bâtimens nouvellement construits, afin d'éviter, soit l'encombrement, soit l'éloignement des officiers ; ils durent y recevoir le feu et la lumière ; leur solde fut augmentée. Les lieutenants-colonels reçurent 30 livres par mois, les commandans de bataillon 24 livres, les capitaines 12 livres, les lieutenants seuls continuèrent à ne toucher, comme par le passé, que 3 livres. Une ordonnance ministérielle fixa, l'année suivante, le nombre des cotterets et des chandelles à distribuer à chaque chambre des officiers ; ce nombre était proportionné à celui des lits que chacune des chambres contenait.

La guerre ayant recommencé, on renouvela l'arrêté qui permettait l'admission de tout militaire dans le cours de son troisième engagement de six ans, pourvu qu'il fût blessé ou infirme.

L'arrêté concernant la solde des officiers invalides, fut aussi renouvelé en 1756, avec quelques modifications. Il plaça les colonels venant de la milice, sur le même pied que les commandans de bataillon des troupes réglées, et ainsi de suite pour chaque grade.

En 1758, sur la demande du comte de la Rivière, capitaine-lieutenant de la seconde compagnie, les tambours des mousquetaires furent admis parmi les bas officiers. Les maréchaux-des-logis de gendarmerie furent confirmés en 1759, dans un privilége usurpé, qui leur accordait 12 livres, comme aux capitaines des autres corps. La même année, le roi assimile, pour le droit aux Invalides les officiers et soldats des milices gardes-côtes, aux troupes de terre; le duc de Belle-Isle eut l'honneur de cette décision. Les gardes-du-corps ayant présenté, à la même époque, un mémoire au roi, dans le but d'être admis à l'Hôtel comme capitaines, échouèrent dans leur demande. L'année suivante, les officiers et cavaliers de maréchaussée furent reçus : les prévôts comme lieutenants-colonels de cavalerie, les lieutenants comme capitaines, les exempts comme lieutenants.

On était entré dans une mauvaise voie en créant des classes et des priviléges; chaque jour, pour ainsi dire, le ministre recevait quelques réclamations. Cela néanmoins n'ouvrit pas les yeux, et par décision du 15 juillet 1760, on créa une quatrième classe intermédiaire entre la seconde et la troisième. Elle fut composée des maréchaux-des-logis et fourriers des compagnies de cavalerie et de dragons; ils eurent le même habit, mais non la même table que les invalides de la seconde classe, reçurent par jour quatre demi-setiers de vin, et par mois trente sous pour leurs menues dépenses.

Dans la grande ordonnance de 1762, concernant l'infanterie française, le cadre des admissions fut encore étendu; l'article 28 s'exprime en effet ainsi :

« Ceux qui, ayant renouvelé volontairement un
« troisième engagement, auront servi vingt-quatre
« ans, auront le choix, ou d'être reçus à l'Hôtel
« Royal des Invalides, ou de se retirer chez eux et
« non ailleurs, avec leur solde entière; et sa ma-
« jesté leur fera délivrer tous les six ans un habit
« de l'uniforme du régiment dans lequel ils au-
« ront servi. »

La même ordonnance enjoint de dresser un état contenant les noms, surnoms et services des sergens, caporaux, amspessades, grenadiers, fusiliers, tambours admissibles à l'Hôtel; de joindre à cet état leurs certificats de services et de blessures, et de mettre en marche les susdits admissibles, sur les routes du roi, pour l'Hôtel.

La grande ordonnance pour la cavalerie, l'ordonnance pour le régiment *Royal-Italien* et pour les dragons, continrent des dispositions analogues.

La condition des soldats des régiments d'infanterie allemande, irlandaise et italienne, n'avait pas, jusque-là, été très-bien fixée quant à leur admissibilité aux Invalides. L'ordonnance de 1763 la mit positivement sur le pied des autres troupes, après vingt-quatre ans de service dans le même régiment, pourvu toutefois qu'ils fussent de la religion catholique; au cas contraire, ils s'établissaient, avec solde entière, dans une des provinces du royaume et non à l'Hôtel. Enfin, le principe complet de l'option entre les Invalides et la pension de congé consistant en solde entière et habit d'uniforme tous les six ans, fut posé en mise générale, par l'ordonnance du roi qui régla l'établissement des recrues des troupes françaises. Voici ce que porte son article 87 :

« Celui qui, ayant rempli trois engagemens dans
« le même régiment, voudra se retirer du service,
« aura l'option d'être reçu à l'Hôtel des Invalides
« ou de se retirer chez lui et non ailleurs, avec la
« solde entière ; et il lui sera délivré tous les six
« ans, un habit de l'uniforme du régiment dans
« lequel il aura servi. »

La même ordonnance posa aussi solennellement en thèse générale : « que tout soldat estro-
« pié au service, quel que soit d'ailleurs son âge
« et son grade, est reçu à l'Hôtel. »

L'ordonnance concernant la gendarmerie confirma ses priviléges quant aux admissions.

Nous voyons à cette époque poindre une tendance à éloigner l'armée de l'Hôtel. Le principe posé de l'option ne prouve pas seul cette tendance. Le duc de Choiseul, en exemptant les invalides retirés chez eux de toute corvée et de tout logement des gens de guerre, rendit plus douce la condition des externes. On vit se multiplier parmi les militaires, les demandes tendant à obtenir cette position.

Il est vrai que la situation de l'Hôtel devenait intolérable. L'ordonnance du 20 février 1764 est formelle à cet égard. Elle est à elle seule toute une histoire, et forme presque un volume.

Le roi y déclare qu'il a été forcé d'admettre à l'Hôtel, par suite des différentes guerres, un nombre considérable de militaires. Leur nombre actuel, ainsi s'exprime le roi, est de *trente mille*, mais la plupart, grâce aux bons soins que l'on a pris d'eux, sont rétablis et demandent à se retirer dans leur pays. Le roi consent à leur vœu. Chacun pourra opter entre l'Hôtel et la pension.

Cette pension est fixée à 500 livres pour les lieutenans-colonels, 400 livres pour les commandans de bataillon, 300 livres pour les capitaines de première classe, 250 pour les capitaines de seconde classe, 200 pour les lieutenans, 5 sous par jour pour les maréchaux-des-logis de la classe intermédiaire, 4 sous pour les bas officiers, et 3 sous pour les soldats; les hauts officiers touchaient la somme allouée par sémestre, les autres par mois. Ils présentèrent des certificats de vie, signés par le curé, légalisés par le juge du lieu de leur domicile.

Le nombre des compagnies détachées fut alors arrêté, comme nous l'avons déjà dit.

Le duc de Choiseul, signataire de cette ordonnance, fixa, peu de temps après, les pensions des officiers et des soldats des régimens suisses et grisons.

L'intention formelle de ce ministre était absolument, comme il le dit dans une lettre au comte de la Serre alors gouverneur des Invalides, que l'Hôtel fût réservé uniquement pour les vieillards infirmes ou estropiés. Tous les autres militaires laissant encore l'espoir de pouvoir servir, devaient être dirigés sur les compagnies détachées, comme soldats sur les incomplètes, comme surnuméraires sur les compagnies complètes des frontières. Les inspecteurs reçurent l'ordre de n'envoyer à l'Hôtel que les vrais invalides; les valides furent opiniâtrément refusés. On renouvela les règlemens intérieurs de manière à les rendre plus rigoureux. Il y eut des réclamations, des émeutes; on passa outre. Cependant, il fallut donner aux réformes l'apparence de la justice.

C'est pour cela que la solde de poche, jusqu'alors refusée à la dernière classe d'invalides, lui fut accordée. Cette solde fut fixée à 15 sous par mois, les bas officiers reçurent une livre; mais en même temps, on retira à tous les invalides sans exception, la faculté, jusque-là tolérée, de loger ou de ne pas loger à l'Hôtel; il fallut y coucher, sous peine de ne recevoir aucun aliment. On organisa aussi plus militairement les pensionnaires.

Il y eut des compagnies : les moinelais en formèrent 5 ; les aveugles 1, les maréchaux-des-logis 1 ; les bas officiers 6 ; les soldats 31.

Chaque compagnie reçut 1 capitaine, 1 lieutenant, 2 sergens. — 120 officiers et sergens furent ainsi employés.

Voici comment le moinelai était défini :

C'était un soldat qui, ayant eu les mâchoires brisées, ou n'ayant plus de dents dans la bouche, avait droit à une cuisine particulière, composée par les bonnes sœurs, de viande en hachis, et servie par elles. Il ne fallait pas les confondre avec les manicros. Ceux-ci étaient des hommes qui, ayant eu le malheur de perdre l'usage de leurs membres, avaient besoin d'être aidés on servis. Chacun aspirait à passer, soit pour manicro, soit pour moinelai. Le duc de Choiseul fit faire la chasse aux faux manicros. Les places dans ces catégories ne furent plus données que par extinctions..

L'ordonnance du 1er janvier 1768, relative à la masse affectée aux recrues des différens corps, fit une légère modification aux règlemens que nous avons cités. Elle établit que tout soldat qui aurait passé d'un régiment dans un autre, ne pourrait obtenir les Invalides avant trente ans de service. Peu après, l'ordonnance sur la maréchaussée privilégia de nouveau ce corps, en ne lui demandant pour acquérir les droits à l'Hôtel, que vingt ans de service. La maréchaussée des provinces de Lorraine et de Barrois ne fut pas exceptée. Enfin, le duc de Choiseul s'occupa des domestiques des Invalides qui, après soixante ans d'âge et vingt ans de service consécutif dans la maison royale, acquirent la vétérance; des infirmités graves pouvaient les dispenser du laps de temps voulu. Le domestique vétéran jouissait de la moitié de ses gages, avait la table, le logement; il était habillé de drap bleu comme les invalides de la quatrième classe,

Mais l'évènement le plus grave, arrivé dans l'ordre des admissions sous le même ministre, fut la résolution prise en 1770, le 17 décembre, d'admettre à l'Hôtel les soldats suisses au service du roi, qui avaient obtenu leur pension. Le premier soldat de ce corps qui porta l'habit d'invalide, fut Martin Suesse, du canton de Lucerne.

L'année suivante, la suppression du corps des *grenadiers de France*, amena de nouveaux privilégiés dans la maison parmi les pensionnaires de Saint-Louis. Tous ceux de ces grenadiers qui comptaient seize ans de service et des infirmités, purent opter entre les Invalides et la demi-solde, dans leurs foyers. Ceux qui comptaient vingt-quatre ans de guerre et des infirmités, purent opter entre les même Invalides et la solde entière.

En 1772, on posa en principe, que les gardes des fils de France avaient le même droit aux bénéfices de la fondation de Louis XIV, que les gardes du roi. On reçut aussi, comme lieutenans, les capitaines des postes de l'École-Militaire.

L'un des premiers soins du comte de Saint-Germain, fut de faire rendre en 1776, des ordonnances royales concernant les différens corps, analogues à celles du duc de Choiseul.

Elles continrent les mêmes dispositions sur les admissions. Elles posèrent de nouveau le droit d'option ; seulement, elles suspendirent quelques abus de ce principe, en établissant que tout homme qui aurait opté pour l'Hôtel, ne pourrait le quitter et demander la pension. Au contraire, les pensionnaires extérieurs conservèrent le droit de demander les Invalides.

Ces dispositions masquaient les projets du comte. Interprétant les décrets du fondateur avec une rigueur excessive, faussant ses intentions par un respect exagéré pour la lettre, il prétendit réserver l'Hôtel aux seules infirmités ou invalidités complètes.

6 lieutenans-colonels, 12 commandans de bataillon ou majors, 60 capitaines de la première et

seconde classe, 200 lieutenans, 60 maréchaux-des-logis, 242 bas officiers, et 950 soldats, voilà à quoi fut réduit l'effectif de l'Hôtel, et encore, dut-il y avoir sur ce chiffre de 1,500 places, 400 places vacantes.

Aucun officier, bas officier ou soldat, fut-il dit, dans le décret de reconstitution, ne pourra être admis à l'Hôtel, à moins qu'il n'ait des blessures ou des infirmités qui le rendent impotent, au point de le priver de tous les moyens de pourvoir à son travail, à son industrie ou à sa subsistance. L'ordre exprès du ministre de la guerre fut de rigueur pour l'admission. Le nombre des places à donner chaque année, ne put dépasser le nombre de cent. L'ordonnance fixa la manière dont seraient dressées les listes des concurrens.

Ainsi l'Hôtel fut rendu officiellement à ce qu'on croyait alors sa destination primitive. L'invalide devint officiellement un impotent, incapable d'aucun travail, d'aucun moyen de subsistance.

Comme nous l'avons dit ailleurs, ceux des pensionnaires qui furent regardés comme valides encore, se virent dirigés sur les compagnies détachées. Quelques-uns frappèrent aux portes des hôpitaux ordinaires. C'est alors que se passa la scène racontée par le cardinal Maury, à l'Assemblée Nationale.

Devant l'opinion publique, il fallut fléchir : l'ordonnance resta, mais on ne l'exécuta pas à la lettre. Les gouverneurs, eux-mêmes, réclamèrent. Chaque jour, aux environs de l'Hôtel, de vieux braves venaient tendre la main à leurs anciens camarades ; quelques-uns tombaient mourants sur l'Esplanade. M. d'Espagnac obtint, non sans peine, l'autorisation d'admettre d'emblée tout bas officiers et soldat, âgé de 75 ans, hors d'état de gagner sa vie, et qui pourrait se présenter aux portes de la Maison Royale. Une ordonnance du 17 juillet 1777, porta formellement que cette maison était surtout destinée au bas officier et au soldat, et, le croirait-on, surtout aux soldats des Gardes-Françaises.

Quoiqu'il en soit, en 1791, le comité militaire trouva le chapitre des admissions encombré d'abus. Pour se débarrasser des mauvais soldats, certains colonels les faisaient passer pour impotens, et les envoyaient aux Invalides. On y recevait de préférence les hommes de certains corps, ceux de la maréchaussée, les gardes des frères du roi.

Les traitemens étaient fort disproportionnés dans chaque classe. On ne comptait pas moins de 28,000 invalides, tant à l'Hôtel que chez eux, et dans les compagnies détachées. Il est vrai que leur dépense ne dépassait pas 6,000,000 par an, soit pour chaque homme environ 214 francs. Mais les invalides appelés de faveur, étaient en fort grand nombre. L'Assemblée Nationale, il faut le dire, fut de l'avis du comte de Saint-Germain, sur beaucoup de points.

Elle décréta, qu'il ne serait reçu a l'Hôtel National des Invalides, que des officiers, sous-officiers et soldats qui auraient atteint l'âge de caducité, étant au service tant de terre que de mer.

Ce mot de mer agrandit le cadre des admissions. C'était surtout dans les compagnies détachées, que les vétérans des flottes avaient jusque-là reçu un asile.

L'assemblée admit, comme nous l'avons dit, le principe de l'option, mais il n'y eut aucune restriction. Le soldat resta libre de choisir.

Il y eut huit classes déclarées admissibles, soit à l'Hôtel, soit à la pension qui le représentait.

Ce furent les invalides, déjà pensionanires de l'Hôtel, les gendarmes déjà pensionnaires de l'hospice de Lunéville, les hommes des compagnies détachées, les invalides retirés chez eux, les sous-officiers et soldats ayant reçu la récompense militaire, les hommes ayant obtenu la pension de retraite appelée solde, et demi-solde, les hommes ayant obtenu le brevet de vétéran de l'armée.

Nous avons déjà dit que les hommes des compagnies détachées, formèrent ce que l'on appela les vétérans. Leur administration fut séparée de celle des invalides.

Dans l'année qui suivit la promulgation de la loi de l'Assemblée Nationale, le cadre d'admission, déjà élargi, fut encore augmenté. Tout volontaire, tout soldat revenant des armées infirme ou blessé, eut droit de se faire recevoir, au moins provisoirement, pensionnaire de l'Hôtel. Le nombre des places qui avait été fixé précédemment à 3,600, fut porté a 4,000. Dans ces places ne furent point compris les pensionnaires provisoires.

Le principe dominant de la réforme opérée par l'Assemblée Nationale, était et devait être celui de l'égalité; on avait, autant que possible, fait cesser la disproportion entre les pensions des différens grades; on avait ordonné qu'officiers et soldats eussent le même pain, eussent droit aux mêmes égards, à la même représentation, et que les soldats de tous les corps de l'armée, sans distinction, fussent également admissibles à l'Hôtel.

Ce n'était pas assez; il fut décidé, le 24 avril 1794, qu'il n'y aurait qu'une seule nourriture pour tous les invalides, et le 13 floréal an II, toute distinction entre les rations fournies aux officiers, et les rations fournies aux soldats de la Maison militaire, disparut officiellement et réellement. Le 4 fructidor, on fixa à 300 francs la pension représentative de l'Hôtel.

Trois ans après, le 19 floréal an VI, après une inspection générale des invalides, leur nombre fut réduit à 3,500 ; mais, comme nous l'avons dit, on créa dans Versailles une succursale. D'une autre part, chaque jour, pour ainsi dire, on augmentait le nombre des vétérans ; mais les armées et les victoires fournissaient chaque jour une population nouvelle, pleine de besoins, et dont la position exigeait des soins donnés de suite. L'an VIII vit fonder sur différens points, quatre succursales. Ce ne serait pas trop que d'evaluer à 60,000, le chiffre de cette population militaire invalide. En y joignant les enfans, les veuves, le chiffre deviendrait plus considérable encore. Aussi voyons-nous percer chez les législateurs de l'époque, l'anxiété et la sollicitude pour des misères si considérables. En l'an IX, où l'on avait les maisons d'invalides d'Avignon et de Nice, on alla jusqu'à affecter à la dépense des succursales, le capital des domaines nationaux. C'était une mesure extrême.

Il fallut réfléchir sérieusement. On commença par débarrasser l'Hôtel d'un institut qu'on y avait créé, et qui fut transporté à Compiègne ; on supprima la succursale de Versailles ; on encouragea ceux des invalides qui demandaient des congés.

Enfin, le 8 floréal an XI, une loi plus sévère que tous les règlemens antérieurs au comte de Saint-Germain, restreignit les conditions d'admissibilité.

L'admission à l'Hôtel ne fut plus accordée qu'aux militaires pensionnés, qui comptaient trente années de services effectifs, et soixante ans d'âge, ou qui étaient atteints d'infirmités ou blessures reconnues équivalentes à la perte d'un membre. Ce règlement fut exécuté avec sévérité ; il fit des mécontens.

Le décret organique de 1811, ne changea rien à la loi de l'an II, quant aux conditions d'admissibilité, mais il fixa autrement la solde accordée aux invalides, pour leurs menus besoins. Les colonels reçurent 30 francs par mois, les majors 24, les chefs de bataillon 20, les commandans de bataillon 15, les capitaines titulaires 10, les lieutenans titulaires 8, les sergens-majors 4, les sergens, caporaux et brigadiers 3, les soldats 2 ; la séparation exclusive des officiers, des sous-officiers et des soldats, fut rétablie, quant à la nourriture et à la position générale dans l'Hôtel ; les officiers se virent servis en argent, les sous-officiers et les soldats en couverts d'étain ou de fer étamé. Il y eut du linge affecté à chaque classe.

Il n'a rien été changé depuis, au chapitre des admissions.

Par une ordonnance du 19 avril 1813, les militaires invalides aveugles, reçurent une dotation de 200 francs. La même année, on renouvela la disposition royale à l'égard des servants, disposition qui les admettait à la vétérance dans l'Hôtel.

En 1814, parut une nouvelle ordonnance, relative en même temps à l'administration de l'Hôtel et à la suppression des succursales. Afin de calmer les mécontentemens, elle accorda un délai de trois mois à tous les invalides, pour choisir entre leur position dans les Maisons militaires, et une retraite plus forte que celle accordée par les réglemens.

Cette ordonnance commença, pour ainsi dire, la liquidation des succursales, dont il ne reste plus qu'une aujourd'hui, celle d'Avignon.

Enfin ici s'arrête l'histoire des Invalides, en ce qui concerne leur classement, leur admission. On invoque encore aujourd'hui la loi de l'an II.

Les invalides actuels sortent, soit des corps des vétérans, soit des foyers où ils vivent de leurs pensions. Ils adressent par l'intermédiaire des généraux commandans les divisions, leurs états de service au ministre de la guerre, qui examine leurs titres à l'admission, ordonne ou défend cette admission. Dans le cas où il l'autorise, le maréchal gouverneur reçoit les admissibles, et le général commandant les répartit dans les différentes divisions de l'Hôtel.

Sur 14 invalides, il y a : 1 officier, 11 sous-officiers, caporaux et soldats, 2 moinelais. La pension de poche n'a pas varié.

Une dernière ordonnance rendue en 1842, a admis les officiers jouissant de la pension de réforme, à concourir pour les places vacantes, à certaines conditions.

Il nous reste une question à toucher.

L'Hôtel est-il uniquement destiné aux célibataires ?

Ce ne serait qu'en interprétant avec une rigueur excessive la teneur des ordonnances royales, qu'on pourrait répondre affirmativement à cette question.

Depuis qu'il y a des invalides, on n'a jamais fait du célibat une condition rigoureuse pour l'admission. Le nombre des hommes mariés a toujours été considérable à l'Hôtel ; mais, du moment que l'invalide devient pensionnaire de l'établissement, il doit laisser au dehors sa famille. En ce sens, l'Hôtel ne reçoit que des célibataires ou des hommes qui vivent comme tels.

Cependant, il a toujours été défendu, en thèse générale, à l'invalide de se marier sans autorisation. Cette défense date de 1693. Dès cette époque, aucun invalide ne pouvait se marier sans s'être adressé au gouverneur qui le renvoyait à M. le curé lequel examinait si l'invalide n'avait point d'empêchement pour contracter mariage, et prenait des informations sur la personne qu'il voulait épouser, et, sur le certificat de M. le curé que le dit invalide apportait à mon dit sieur gouverneur, il lui était donné permission. En cas de contravention à ces dispositions, l'invalide était renvoyé de l'Hôtel.

Sauf quelques légères modifications, cette décision fait encore loi aujourd'hui. Elle a été souvent confirmée, notamment le 14 juillet 1703, et par le règlement du 17 janvier 1710. Cependant les invalides cherchèrent plusieurs fois à s'en affranchir, et surtout pendant les premières années de la révolution; force fut de la renouveler le 28 prairial de l'an VIII. Il suffit alors de demander, par l'intermédiaire du commandant en chef, l'autorisation expresse du ministre de la guerre. Ce dernier règlement fut renouvelé par un décret impérial du 16 juin 1808.

Les réclamations continuelles des pensionnaires, motivèrent une décision royale analogue en 1818. Elle fut suivie en 1822 d'un rapport qui maintint formellement le principe de la défense du mariage des militaires invalides. Le ministre de l'intérieur se vit néanmoins chargé de prendre, dans certains cas, des informations au sujet des instances de mariage. Les règlemens n'ont rien changé depuis à cet égard.

En thèse générale, le mariage de l'invalide veuf ou célibataire est défendu. Le seul cas dans lequel on le permette, c'est celui où l'union projetée peut donner au pensionnaire une aisance réelle.

Les demandes en autorisation n'en sont pas moins très-nombreuses, et cela s'explique par la seule influence de l'exemple. En effet, les hommes mariés forment à l'Hôtel une masse remarquable, surtout par la grande quantité de rejetons qui est issue.

D'après un travail officiel fait en juin 1858, le nombre des mariés ou des veufs était de 1375. 968 avaient des enfans, dont le total s'élevait à 2,415, savoir : 1196 garçons, et 1219 filles. 407 étaient privés de postérité.

Enfin, le complément nécessaire de ce chapitre des admissions est un aperçu des expulsions possibles.

Ce n'a jamais été que dans un cas très-grave que l'expulsion a pu être ordonnée. Le mariage sans autorisation, comme nous l'avons dit, en a toujours été puni. Le règlement de 1710, punissait de la même peine ceux qui débitaient dans la maison quelque espèce de tabac que ce fût, ceux qui étaient atteints deux fois de suite du mal vénérien, ceux des bas-officiers ou soldas qui déchiraient les consignes.

Outre ces motifs écrits l'usage a toujours été d'expulser tout sujet dont la conduite habituelle motivait des plaintes graves de la part de son supérieur.

Cet usage est encore en vigueur aujourd'hui; malgré le régime tout paternel de l'établissement, l'autorité y est quelque fois obligée de sévir. Huit à dix hommes sont renvoyés chaque année à leur pension. Sur ce chiffre, trois ou quatre n'ont été expulsés qu'à la suite d'une condamnation prononcée, soit par un conseil de guerre, soit par un tribunal correctionnel.

Quant à la sortie volontaire, tout invalide garde le droit de quitter l'Hôtel, mais l'Hôtel une fois quitté, le pensionnaire de l'État qui demande sa réadmission doit fournir les motifs les plus graves. Ce règlement a été fait pour prévenir les effets de l'inconstance. On a vu des militaires quitter jusqu'à quatre fois l'Hôtel et y rentrer; c'était un abus qu'il fallait détruire; l'administration de l'Hôtel, devint très-sévère sur les réadmissions.

CHAPITRE VII.

RESSOURCES FINANCIÈRES DE L'INSTITUTION DES INVALIDES.

Nous avons vu quelles ressources Louis XIV affecta à l'entretien de l'Hôtel Royal des Invalides ; elles étaient de deux natures : les premières consistaient dans une sorte d'impôt levé sur les abbayes et les prieurés. Ceux de ces établissemens dont le revenu était de mille livres au moins, payaient au roi la somme annuelle de 150 livres ; il serait difficile de préciser quel somme totale cet impôt pouvait produire. Si nous ouvrons le *Dictionnaire Universel* de la France en 1721, c'est-à-dire quelques années après la mort du grand roi, nous trouvons que le nombre des abbayes d'hommes dans le royaume était de 780. L'ordonnance ne parle pas des abbayes de femmes qui, ce semble, n'eurent jamais à entretenir de religieux-lais. On peut affirmer sans crainte d'erreur que cinq cents de ces abbayes avaient le revenu fixé par le roi. La somme totale provenant des fonds des religieux-lais était donc de 75,000 livres.

Les secondes ressources de l'Hôtel Royal consistaient dans un fonds provenant de deux deniers, que devait chaque livre payée par les trésoriers généraux de l'ordinaire et de l'extraordinaire des guerres, par ceux de la cavalerie et par celui de l'artillerie. Ainsi, ce fond était variable, et avec une sagesse extraordinaire le législateur l'établissait de façon à ce qu'il s'accrût en temps de guerre, c'est-à-dire, précisément avec les besoins de l'Hôtel ; car il est, en effet, bien évident que la guerre devenant plus terrible, devenait aussi plus coûteuse. Les paiemens des trésoriers rapportaient alors d'avantage aux Invalides, et d'un autre côté le nombre de ceux-ci devait augmenter. Voilà pourquoi Louis XIV, partant du principe que la guerre doit nourrir la guerre, assignait le denier six sur tous les paiemens des trésoriers militaires.

Ce fond ne fut point suffisant. Au lieu de deux deniers le prince en assigna bientôt trois. Alors il y eut pour l'Hôtel des bons et des mauvais jours. Vers la fin de la guerre de la succession d'Espagne, les invalides reçurent chaque année des trésoriers la somme de douze cens cinquante mille livres. En additionnant le chiffre général des sommes que les diverses coalitions coutèrent à la France, sous le règne de Louis XIV, depuis la rupture de 1670 jusqu'en 1715, et en l'évaluant avec les meilleurs historiens à cinq milliards, on trouvera que depuis 1674, jusqu'à 1715, l'Hôtel reçut sur le seul fonds de la guerre la somme énorme de soixante millions en nombre rond.

Néanmoins le chiffre du revenu de la guerre joint à celui de l'impôt sur les abbayes, ne suffit point toujours aux ressources de l'Institution. Plusieurs années de suite, les trésoriers reçurent l'ordre de payer quatre deniers au lieu de trois, et pendant quelques années aussi les abbayes se virent forcées de contribuer chacune pour la somme de trois cens livres.

Mais, il faut se hâter de le dire, tout le fonds des invalides ne fut point dépensé dans l'Hôtel. Un fort grand nombre de soldats mutilés se retiraient dans leurs foyers. On leur payait une pension, et cette pension leur était soldée par la caisse de l'Hôtel, sur ce que nous appellerons désormais, avec tous les auteurs, la dotation. L'usage consacra cette coutume. Ce ne fut qu'en 1766 que l'État se chargea seul de l'entretien du soldat pensionné dans ses foyers.

Voici ce qui détermina la résolution qui mit enfin l'Hôtel à même de se suffire.

En 1760, et c'est Louis XIV qui nous le dit lui-même dans une ordonnance du 24 août, la guerre ayant occasionné des dépenses extraordinaires à l'Hôtel Royal, il lui fut impossible d'acquitter ce qui était dû par lui à la manufacture de draps établie dans l'hôpital général de Paris principalement pour l'habillement des officiers et des soldats invalides, et à d'autres fournisseurs. Il lui fut impossible aussi d'exécuter un projet conçu depuis long-temps, et qui consistait à établir un aquéduc pour faciliter l'écoulement des eaux et des immondices, dont l'incommodité l'affligeait. Le roi se vit obligé d'autoriser, par lettres-patentes, le directeur et l'intendant de l'Hôtel, à faire un emprunt de 400,000 livres à rentes viagères. Cet emprunt fut effectué pardevant Mᵉ Dutartre, notaire de l'Hôtel, *à dix pour cent*. On engagea le fonds total des oblats, l'Institution se vit grévée de 40,000 livres de rentes, mais de rentes viagères seulement, il ne faut pas l'oublier.

Il fallut se mettre en état de l'acquitter ; c'est ce que fit le gouvernement de Louis XV, par son ordonnance du 13 décembre 1766, laquelle mit à la charge de l'extraordinaire des guerres, à partir du 1er janvier 1767 *plusieurs parties des dépenses qui étaient à la charge de l'Hôtel.*

La charge principale dont cette ordonnance le soulagea, fut celle qui consistait à payer leur pension aux officiers, bas officiers, canonniers et soldats retirés chez eux.

Le duc de Choiseul tint aussi vigoureusement la main à ce que les fonds des oblats fussent payés avec régularité. Il fit rejeter par le roi la demande d'un grand nombre d'abbayes qui réclamaient des dégrèvemens ou des exemptions.

Toutes ces abbayes furent condamnées à payer annuellement, 300 livres pour le fonds des oblats.

Un rôle dressé précédemment, mais qui est malheureusement perdu, fut déclaré exécutoire. Huit abbayes ou prieurés n'eurent à payer que 75 livres, en considération de leur pauvreté. Soixante abbayes ou prieurés, n'eurent à payer, pour le même motif, que 150 livres. En défalquant ces abbayes exceptionnelles, en analysant le chiffre annuel de leurs impôts et celui de l'impôt payé par les abbayes à 500 livres, nous trouverons approximativement, pour le fonds total des oblats en 1768, 159,525 livres.

Dès ce moment, et grâce à ce soulagement que lui donna la sagesse du duc de Choiseul, l'état financier de l'Hôtel devint prospère. Non seulement les anciennes dettes furent acquittées, mais la guerre décroissant et les charges avec elle, les Invalides eurent, en 1786, une économie de deux millions. Le roi Louis XVI l'autorisa à en disposer pour se créer des ressources à venir. L'Hôtel le plaça en rentes à cinq pour cent. Il eut désormais, outre sa dotation, 100,000 livres de rentes. Il est vrai qu'il ne faut pas oublier qu'en 1776, l'ordonnance du comte de Saint-Germain avait réduit un instant l'effectif de l'Hôtel à 1,500 hommes, et supprimé son fastueux état-major, pour le remplacer par quelques fonctionnaires; mais ces réductions avaient été de peu de durée. Les intendans s'enrichissaient, de même que d'autres fonctionnaires. On citait des familles qui avaient amassé, dans le maniement des fonds des Invalides, jusqu'à 100,000 livres de rentes.

C'est avec ce cortége d'enrichis et d'abus, mais aussi avec cette dotation et ces revenus, que l'Hôtel se présenta aux mauvais vouloirs de la commission nommée après 1789, pour examiner sa situation. On vota, nonobstant les efforts de cette commission, ainsi que nous l'avons vu, la loi de 1792.

Cette loi abolit ce que nous avons appelé la dotation.

L'article 5 du titre 1er, s'exprime ainsi :

« Il sera annuellement, en vertu d'un décret du corps législatif, versé par la trésorerie nationale, dans la caisse de l'Hôtel National des militaires invalides, la somme qui sera jugée nécessaire à l'entretien des édifices de l'Hôtel ; à la subsistance, à l'habillement et à l'équipement des invalides qui y seront retirés aux frais de l'administration générale de cet établissement. La somme votée ne sera pas susceptible de retenue, elle sera payée d'avance, par mois, en douze paiemens égaux. Le corps législatif fixera chaque année le nombre des militaires à admettre dans l'Hôtel. L'article 7 du même titre porte ce nombre, pour l'année 1792, à 300 places d'officiers, et 1,700 places pour les sous-officiers et soldats. L'article 10 met le militaire invalide, officier ou soldat, à même d'opter entre l'Hôtel et une pension représentative, leurs frais de voyage toujours payés. Chaque année, le corps législatif, d'après l'article 8, arrêtera le nombre des pensions destinées à représenter le traitement de l'Hôtel. Il fixera ce compte d'après les besoins de l'armée, et le rapport que lui fera le ministre chargé de la direction de cet établissement. Enfin, le même article ordonne que, pour l'année 1792, il soit versé une somme de deux millions, dans la caisse de l'Hôtel National.

L'article 37 du titre 2, dispose de nouveau que la trésorerie nationale serait seule chargée de fournir tous les fonds nécessaires à l'Hôtel.

Voici ce qui fut décidé en détail à cet égard :

1° L'article 2 du titre 5 dit : il sera versé chaque année dans la caisse des Invalides, une somme de 1,822,028 livres, pour servir au paiement des soldes, demi-soldes, pensions et récompenses militaires accordées avant le 1er août 1790.

L'article 1er du titre 7 supprime les invalides de la gendarmerie, c'est-à-dire la première des succursales de l'Hôtel, située à Lunéville.

L'article 1 du titre 8, ordonne qu'il soit versé chaque année, dans la caisse des Invalides, une somme de 54,500 livres, pour servir au paiement des retraites de la ci-devant gendarmerie française. L'article 6 du même titre, ordonne le versement annuel dans la même caisse de 1,872 livres, pour le paiement des retraites des valets de la même gendarmerie. Par d'autres articles, il est ordonné : 1° un versement annuel de 18,500 livres, pour les grenadiers à cheval, 2° un versement annuel de 178,520 livres, pour les officiers, guides et infirmiers retirés à la suite des places ; 3° un versement provisoire de 100,000 livres, pour les pensions des veuves ; 4° un versement égal et également provisoire, pour le supplément de solde des invalides ayant des enfans.

En additionnant les diverses sommes mentionnées dans ce mémorable décret de l'Assemblée Nationale, c'est-à-dire :

1° la somme de 2,000,000 liv., fixée pour 1792, et qui, selon toute apparence, devait servir de base aux budgets à venir de l'Hôtel, ci . .	2,000,000 l.
2° 1,322,028 livres, pour les pensions militaires, ci	1,322,028 l.
3° 54,300 livres, pour la gendarmerie, ci	54,300 l.
4° 1,872 livres, pour les valets de la gendarmerie, ci	1872 l.
5° 178,520 livres, pour les officiers-guides, à la suite des places, ci .	178,520 l.
6° 100,000 livres, pour les veuves, ci	100,000 l.
7° 100,000 livres, pour les invalides qui ont des enfans, ci	100,000 l.
TOTAL	3,756,740 l.
On trouvera pour le total des sommes à dépenser annuellement par la république, pour l'Hôtel et l'Institution des Invalides	3,576,740 l.

Mais cette somme considérable ne fut pas toujours payée ; non-seulement elle varia, mais depuis la loi de l'Assemblée Nationale, les finances de l'Hôtel, comme toute son organisation, furent dans un cruel état de malaise et d'anarchie ; les plaintes, les règlemens, se succédèrent inutilement. Le conseil des Cinq-Cents essaya par sa loi du 28 ventose, de remèdier à une telle situation.

Nous citons cette loi dans sa teneur, parcequ'elle indique et précise l'état des choses.

« Le conseil des Cinq-Cents, considérant que l'entretien et le soutien de l'Hôtel National des Invalides, sont une dette sacrée de l'État ;

« Considérant qu'on ne peut laisser plus longtemps le paiement des fonds qui doivent assurer la subsistance des braves militaires qui l'habitent ; que cette dépense ne peut être ajournée, et qu'il est d'une nécessité majeure d'établir la balance entre la recette et la dépense,

« Déclare qu'il y a urgence. »

Le conseil, après avoir déclaré l'urgence, prend la résolution suivante :

« ART 1er. La dépense de la Maison Nationale des Invalides, est fixée pour l'an IV, à la somme de 5,722,985 livres, y compris celle de 295,490 livres, destinée à être employée au complément de la lingerie, de l'habillement, de l'ameublement, et au renouvellement de la pharmacie.

« Art. 2. Indépendamment de la somme de 2,000,000, déjà destinée à la Maison Nationale des Invalides, sur les fonds accordés par la loi du 23 frimaire dernier, pour les dépenses ordinaires et extraordinaires du ministère de la guerre, il sera pris, sur ces mêmes fonds, la somme de 1,722,985 livres, pour fournir à la dépense de l'an VI.

« Art, 3. A dater du 1er germinal prochain, et à l'avenir, la totalité des dépenses de la Maison Nationale des Invalides sera payée concurremment avec la solde des troupes. Les fonds en seront versés à l'avance, ou par douzième, le 1er de chaque mois, dans la caisse à trois clefs de l'Hôtel; ce douzième sera évalué pour les six derniers mois de l'an VI, à la somme de 285,624 francs 58 centimes.

« Art. 4. L'arriéré des dépenses de l'Hôtel, depuis le 1er vendémiaire dernier, jusqu'au 1er germinal, sera payé par la trésorerie nationale, sur les ordonnances du ministre de la guerre, dans le courant des trois décades qui suivront la publication de la présente loi.

« Art. 5. Il sera également payé par la trésorerie nationale, dans le courant de trois décades qui suivront la publication de la présente loi, et sur les ordonnances du ministre de la guerre, la somme de 295,490 francs, pour le complément de la lingerie, de l'habillement, de l'ameublement, et le renouvellement de la pharmacie. Ces fonds seront versés dans la caisse à trois clefs de l'Hôtel. »

L'on sentit bientôt le besoin de retourner à un état de choses plus fixe, comme, par exemple, l'était l'ancien.

Le grand organisateur des temps modernes ayant demandé un travail à cet égard au bureau de la guerre, alors administré par M. le duc de Bassano, celui-ci ne trouva rien de mieux à proposer qu'une dotation. Et, en effet, l'Hôtel National, étant devenu Hôtel Impérial, il ne pouvait plus être question, ni de vote annuel, ni de budget.

Le décret du 25 mars, accueillant la proposition du duc de Bassano adoptée par le conseil d'État, décida donc ce qui suit :

« ART. 1er. L'Hôtel Impérial des Invalides sera doté d'un revenu spécialement affecté à son entretien.

« La dotation des Invalides, sera composée des revenus ci-après :

« 1° De la retenue de deux pour cent, prescrite sur les appointemens que reçoivent les officiers et employés quelconques de notre armée de terre.

« 2° D'une retenue de deux pour cent, sur le traitement de réforme, soldes de retraite, pensions de veuves, pensions civiles et autres pensions au-dessus de 500 francs, sous quelques dénominations que ce soit, qui sont payées sur les fonds de notre trésor impérial.

« 3° De la rente de 100,000 francs, dont jouit le conseil du sceau des titres, sur le grand-livre.

« 4° D'une retenue de deux pour cent, sur les traitemens et pensions accordées par la Légion-d'Honneur et l'ordre des Trois-Toisons.

« 5° De l'excédant du prix primitif du bail des salines de l'est, tel qu'il avait été déterminé par notre décret du 15 avril 1806.

« 6° D'un droit de cinquante pour cent, sur le produit des bris et naufrages et des prises maritimes, actuellement affecté en totalité à la caisse des invalides de la marine.

« 7° D'un pour cent, sur les octrois et revenus des communes de l'empire.

« 8° De tous les produits quelconques des terrains des fortifications, des places et postes de guerre.

« 9° Des terrains des fortifications de toutes les villes, places et postes de guerre, qui seraient abandonnés et mis hors de service.

« 10° De la plus value qui nous appartient, pour les défrichemens des marais de Rochefort et du Cotentin. »

Le reproche que l'on pouvait faire à cette dotation, était précisément de ne pas éviter l'inconvénient auquel elle devait parer, celui de la variabilité ; mais cette variabilité n'existait que dans le chiffre, et non pas dans les sources, et c'était ce que l'empereur voulait.

D'ailleurs, on ne peut le contester, cette dotation était magnifique ; elle était impériale et digne de Napoléon.

Les sommes qu'elle produisit annuellement ont été évaluées à 6,000,000 de francs.

A partir du 1er janvier 1811, et moyennant cette dotation, les dépenses de l'Hôtel Impérial des Invalides cessèrent, par suite du même décret, de figurer au budget de la guerre.

L'hôtel dût pourvoir ainsi seul à l'entretien de ses annexes et succursales, car il avait fallu, le nombre des invalides et la grandeur de l'empire s'accroissant, former sur divers points du territoire, et conformément au grand modèle, des Hôtels secondaires des Invalides. Ce sont ces Hôtels secondaires qu'on appelle *succursales*.

Ainsi, on avait établi une succursale à Versailles, le 19 floréal an VI.

Le 17 messidor de la même année, un pareil établissement fut formé à Saint-Cyr. Deux ans après, le 7 fructidor an 8, quatre nouvelles succursales furent fondées, dans les 24ᵉ, 26ᵉ, 12ᵉ, et 8ᵉ, divisions militaires.

Le 8 fructidor an IX, il fut encore établi à Nices une succursale pour 500 hommes. Elle était destinée aux militaires natifs des pays méridionaux.

Le 9 pluviose an X, celle de Versailles fut supprimée.

En 1801, Napoléon, alors consul, établit deux succursales : l'une à Louvain, l'autre à Avignon.

La première subsista jusqu'en 1814, l'autre existe encore aujourd'hui. Enfin, la même année 1814, Arras eut aussi sa succursale ; elle fut supprimée en 1818.

L'un des premiers soins du gouvernement de Louis XVIII en 1814, fut de confirmer par son ordonnance du 12 décembre toutes les concessions faites à l'Hôtel. Cette ordonnance fonda une caisse unique et commune aux invalides, aux Écoles royales militaires et à l'ordre militaire de Saint-Louis. Les dotations réunies de ces trois établissemens formaient une somme annuelle de 6 millions.

Louis XVIII y ajouta le produit :

1° D'une retenue de deux pour cent sur toutes les dépenses du matériel de la guerre et sur le prix de tous les marchés de fournitures qui seraient passés à l'avenir.

2° De la solde de retraite accordée par le ministre de la marine, aux invalides de ce département qui sont admis à l'Hôtel.

3° D'un prélèvement de cinquante pour cent sur le prix des ventes d'objets appartenant au matériel de la guerre, qui seraient reconnus hors d'état de servir et dont la conservation serait inutile.

4° D'un droit de sceau qui serait acquitté (suivant un tarif annexé à l'ordonnance), par les officiers et administrateurs militaires au moment de leur nomination, de leur avancement, ou lorsqu'ils seraient décorés; voici quel était ce tarif :

« Maréchal de France, 300 fr., —Lieutenant-général, 150; — Maréchal-de-camp, 100; — Colonel ou adjudant-commandant, 60;—Major, 30;—Chef de bataillon ou d'escadron, 20; — Capitaine, 10;—Lieutenant, 5; — Sous-lieutenant, 5; — Inspecteur en chef aux revues, 150; —Inspecteur aux revues, 100;—Sous-inspecteur aux revues, 60;—Adjoint aux sous-inspecteurs aux revues, 50;—Commissaire-ordonnateur, 100; —Commissaire des guerres, 50;—Adjoint aux commissaires des guerres, 20;—Inspecteur-général du service de santé et officier de santé en chef aux armées, 100; — Officier de santé principal, 50;—Médecin, chirurgien-major, pharmacien-major, 30;— Médecin-adjoint, chirurgien-aide-major et pharmacien-aide-major, 10 ; — Pharmacien et chirurgien sous-aide-major, 5.

« *Croix de Saint-Louis et du Mérite militaire* :

« Chevalier, 15 fr. ; — Commandeur, 100 ; — Grand'Croix, 200. »

5° De la retenue de l'augmentation entière d'appointemens dont les officiers et administrateurs militaires, auxquels il serait accordé des grades plus élevés, auraient dû jouir dans le premier mois de leur promotion.

6° De toutes les économies particulières qu'il serait possible de faire dans le régime et l'administration de la guerre, sans nuire aux drois et aux intérêts militaires.

Mais on ne put longtemps laisser confondre ce qui devait être séparé.

Une décision royale du 25 novembre 1818, dégréva la dotation de la dépense des écoles militaires. Elle la fit rentrer dans le budget de la guerre à dater du 1er janvier 1819. Quelque temps après, la succursale d'Arras fut supprimée. Il ne resta plus que celle d'Avignon.

La situation financière de l'institution était alors pénible ; elle le devint de jour en jour d'avantage.

Qu'on nous permette de citer ici un document officiel, annoté de la main d'un gouverneur de l'Hôtel et adressé au baron de Damas, ministre de la guerre.

« La plus grande partie des revenus affectés à l'Hôtel et à l'ordre de Saint-Louis, dit ce document, ayant été enlevés ou ayant éprouvé de grandes diminutions, ces deux établissemens, aujourd'hui dénués des ressources nécessaires pour faire face à leurs besoins, sont obligés d'employer toutes leurs valeurs disponibles, de beaucoup insuffisantes et qui seraient bientôt épuisées, s'il n'était avisé le plutot possible à reconstituer la dotation sur des bases fixes, en la composant de revenus spéciaux, proportionnés aux dépenses, et indépendans des variations que peut éprouver le budget de la guerre ».

Cet objet important fixa l'attention particulière de M. le duc de Bellune qui, après s'en être entendu avec M. de Villèle, se fit présenter un projet de loi que l'on devait soumettre aux chambres.

La tendance de l'administration depuis 1830 a toujours été claire et précise. Elle marche sur les traces du système impérial; centraliser, régulariser, voilà ses mots d'ordre.

Une pensée de centralisation et de régularisation dicta la suppression de la dotation de 1811.

Cette suppression eut lieu en 1832 par ordonnance du 1er mai, voici cette ordonnance :

« Considérant enfin, qu'il importe de régulariser les dispositions ordonnées depuis le 1ᵉʳ janvier 1832, en faisant rentrer cette branche de service (les invalides), dans le système général de comptabilité en vigueur pour la justification des dépenses publiques et la perception du revenu de l'État.

« Nous avons ordonné et ordonnons ce qui suit :

« 1° La dotation des Invalides de la guerre est supprimée depuis le 1ᵉʳ janvier 1832.

« 2° Les capitaux, tant en rentes qu'en numéraire que possède la dotation, sont acquis au trésor public.

« 3° Toutes les dépenses de 1832 doivent être imputées sur le crédit législatif de trois millions cent trente-neuf mille francs.

« 4° Les immeubles appartenant à la dotation des Invalides et qui ne seraient pas reconnus nécessaires au service de cet établissement, seront remis à l'administration des domaines de l'État.

« 5° Les dispositions du décret du 25 mars 1811, de l'ordonnance du 12 décembre 1814, sont abrogées ».

L'ordonnance de 1832, rendue en conformité avec les lois du 21 avril 1832, numéro 128, et celle du même jour numéro 129, place donc les Invalides dans le droit administratif commun.

A partir de ce moment le budget de l'Hôtel et de la succursale d'Avignon, est voté chaque année par les chambres dans le chapitre du budget de la guerre. Les dépenses sont contrôlées comme les autres dépenses publiques.

Nous n'avons pas à nous prononcer ici sur l'opportunité de cette mesure législative. Les chambres ont voté, le gouvernement du roi a parlé, il faut se taire.

L'Hôtel des Invalides est donc aujourd'hui un établissement qui rentre dans le droit commun sous le rapport financier. L'État pourvoit à son entretien, au moyen d'un budget librement voté par les chambres.

Ce budget en 1844 est de deux millions, 720,649 francs y compris le budget de la succursale d'Avignon ; il a été en 1834 de 5,006,250. La moyenne depuis 10 ans est entre ces deux chiffres.

Les pensions des militaires retraités ne sont pas compris dans cette somme. L'Hôtel Royal n'a rien à démêler avec elles.

Peut-être la suppression de la dotation et le vote annuel du budget de l'Hôtel par la chambre, sont-ils regrettables en ce sens que, chaque année, l'existence de cette précieuse institution peut-être mise en question. La dette de l'État envers ses vieux serviteurs ne devrait jamais, selon nous, devenir une occasion de discussion publique. Il serait à désirer qu'on pût accorder les exigences du gouvernement représentatif avec les droits d'une institution aussi ancienne que sacrée.

CHAPITRE IX.

ADMINISTRATION GÉNÉRALE DE L'HÔTEL DES INVALIDES.

Louis XIV établit par son ordonnance constitutive, que le ministre secrétaire d'État, au département de la guerre, aurait la haute direction de l'Hôtel Royal des Invalides.

Son ordonnance fut suivie jusqu'en 1792.

A cette époque, l'Hôtel des Invalides fut placé dans le département du ministre de l'intérieur par l'article 5 du titre 2, de la loi de l'Assemblée Nationale. L'administration générale de l'Hôtel a un conseil électif, sous la surveillance du Département de Paris.

Le Directoire Exécutif, par un arrêté du 13 frimaire an VII, transporta cette surveillance à un commissaire spécial, dirigeant une régie intéressée; mais cette organisation dura peu. Les consuls rendirent, le 6 frimaire an VIII, un arrêté qui replaçait l'Hôtel sous la direction expresse du ministre de la guerre. L'arrêté du 19 messidor an XI, confirma cette décision.

Le décret organique de mars 1811 continua, plus officiellement encore, à replacer les Invalides sous l'autorité du ministre de la guerre. Il n'a pas été depuis dérogé a ce décret.

Les ministres qui ont eu à s'occuper de l'Hôtel depuis sa fondation, sont :

1655, M. Letellier, marquis de Louvois; 1691, Letellier, marquis de Barbezieu; 1707, de Chamillard (Louvois); 1709, de Voisin; 1716-1718, Conseil composé de MM. Leblanc, de Breteuil et d'Angervillers; 1718, Leblanc; 1723, Le Tonnelier de Breteuil; 1743, le comte d'Argenson; 1751, le marquis de Paulmy; 1758, le maréchal duc de Belle-Isle avec M. de Crémailles pour adjoint; 1761, le duc de Choiseul; 1771, le marquis de Monteynard; 1774, par intérim, le duc d'Aiguillon : 1774, le maréchal du Muy ; 1775, le comte de Saint-Germain, avec M. le prince de Montbarey pour adjoint ; 1777, le prince de Montbarey ; 19 décembre, 1780, de Vergenne, par intérim ; 23 décembre, 1780, le marquis de Ségur ; 29 août 1787, le baron de Breteuil ; 24 septembre 1787, le comte de Brienne ; 30 novembre 1788, le comte de Puységur ; 13 juillet 1789, le duc de Broglie ; 4 août 1789, M. Latour-Dupin ; 16 novembre 1790, M. Duportail ; 6 décembre 1791, M. de Narbonne ; 20 décembre 1791, M. Valdec-Delessart, 10 mars 1792, M. de Grave ; 9 mai 1792, M. de Sérvan ; 12 juin 1792, M. Dumouriez ; 16 juin 1792, M. Lajard ; 24 juillet 1792, M. Dabancourt ; 11 août 1792. M. Monge, par intérim ; 12 août 1792, M. Clavières, par intérim ; 10 août 1792, M. Servan, ex-ministre, n'a pris le portefeuille que le 21 ; 7 octobre 1792, M. Lebrun, par intérim, en même temps ministre des affaires étrangères ; 18 octobre 1792, M. Pache ; 4 février 1793, M. Beurnonville ; 30 mars 1793, M. Lebrun, ministre des affaires étrangères par intérim ; 4 avril 1793, M. Bouchotte ; 13 juin 1793, M. Beauharnais ; 20 avril 1794 (1er floréal an II), M. Pille ; 3 novembre 1795 (12 brumaire an IV), M. Aubert-Dubayet ; 8 février 1796 (19 pluviose an IV), M. Petiet ; 23 juillet 1797 (5 thermidor an V),

M. Schérer, général de division ; 21 février 1799 (3 ventose an VII), M. Milet-Mureau, général de brigade du génie ; 2 juillet 1799 (14 messidor an VII), M. Bernadotte, général de division, dernier roi de Suède ; 14 septembre 1799 (28 fructidor an VII). M. Milet-Mureau, par intérim ; 23 septembre 1799 (1er ventose an VIII), M. Dubois de Crancé, général de division ; 10 novembre 1799, (29 brumaire an VIII), M. Berthier, général de division ; 2 avril 1800 (12 germinal an VIII), M. Carnot ; 6 mai 1800 (16 floréal an VIII), M. Lacuée, par intérim ; 8 octobre 1800 (16 vendémiaire an IX), M. Berthier ; 5 novembre 1800 (13 vendémiaire an IX), M. Lacuée, par intérim ; 9 août 1807, M. Clarke ; 12 mars 1802 (21 ventose an X), comte Dejean ; 3 janvier 1810, Lacuée, comte de Cessac ; 20 novembre 1813, comte Daru ; 3 avril 1814, comte Dupont ; 3 décembre 1814, Soult, duc de Dalmatie ; 12 mars 1815, Clarke, duc de Feltre ; 20 mars 1815, Davoust, prince d'Eckmuhl ; 9 juillet 1815, Gouvion-Saint-Cyr ; 26 septembre 1815, le duc de Feltre ; 12 septembre 1817, Gouvion-Saint-Cyr ; 19 novembre 1819, le marquis de Latour-Maubourg ; 14 décembre 1821, Victor, duc de Bellune ; 23 mars 1823, vicomte Dijeon, par intérim ; 19 octobre 1823, le baron de Damas ; 3 août 1824, le marquis de Clermont-

Tonnerre; 1er septembre 1825, le baron de Damas, par intérim; 4 janvier 1828, le vicomte de Caux; 8 août 1829, le comte de Bourmont; 31 juillet 1830, le comte Gérard, commissaire provisoire; 1er août 1830, le comte Gérard, commissaire, secrétaire d'état; 11 août 1830, le comte Gérard; 17 novembre 1830, Soult, duc de Dalmatie, 5 juin 1831, le président du conseil remplit l'intérim; 24 novembre 1831, M. Sébastiani, par intérim; 5 juillet 1832, intérim par le ministre de la marine; 6 juillet 1833, Sébastiani, par intérim; 14 août 1833, M. de Rigny, par intérim; 26 août 1833, Soult, duc de Dalmatie; 18 juillet 1834, maréchal Gérard; 29 novembre 1834, le vice-amiral comte de Rigny, est chargé par intérim du portefeuille de la guerre; 10 novembre 1834, baron Bernard; 18 novembre 1834, Mortier, duc de Trévise, président du conseil; 12 mars 1835, le vice-amiral, comte de Rigny, par intérim; 30 avril 1835, le maréchal, marquis Maison; 6 septembre 1836, vice-amiral Rosamel, par intérim; 19 septembre 1836, baron Bernard, lieutenant-général; 31 mars 1839, Despans-Cubières; 12 mai 1839, M. Schneider; 1er mars 1840, M. Despans-Cubières; 29 octobre 1840, Soult, duc de Dalmatie.

Louis XIV décida que l'Hôtel Royal aurait, sous la direction du ministre de la guerre, un gouverneur spécial, assisté d'un conseil d'administration. Ce conseil se composa d'abord du ministre, du gouverneur, du directeur ou intendant, du lieutenant de roi, de l'inspecteur contrôleur général, des trésoriers généraux, du secrétaire garde des archives, du contrôleur et de l'inspecteur architecte.

Cette administration fut à peu de chose près la même jusqu'au ministère du comte de Saint-Germain. Il fit, en 1776, signer à Louis XVI, une ordonnance qui supprima tous les anciens fonctionnaires sans distinction. L'économie fut le prétexte dont il s'appuya. Il voulait, disait-il, rappeler l'établissement à ses principes. Son ordonnance décida que l'administration de l'Hôtel serait composée à l'avenir comme il suit :

GRAND ÉTAT-MAJOR. — Un gouverneur officier général ; un directeur commissaire des guerres ; un major, lieutenant-colonel ; quatre aides-majors capitaines ; un trésorier ; un garde des archives.

PETIT ÉTAT-MAJOR. — Soixante-cinq personnes, y compris trente-six valets, quatre aides, quatre suisses, quatre enfans de chœur, etc. etc.

La loi de l'Assemblée Nationale confia, comme nous l'avons dit, l'administration générale de l'Hôtel à un conseil électif, sous la haute surveillance du directoire du Département de Paris.

Les membres de l'administration générale furent divisés en deux sections, l'une connue sous le nom de conseil général d'administration, l'autre sous celui de bureau administratif. Le conseil général fut composé de trente-six membres, savoir : six notables de la commune de Paris, et trente militaires retirés à l'Hôtel depuis un an et sachant lire et écrire. Un syndic d'administration surveilla toutes les opérations du conseil général. Il était électif, mais on ne pouvait le choisir que parmi les notables de la commune de Paris ; le conseil élut lui-même son président et son vice-président.

Comme on le voit, tout fut dans l'ordre démocratique créé par la révolution.

Le bureau administratif se composa de trois des notables membres du conseil général et de six militaires pris parmi les membres du même conseil et élus par lui ; c'était une sorte de conseil d'édilité, de salubrité, de surveillance.

Le 2 floréal an 2 le Comité de Salut Public, supprima cette administration et la remplaça par une agence dont les membres furent nommés par arrêté du 26 du même mois. Le Directoire envoya le 24 messidor an 4, un message pour obtenir une nouvelle organisation. Ses efforts furent récompensés. Le 22 brumaire an 5 une nouvelle organisation fut arrêtée. L'Hôtel reçut de nouveau un gouverneur, un état-major dont on régla les attributions.

Mais cette organisation fut mal appliquée. Le 6 brumaire an 8, les consuls se virent forcés de prendre l'arrêté suivant qui fait voir sous son vrai jour l'anarchie dans laquelle vivait l'Hôtel :

« Les consuls de la république, considérant que les militaires blessés dans les combats sont les plus chers enfans de la Patrie, et qu'il importe de rendre à l'établissement où la France les a recueillis, la forme d'administration la plus conforme à leurs habitudes. Sur le rapport de notre ministre secrétaire de la guerre, arrêtons ce qui suit :

« Art. 1er. L'administration de l'Hôtel des Invalides sera confiée à un conseil d'administration composé du commandant en chef, d'un commissaire ordonnateur, d'un commissaire des guerres et de deux militaires invalides, choisis par leurs camarades, en suivant les formes voulues par la loi sur la formation des conseils d'administration.

« Art. 2. La trésorerie nommera un payeur uniquement attaché à la maison des Invalides et le ministre de la guerre un secrétaire général des archives, qui fera les fonctions de secrétaire du conseil d'administration.

« Art. 3. Le commissaire du Directoire Exécutif et la régie intéressée établis par l'arrêté du 15 frimaire an 7, cesseront leurs fonctions.

« ART. 4. Le ministre de la guerre fera les règlemens nécessaires et prendra les mesures convenables pour que tous les abus qui auraient pu s'introduire dans la maison nationale des Invalides, soient promptement réprimés ».

Mais, le ministre de la guerre absorbé depuis l'an VIII par les soins de la guerre et les travaux qu'elle entraîna, n'eut pas le loisir de porter remède aux abus dont il était parlé. Il fallut enfin, prendre des mesures décisives.

C'est ce qu'on essaya de faire par des règlemens intérieurs rendus le 19 messidor an XI pour être mis à exécution, tant pour l'administration de l'Hôtel lui-même, que pour celle de ses succursales, à partir du 1ᵉʳ vendémiaire de l'année suivante.

Mais ces règlemens auront besoin d'une sanction plus haute : une loi était nécessaire et la matière parut en effet à Napoléon mériter un décret impérial.

Il rendit ce décret en 1811. Nous avons préféré en donner le texte en note, au lieu de l'analyser. (1)

(1) Voici ce règlement en entier :
Arrêté portant réorganisation des Invalides.
Lille, le 19 messidor an II.
Le gouvernement de la république, sur le rapport du ministre di-

Ce décret régla de nouveau toutes les affaires de l'Hôtel.

recteur de l'administration de la guerre, le conseil d'État entendu, arrête :

Art. 1er. A compter du 1er vendémiaire an XII, l'administration de l'Hôtel National des Invalides, sera divisée entre le conseil d'administration et le commissaire ordonnateur qui y est attaché.

Art. 2. Le conseil d'administratration sera composé :

Du commandant en chef ;
Du commandant en second ;
De trois officiers supérieurs ou capitaines ;
De deux lieutenans ;

Ces cinq derniers seront nommés par le directeur de l'administration de la guerre, et renouvelés ainsi qu'il suit : à la fin de la première année, un officier supérieur ou capitaine et un lieutenant seront remplacés ; à la fin de la seconde, deux officiers supérieurs ou capitaines et un lieutenant ; et ainsi successivement.

Les nominations et remplacemens auront lieu sur une triple liste, présentée par le commandant en chef de l'Hôtel. Les sortans pourront être présentés de nouveau.

Le commissaire ordonnateur assistera au conseil, mais sans voix delibérative.

Le quartier-maître trésorier y remplira les fonctions de secrétaire, et rédigera les procès-verbaux des séances, qui seront signés par tous les membres du conseil, et le commissaire ordonnateur.

Art. 3. Les fonctions du conseil d'administration, seront d'examiner, discuter et arrêter à la pluralité des voix, le commissaire ordonnateur préalablement entendu, tous les projets et dépenses, marchés et comptes relatifs à l'Hôtel, ainsi que de veiller à la stricte exécution des marchés, et à la bonne qualité des fournitures à faire aux Invalides.

Il aura, en outre, la surveillance immédiate de l'administration des succursales. A cet effet, les conseils d'administration lui rendront directement compte de toutes leurs opérations. Il leur fera passer tous les ordres et toutes les instructions convenables.

Deux états major furent crées, l'un général, l'autre particulier.

Art. 4. Les fonctions du commissaire ordonnateur, seront de faire au conseil d'administration, les rapports de toutes les affaires relatives, tant à l'Hôtel qu'à ses succursales, qui doivent être soumises à sa délibération ; de surveiller, sous sa responsabilité, l'exécution des lois, arrêtés et règlemens, ainsi que des décisions du conseil d'administration ; de diriger tous les détails de l'administration et de la comptabilité ; de constater la situation de la caisse, et enfin de proposer toutes les mesures d'économie qui lui paraîtront convenables.

Il correspondra à cet effet avec le ministre directeur de l'administration de la guerre.

Dans le cas où il serait pris par le conseil des mesures qui lui paraîtraient contraires, soit aux arrêtés, règlemens et décisions, soit aux intérêts du trésor public, le commissaire ordonnateur fera insérer son avis dans le registre des délibérations, et en rendra compte au directeur de l'administration de la guerre.

Il aura la surveillance et l'autorité sur les commissaires des guerres attachés aux succursales, avec lesquels il correspondra, et auxquels il fera passer ses ordres et ses instructions relativement aux fonctions dont ils seront chargés.

Le commissaire des guerres employé à l'Hôtel National, exécutera tous les ordres qui lui seront donnés par l'ordonnateur, et le suppléera au besoin.

Les attributions ci-dessus, données au commissaire ordonnateur, n'empêcheront point toutefois les membres du conseil, de faire toutes les propositions qu'ils croiront pouvoir contribuer aux intérêts du trésor public, à ceux des Invalides, et à améliorer l'administration ou la comptabilité ; mais le conseil ne pourra délibérer sur les dites propositions, dans la même séance, qu'avec l'agrément du commissaire ordonnateur, et dans les suivantes, après l'avoir entendu.

Art. 5. Les fonctions de quartier-maître trésorier, indépendamment de celles de secrétaire du conseil d'administration et de garde des archives, seront de faire toutes les recettes des fonds affectés chaque

L'état-major général se composa d'un gouverneur ayant le commandement militaire et l'auto-

mois à l'administration de l'Hôtel National, et d'en faire emploi d'après les décisions du conseil d'administration, approuvées par le directeur de l'administration de la guerre, et les ordonnances du commissaire ordonnateur.

Il fournira un cautionnement en numéraire ou en cinq pour cent consolidés, égal à la dépense d'un mois de la gestion. Ce cautionnement sera versé à la caisse d'amortissement. Le quartier-maître trésorier, recevra, outre son traitement, ou les intérêts de son cautionnement à raison de cinq pour cent, s'il est en numéraire, ou les arrérages de ses inscriptions, s'il est en cinq pour cent consolidés.

Il sera, en cas de vacance, pourvu à la nomination du ministre directeur. Il continuera à être chargé de la tenue des contrôles.

Art. 6. Dans les premiers jours du mois de thermidor de chaque année, le conseil d'administration formera l'état détaillé des dépenses présumées pour le service de l'Hôtel et des succursales, pendant le cours de l'année suivante. Cet état sera vérifié par le commissaire des guerres et arrêté par l'ordonnateur. Celui-ci l'adressera, ainsi que de semblables états pour le service des succursales, avec son avis motivé sur chaque nature de dépense, au ministre directeur de l'administration de la guerre, qui, après les avoir approuvés, s'il y a lieu, les renverra à l'ordonnateur pour recevoir leur exécution.

Aucune autre dépense que celles qui auront été ainsi approuvées, ne pourra être faite sans une autorisation préalable du ministre directeur. Cette autorisation ne sera donnée que sur la demande du conseil d'administration, et l'avis du commissaire ordonnateur.

Art. 7. Le quartier-maître trésorier, présentera tous les ans, au mois de nivose, le compte général de ses recettes et dépenses pendant l'année révolue. Ce compte, ainsi que ceux qui auront été rendus par les quartiers-maîtres trésoriers des succursales, seront vérifiés par le commissaire ordonnateur, présenté par lui au conseil d'administration, qui après les avoir examinés, les arrêtera. L'envoi en sera fait ensuite au ministre directeur, pour être liquidés.

rité administrative supérieure, d'un intendant chargé sous l'autorité du gouverneur de diriger la perception de tous les revenus de l'Hôtel et de pourvoir à ses intérêts, de l'administration des dépenses, et de dresser ses comptes annuels en recettes et en dépenses, enfin, d'un trésorier chargé d'éffectuer les paiemens, et de dresser tous les mois, l'état de la situation de la caisse de l'Hôtel.

L'état-major particulier de l'Hôtel, se composa ainsi qu'il suit :

Un commandant pris parmi les officiers généraux ; un major pris parmi les officiers en activité ; un commissaire des guerres ; quatre adjudans-majors pris parmi les officiers ou sous-officiers de la ligne et ayant rang de capitaines.

La liquidation définitive de toutes les dépenses de l'Hôtel National des Invalides et de ses succursales, sera faite chaque année, pendant le cours de floréal, dans un conseil d'administration publique, sur le rapport de la section de la guerre du conseil d'État.

ART. 8. Le ministre directeur de l'administration de la guerre, est chargé de rédiger les instructions, et d'arrêter la forme des modèles de tableaux et registres nécessaires à l'exécution du présent arrêté.

ART. 9. Le ministre directeur et celui du trésor public, sont chargés, chacun en ce qui le concerne, de l'exécution du présent arrêté.

Le premier consul,
Signé : BONAPARTE.
Le secétaire d'État,
Signé : H. B. MARET.

Cinq sous-adjudans-majors pris parmi les officiers ou sous-officiers de la ligne et ayant rang de capitaines ; un tambour-major ; un premier aumônier ; deux aumôniers ; un médecin en chef ; un médecin en chef-adjoint ; chirurgien en chef ; un chirurgien-major ; deux chirurgiens aide-majors ; quatre chirurgiens-sous-aide-majors ; un pharmacien en chef ; un idem major ; deux idem sous aides-majors ; un bibliothécaire ; un idem adjoint ; un contrôleur de l'infirmerie ; un commis aux entrées, un architecte ; un vérificateur des bâtimens à la nomination du gouverneur ; un contrôleur des bâtimens ; un concierge.

Ce fut dans l'état-major général, dans cet état-major particulier, et dans le sénat que fut pris le conseil d'administration de l'Hôtel.

Il se composa :

Du gouverneur ; de quatre sénateurs désignés par l'empereur tous les cinq ans, de l'intendant ; du commandant ; du commissaire des guerres.

Ce conseil eut un secrétaire nommé par le ministre de la guerre, ayant la garde des archives de l'Hôtel et tenant registre des délibérations de chaque séance.

L'ordonnance de 1814, modifia le décret de 1811 en ce qui concernait les quatre sénateurs ; ils furent remplacés par quatre pairs de France.

Le conseil devait s'assembler au moins une fois par mois. Indépendamment du conseil d'administration le décret de 1811 établit qu'il serait tenu dans le 4ᵉ trimestre de l'année, une fois par an, un grand conseil pour entendre les comptes de l'administration des Invalides et de régler le budget de l'année.

Ce conseil devait se composer :

Du ministre de la guerre, président ; du gouverneur ; des quatre sénateurs ; du commandant de Paris ; du commandant de l'Hôtel ; de l'inspecteur aux revues, ou commissaire des guerres désigné par le ministre ; de deux officiers généraux désignés par le ministre ; de deux colonels désignés de même.

L'intendant pouvait être appelé, mais sans voix délibérative. Le secrétaire archiviste remplissait les fonctions de secrétaire.

Une ordonnance de 1816, contresignée par le duc de Feltre, donna une autre organisation au conseil d'administration.

Il se composa dès-lors, du lieutenant-général gouverneur ; du commandant ; de quatre lieutenans-généraux ou maréchaux-de-camp en retraite ; de l'inspecteur aux revues.

La même ordonnance supprimait l'intendance et la remplaçait par un administrateur comptable.

Elle statuait que les lieutenans-généraux pourraient seuls concourrir à l'emploi de gouverneur de l'Hôtel des Invalides et des succursales. L'ordonnance de 1814 ne changea rien à cette composition, sauf les sénateurs; seulement elle fixa le mois d'avril pour époque de la revue annuelle du grand conseil.

Le corps des intendans militaires ayant été constitué en 1817, il devint nécessaire de mettre en rapport les administrateurs de l'Hôtel et la nouvelle institution. C'est à quoi pourvut le marquis de Latour Maubourg par une ordonnance royale rendue le 4 mai 1820, et qui supprima l'administrateur comptable, et le remplaça par un intendant militaire pris parmi les plus anciens de son grade et ayant sous ses ordres un sous-intendant. Ce fonctionnaire reçut la direction du service administratif de l'Hôtel Royal et de ses succursales.

Une ordonnance du 16 octobre 1830, modifia cet état de choses ; elle arrêta qu'en cas de vacance l'emploi d'intendant militaire serait supprimé, de même que celui des quatre officiers généraux en retraite membres du conseil d'administration, et quelques autres officiers du service de santé. Enfin, en mars 1832, le maréchal duc de Dalmatie, qui avait déjà attaché sa signature à tant de choses utiles à l'Hôtel, fit rendre une ordonnance royale qui arrêta la composition du conseil comme il existe aujourd'hui, savoir : sept membres ayant voix délibérative ; le gouverneur président ; le lieutenant-général commandant ; un des officiers supérieurs, titulaires invalides sans fonctions à l'Hôtel ; le colonel-major ; un des adjudans-majors ; et deux chefs de division de l'Hôtel. L'intendant militaire ; le trésorier et le secrétaire archiviste assistent aux séances du conseil sans voix délibérative. L'officier supérieur titulaire invalide, ainsi que l'adjudant-major et les deux chefs de division membres du conseil, sont élus au scrutin par tous les adjudans-majors et les chefs de division, réunis à cet effet par le gouverneur.

Enfin, le 7 mai de la même année, il fut décidé qu'à l'avenir, les emplois militaires à l'Hôtel des Invalides, celui de gouverneur excepté, seraient donnés exclusivement aux officiers en retraite.

L'ordonnance de 1832 fut exécutée en 1836, en ce qui concernait l'emploi d'intendant militaire. Ce dernier fut remplacé par un sous-intendant militaire de première classe en activité. L'ancien emploi de sous-intendant fut converti en emploi d'agent de surveillance des services administratifs de l'Hôtel. Les fonctions de trésorier furent réunies à celles d'archiviste.

Il nous reste à nommer les gouverneurs, lieutenans de roi, commandants, et les directeurs et intendans, et à dire un mot de leurs fonctions spéciales, nous esquisserons plus tard, la biographie de chacun d'eux.

GOUVERNEURS :

MM. Lemaçon d'Ormoy ; — André Blanchard de Saint-Martin ; — Nicolas Derosches d'Orange ; — Alexandre de Boyveau ; — Engerie de Beaujeu ; — P. Vissecq des Ganges ; — de Saint-André Mornay ; — Jean-Marie-Casimir de la Courneuve ; — F. d'Azemart de Panat, comte de Caserre ; — G. G. de Sahuguet d'Espagnac ; — Ch. B. comte de Guibert ; — Fr. Ch. V. marquis de Sombreuil ; — Brice de Montigny ; — J. F. Berruyer ; — M. P. Serrurier ; — F. D. Coigny ; — De Latour-Maubourg ; — M. Jourdan ; — Moncey, duc de Conégliano ; — Oudinot, duc de Reggio.

LIEUTENANS DE ROI, COMMANDANS :

MM. De Sennerie ; — de Boyveau ; — de Lajarie ; — de Beaujeu ; — des Ganges ; — de Saint-André ; — de la Courneuve ; — de la Mark ; — d'Espagnac ; — Daston ; 1776, supprimé ; — Berruyer ; — Simon ; — d'Arnaut ; — de Lussac ; — d'Alesme ; — Fririon ; — Petit.

DIRECTEURS ET INTENDANS MILITAIRES :

MM. Gamus Destouches ; — Camus Desclos ; —

Camus de Beaulieu ; — Charpentier d'Audron ; — Charpentier de Courcelles ; — Barthelot de Duchy ; — Bauyn de Jallais ; — Parthyet ; — de Chaumont ; — de la Ponce ; — de Kamont ; —Valville ; —Damesmes ; —de Lavigne ;—Martelière ;—Robinet ; — Volant ; — Robert ; — Vauthier.

La place de gouverneur de l'Hôtel, toujours également importante, ne fut pas toujours également honorifique, et occupée par des hommes du même rang.

L'ordonnance de Louis XIV, établit que le ministre de la guerre présenterait le gouverneur à la nomination royale. Lemasson d'Ormoy, qui reçut le premier ce titre, était simplement prévôt-général des bandes, à la police du régiment des Gardes-françaises. On ne nomma guère après lui que des maréchaux-généraux, et des maréchaux et mestres-de-camps. La plupart firent à l'Hôtel une sorte d'apprentissage, comme lieutenans de roi. L'usage de donner des maréchaux de France, comme gouverneurs aux Invalides, date de Napoléon. Cet usage fut interrompu en faveur du comte de Latour-Maubourg et repris en 1830.

Un instant, sous le régime républicain, le gouverneur s'appela commandant en chef.

Aussitôt qu'il y eut des compagnies détachées des Invalides, l'autorité du gouverneur s'étendit sur ces compagnies. Il garda cette autorité jusqu'à la transformation des dites compagnies en compagnies de vététans, qui firent, pour ainsi dire, partie active de l'armée.

Quand il y eut des succursales, le gouverneur de l'Hôtel eut sur elles l'autorité suprême. Aujourd'hui encore le gouverneur commande à la fois et aux Invalides de Paris et à ceux d'Avignon.

Les fonctions du gouverneur (1), sont, pour ainsi

---

(1) On verra peut-être avec plaisir, quelle était dans le dernier siècle la police hiérarchique de l'Hôtel. Elle a peu varié.

Le gouverneur a dans l'Hôtel le même commandement qu'ont les gouverneurs des places et des villes de guerre du royaume; la police et la discipline militaires, lui appartiennent immédiatement. Il a sous ses ordres : un lieutenant de roi, un major, quatre aides-majors, un prévôt, un exempt, six gardes, un capitaine des portes et tous les portiers en général ; il fait observer tous les règlemens de l'Hôtel, et punit les contrevenans selon l'exigence des cas ; s'ils sont graves, il en informe le ministre, soit pour ordonner de la punition du coupable, soit pour faire assembler un conseil avant de le juger. Il propose aux emplois qui vaquent dans l'état-major, à la réserve de la place de lieutenant de roi.

Le gouverneur a, sous les ordres du ministre, l'autorité sur les compagnies détachées.

L'intendant a, également sous les ordres du ministre, l'autorité sur tout ce qui regarde l'administration des vivres, et toutes les dépenses en général ; il a sous lui : un inspecteur *contrôleur* général, un sous-contrôleur, et un sous-inspecteur.

Lorsque le gouverneur est absent, toutes les fonctions qui le regardent, sont dévolues au lieutenant pour le roi, et, en son absence, au major, ainsi qu'il se pratique dans les places de guerre.

dire, celles d'un chef de famille. Il transmet au ministre les demandes comme les plaintes, veille à l'ordre, à la discipline, fait respecter les priviléges de l'Hôtel. Il représente dans toute sa splendeur, ce qu'en définitive l'armée a de plus glorieux, de plus méritant.

Le général commandant l'Hôtel est le second du gouverneur, son lieutenant. Cette place fut d'abord occupée par le fonctionnaire que l'on appelait lieutenant de roi. La place de lieutenant de roi, après avoir été occupée par presque tous les aspirans gouverneurs, fut supprimée par l'ordonnance du 17 juin 1776. Les premiers iientenans de roi furent de simples capitaines d'infanterie, puis ensuite des mestres-de-camp. Ce sont aujourd'hui, sous la dénomination de commandans, des lieutenans-généraux.

La République rétablit, sous le nom de commandant en second, le lieutenant de roi. Le premier

---

Le major reçoit le matin le mot du gouverneur, et il le rend aux sergens qui s'assemblent à l'ordre, tous les soirs à six heures et demie. Les quatre aides-majors sont alternativement de semaine pour le service. Le major et l'aide-major de semaine, font monter la garde tous les jours. Le prévôt est chargé de toutes les discussions particulières, ainsi que des affaires où il y a quelque chose à suivre, ou quelque procédure à instruire.

Il y a aussi dans l'Hôtel un commissaire d'artillerie, qui a sous ses ordres une compagnie de 24 canonniers, etc., etc.

commandant en second fut le général Berruyer, depuis gouverneur. A partir de cette nomination, les commandans en second, devenus ensuite généraux commandans, n'ont cessé d'être pris parmi les lieutenans-généraux les plus distingués. Il en est de même des commandans de la succursale.

D'abord chevaliers, officiers ou commandeurs, grand'croix dans l'ordre royal de Saint-Louis, les hauts fonctionnaires dont nous venons de parler, occupent, depuis le camp de Boulogne, les mêmes grades dans l'ordre de la Légion-d'Honneur.

Les directeurs institués pour surveiller l'administration intérieure de l'Hôtel et la diriger, passèrent d'abord avant les lieutenans de roi. Devenus des intendans, puis des sous-intendans, ils occupent aujourd'hui la première place après les généraux commandans.

Les trois Camus Destouches furent les premiers directeurs. Du vivant de Louvois, la place était, pour ainsi dire, héréditaire. Ses émolumens furent fixés en 1704 à 6,000 livres annuelles, et en 1726, on fit une loi au directeur de résider dans l'Hôtel. Il s'appela alors intendant. L'ordonnance du comte de Saint-Germain lui redonna le titre de directeur. Le directeur, d'après cette ordonnance, cumulait les fonctions de lieutenant de roi et d'intendant. Il veillait, sous les ordres du gouverneur, à la police générale de l'Hôtel, en rendait compte au ministre de la guerre et au gouverneur, signait les ordonnances de paiement après lui, vérifiait les appels des commandans de division, et assistait aux revues du gouverneur. Ses émolumens consistaient en 12,000 livres, payées chaque année. Le premier directeur commandant fut le fameux sieur de la Pons, qui exécuta rigoureusement la réforme du comte de Saint-Germain.

Avec la loi de 92 le directeur disparut. La république le remplaça par un commissaire ordonnateur assisté d'un commissaire des guerres. Dans le décret de 1811, le commissaire ordonnateur devint un intendant assisté d'un trésorier et chargé de l'administration financière de l'Hôtel.

Plus tard l'intendant se vit adjoindre un sous-intendant, et, comme nous l'avons dit, l'intendant ayant été supprimé depuis 1830, ce sous-intendant est devenu le directeur financier de l'Hôtel.

Parmi les hauts fonctionnaires des Invalides, on comptait autrefois les inspecteurs contrôleurs généraux ; cette charge fut créée en 1746 en faveur du sieur Dubuisson, puis supprimée à sa mort et rétablie en 1758 pour M. de Châteauvillard. MM. de la Ponce et Lefèbvre l'obtinrent ensuite ; elle disparut complètement le 17 juin, 1776.

Les majors venaient ensuite, exerçant les fonctions des colonels majors actuels, c'est-à-dire ceux de lieutenant du général commandant. Le premier major fut, en 1675, le brave Lescamoussier. On n'a pas son brevet. On n'a pas non plus ceux de ses successeurs immédiats, MM. Charrier et Godard. Le major était assisté par des aides-majors devenus depuis des adjudans-majors. Le premier de ces aides, en cas de vacance, succédait ordinairement à son chef, comme nous l'apprenons par le brevet du sieur Reynaut, successeur de Godard; et par les brevets de ceux qui vinrent après lui.

Les receveurs étaient primitivement chargés du maniement des finances de l'Hôtel. Le premier receveur fut, en 1670, le plus ancien trésorier général de l'extraordinaire des gueres. Il s'appelait de Villeromard. M. de Turménies lui succéda en 1686. Au mois de février 1701 on créa des trésoriers généraux particuliers pour l'Hôtel. L'ordonnance qui les établit à un intérêt historique. Elle montre comment s'administraient alors les finances. Il faudrait pour la faire comprendre en l'analysant, des détails très-longs et très-techniques. Nous préférons citer son texte.

Après avoir expliqué pourquoi jusqu'alors le plus ancien des trésoriers généraux de l'extraordinaire avait administré les finances de l'Hôtel, et établi que les besoins de la maison exigent des

fonctionnaires spéciaux, elle s'exprime ainsi :
« Nous avons crée et créons, par le présent édit,
« perpétuel et irrévocable, créé, érigé et établi,
« créons, érigeons et établissons en titres d'offices
« formés et héréditaires, trois offices de nos con-
« seillers, trésoriers-généraux du dit Hôtel Royal
« des Invalides, savoir : un ancien, un alternatif
« et un triennal, pour être remplis et exercés al-
« ternativement d'année en année, par deux per-
« sonnes capables et expérimentées au fait des fi-
« nances. Voulons à cet effet, que le premier soit
« pourvu par une seule et même provision, de l'of-
« fice d'ancien et mi-triennal, et qu'il commence
« son exercice du 1er janvier de la présente année,
« et l'autre de l'office d'alternatif et mi-triennal,
« et qu'il entre en exercice l'année prochaine
« 1702, et qu'ils continuent ainsi leur exercice
« d'année à autre successivement, à l'effet de quoi
« nous avons uni et incorporé le dit office de tri-
« ennal aux titres d'ancien et d'alternatif, sans
« qu'il en puisse être désuni. »

La suite de l'ordonnance attribue à ces deux trésoriers 80,000 livres de gage par chacune année,
40 pour un seul, puis 6,000 francs pour deux emplois de commis. Ces superbes émolumens devaient être pris sur les fonds dont les titulaires
auraient le maniement. L'ordonnance accorde

d'ailleurs aux nouveaux trésoriers, les mêmes privilèges qu'aux commensaux de la Maison royale, le droit de *committimus* au grand et petit sceau, le droit de franc-salé, etc., etc.

Enfin, les trésoriers-généraux de l'ordinaire, extraordinaire des guerres, cavalerie légère et artillerie, sont tenus de leur remettre par mois, sur une simple quittance, les fonds provenant des deniers attribués aux Invalides sur les frais de la guerre. On leur remettra aussi tous les autres fonds ayant la même destination. Ils emploieront ces fonds, suivant les ordres du ministre de la guerre, chaque année, dans les six premiers mois de l'exercice qui suivra leur gestion devant le conseil de l'Hôtel.

MM. L'Héritier et de La Cour, furent les premiers trésoriers-généraux. MM. Moreau, Delabarre, Leriche, Périchon, Fabus, Dangé, leur succédèrent. Ces charges furent supprimées en 1765. M. de Fréminville fut alors nommé receveur. Il rendit ses comptes comme les trésoriers, mais dans une autre forme.

La loi de 1792 donnant une toute autre constitution à l'administration, rendit électives les fonctions de trésorier. Elle lui adjoignit un économe, et exigea de sa part un cautionnement. Son traitement fut fixé à 6,000 livres. Il reçut l'ordre de ne payer que contre des ordonnances du conseil d'administration.

Le 19 messidor an XI, un quartier-maître trésorier, sorti des rangs de l'armée, remplaça le trésorier. Ce nouveau comptable fut placé sous l'autorité et le contrôle du commissaire ordonnateur.

Le décret de 1811 rétablit le trésorier annexé à l'intendant. On exigea de ce trésorier un cautionnement de 300,000 francs. Les fonds de l'Hôtel furent alors déposés dans une caisse à trois clefs, dont la première resta entre les mains du gouverneur, la seconde entre les mains de l'intendant, et la troisième entre les mains du trésorier lui-même.

La place de trésorier a été supprimée récemment comme nous l'avons vu. Le secrétaire archiviste devenu archiviste trésorier, reçoit chaque mois les douzièmes destinés au roulement de la maison, d'après le budget voté par les chambres, et les ordonnancemens ministériels. Il paie sur les reçus des fonctionnaires, ou sur les visa des sous-intendans.

Le secrétaire garde des archives, fut créé à la fondation. Plenriette reçut le premier ce titre, mais sans brevet. Pelletier père, en 1772, fut le premier breveté.

Jusqu'à la révolution, les archives confiées à ce fonctionnaire, furent tenues avec régularité. L'administration en publia les tables en 1781. La révolution dissipa le trésor amassé. Quand, en 1811, Napoléon confia au secrétaire du conseil de l'Hôtel le trésor des archives, ce trésor n'existait plus que dans des souvenirs. Ce n'est qu'à force de patience que, peu à peu, ce trésor sera reconstitué. Dans un morceau très-remarquable, et que nous possédons, M. le lieutenant-général Petit, qui pourrait unir les honneurs littéraires à tant de palmes conquises au prix de son sang, a retracé de la manière la plus éloquente, la pauvreté des archives actuelles. Il a signalé les lacunes à combler, et les fautes à éviter dans l'avenir.

Enfin, nous avons à parler, pour achever ce qui concerne l'administration générale, de la salle même dans laquelle les destinées de l'Hôtel furent long-temps réglées par le ministre de la guerre, de concert avec le conseil d'administration, et dans laquelle ce conseil s'est toujours réuni.

Pour tenir le conseil, dit Granet, dans sa description de l'Hôtel, on fit une salle sur la grande face de l'édifice. Cette pièce est une des plus considérables de l'Hôtel par la grandeur, l'exhaussement, et par la magnificence des tapisseries dont elle est ornée. Une singularité remarquable, au sujet de ces tapisseries est, qu'elles furent faites par des soldats invalides. Ces soldats, après avoir été guéris de leurs blessures, consacrèrent à cet ouvrage, leur industrie et le repos dont ils jouissaient, et continuèrent ainsi à déployer pour leur prince et leur bienfaiteur, une vie échappée au tumulte et aux périls de la guerre.

Les tapisseries dont parle Granet ont disparu. On a placé récemment, dans les panneaux des boiseries de la salle du conseil et de celle qui la précède, les portraits des maréchaux de France, et des gouverneurs de l'Hôtel. Ces portraits sont rangés autour du portrait en pied du fondateur, et de l'effigie de Napoléon. Ce sont ceux :

Des maréchaux : Lannes, duc de Montebello ; Bessières, duc d'Istrie ; Berthier, prince de Neufchâtel et de Wagram ; Brune ; Augereau, duc de Castiglione ; Masséna, duc de Rivoli ; prince d'Esling ; duc de Feltre ; Lefèbvre, duc de Dantzig ; Kellerman, duc de Valmy ; Beurnonville ; Davoust, prince d'Ekmülh ; Pérignon, duc de Coigny, gouverneur de l'Hôtel ; Suchet, duc d'Albuféra ; Gouvion-Saint-Cyr ; Ney, prince de la Moskowa ; Jourdan ; Lauriston ; le duc de Belle-Isle ; le duc de Broglie ; le marquis de Vioménil ; le baron d'Espagnac, ancien gouverneur de l'Hôtel ; le général Berruyer.

L'ornementation de cette salle, qui a vu siéger

tant de gloires, et reçu des millions de visiteurs, est simple et toute militaire.

CHAPITRE X.

SERVICE RELIGIEUX.

Nous avons fait connaître les circonstances qui ont arrêté ou hâté le développement de l'Institution des Invalides. Nous avons esquissé l'histoire de la fondation de l'Hôtel, et les proportions comme les destinées de cet établissement. Nous avons développé les ressources financières de cette glorieuse institution. Nous allons entrer dans les détails de l'intérieur des Invalides.

Le service religieux mérite d'abord notre attention. En le traitant le premier, nous répondrons d'ailleurs à la pensée du fondateur.

Ce qui fait surtout la splendeur du culte, c'est l'édifice dans lequel il est exercé. Sous ce rapport, l'art et la royauté ont magnifiquement doté les Invalides.

Comme nous l'avons dit, un premier architecte, Libéral Bruant, fut chargé de construire une première église, dont la pierre fondamentale fut posée par Louis XIV en 1670.

Bientôt après, Jules Hardouin Mansard reçut l'ordre d'exécuter le dessin qu'il avait présenté pour la construction d'une seconde église, qu'il devait joindre à l'ancienne. C'est alors, de 1675 à 1735, que l'on éleva et que l'on acheva, sur les plans donnés par lui, et avec le concours des plus grands artistes de l'époque dirigés par Girardon, ce dôme splendide, à l'intérieur éclatant de peintures magnifiques, à l'extérieur étincelant de dorures, si remarquable par sa légèreté et son harmonie, et qui est regardé comme le plus beau monument religieux de la France moderne.

L'église du dôme jointe, comme nous l'avons dit, à celle de Libéral Bruant, dite *église des Soldats*, sous l'invocation de Saint-Louis, forme un ensemble tout à fait digne du reste de l'Institution. Il y eut plus, et c'est à cette pensée que nous obéissons surtout en traitant d'abord du service religieux, sous le rapport de l'art, la religion domina l'Hôtel.

Ce fut une garantie immense, inappréciable donnée à l'Institution. Il est certain que le dôme a contribué à la faire fleurir. Quand on lui eut ôté, en 1793, son caractère catholique, son caractère d'église, il devint un temple où la république couronna ses héros et proclama ses vainqueurs. Et de nos jours, sans leur dôme, eussent-ils obtenu, ces glorieux invalides, de veiller sur la dépouille de la la plus grande gloire contemporaine.

Ainsi, tout semble se lier dans la pensée du fondateur. Rien de ce qu'il a entrepris pour la grandeur le perfectionnement et l'illustration à venir de sa grande œuvre n'a été perdu.

Nous avons déjà fait connaître, dans la description générale de l'édifice, les formes principales, les dimensions et la position des deux églises. Parler de leur ornementation particulière, ce sera donner un premier aperçu des richesses du service religieux.

On pénètre dans la première église par un portail assez majestueux, à la fois ionique et composite, dans lequel on a encadré récemment le modèle de la statue de l'empereur. Ce portrail supporte un fronton couronné d'un clocher. L'intérieur de cette église est plus simple. Les nombreux drapeaux que l'on a suspendus le long des retombées de ses voûtes, sont aujourd'hui sa principale décoration.

A droite et à gauche du ruisseau règnent de grandes arcades, surmontées d'arcades moindres, dans lesquelles on a établi des tribunes. Les unes et les autres sont au nombre de dix-huit, et supportées par des pilastres corinthiens. A chaque arcade correspond une fenêtre. La voûte laisse en outre pénéter la lumière par huit lunettes qui s'élèvent de l'entablement.

Cette voûte, comme les arcades, est cintrée et construite en pierres de taille. Elle se raccorde à un entablement corinthien.

Il faut distinguer dans l'église la nef et le chœur. On remarquait autrefois dans ce dernier, des stalles d'un beau travail. A son extrémité est placé l'autel, sous une grande arcade qui termine le vaisseau. Elle est ouverte entre des pilastres accouplés, et son arc a pour imposte le même entablement corinthien qui porte la voûte.

Les ornemens que l'on remarque d'abord après les drapeaux, sont la chaire et quelques sculptures.

La chaire, d'une construction assez riche, est en marbre blanc veiné, rehaussé de parties d'or, avec un socle circulaire, parsemé d'étoiles de bronze. Elle est nouvelle et a remplacé une magnifique chaire, exécutée sur les dessins de Vassé, chaire qui formait un dais, supporté par deux palmiers, avec un amortissement offrant la couronne de France soutenue par deux anges.

Parmi les sculptures, on distingue deux figures de femme en relief assises sur les bandeaux de chaque fenêtre basse du sanctuaire, aux côtés d'une console d'où pendent des festons de fleurs. Les figures du côté occidental représentent : l'une la charité, l'autre la libéralité chrétienne. Celles du côté oriental, sont l'espérance et la foi. C'est le ciseau de M. Ruthiel qui a rétabli ces bas-reliefs. Les ornemens de la voûte méritent aussi quelqu'attention.

Sur des pilastres, sont placés, comme nous l'avons dit, des cénotaphes rappelant la mémoire de cinq gouverneurs. Ces cénotaphes renferment chacun une inscription.

Le buffet d'orgues, en bois doré, a quelque valeur artistique, il est placé dans une grande tribune, au nord.

Nous avons dit ailleurs comment on pénétrait de l'église ancienne dans l'église du dôme, et comment ces deux édifices étaient joints.

Pour décrire le second, nous laisserons en général parler la description officielle de 1841, empruntée à l'abbé Pérau : cette description a un grand mérite d'exactitude. L'ancien secrétaire général des Invalides (1), en la reproduisant, l'a modifiée avec avantage, d'après ce qui a eu lieu depuis la fondation.

Le dôme est contenu, comme nous l'avons dit, dans un carré parfait. Il est soutenu au milieu par quatre gros piliers percés en diagonale, pour découvrir du point du centre les quatre chapelles rondes, séparées les unes des autres par une croix grecque, dont les quatre parties, à peu près égales, sont construites : une au midi, une à l'orient, une à l'occident, et la quatrième au nord. Des pilastres d'ordre corinthien, cannelés et exécutés avec la dernière perfection, sont appliqués contre ces piliers.

Des colonnes du même ordre corinthien, sont placées de chaque côté des portes qui communiquent aux quatre chapelles. Elles supportent sur leur entablement, quatre tribunes entourées de balustrades dorées. Les balustrades que l'on voit aujourd'hui sont nouvelles, mais conformes à l'ancien dessin.

Un sanctuaire ovale unit les deux églises au

---

(1) M. Genty de Bussy.

moyen de deux sacristies rondes, et, ainsi qu'il a été dit, au moyen d'un autel commun, au dessus duquel l'air et la vue circulent librement de l'un à l'autre édifice.

La décoration actuelle n'est pas tout à fait celle que dirigèrent Mansard et Girardon.

Pendant les orages révolutionnaires, le grand autel en marbre blanc avec son riche baldaquin, les autels des chapelles, la ceinture intérieure où sont placés douze bustes des rois de France, les signes de la royauté qui ornaient les arcs doubleaux de la croix grecque, ainsi que les statues qui ornaient l'intérieur, furent détruits en haine du trône et du clergé.

Puis, bientôt, l'église étant transformée en temple de Mars, on l'appropria à sa nouvelle destination. Une foule d'ornemens militaires, des drapeaux, des armes, des trophées, des inscriptions y furent placées, et masquèrent en partie les peintures.

Napoléon, en 1811, ordonna que le tout serait rétabli d'après le plan primitif, que le dôme recevrait une dorure nouvelle, et que l'on reconstruirait le magnifique autel en marbre blanc.

Confiés aux architectes de l'Hôtel, les travaux ordonnés ne sont point encore tout à fait achevés.

La lanterne, la flèche et la coupole ont été redorées en 1813. Trois ans après, un paratonnerre placé au sommet de cette flèche, mit l'édifice à l'abri du feu du ciel. Il en coûta environ 250,000 francs. L'un des entrepreneurs se ruina, l'autre fit sa fortune. La dorure faite par le premier brille encore, celle de l'autre est à peu près effacée.

M. Bartholomé, architecte de la maison, a rétabli le maître-autel; mais au lieu des anciennes colonnes torses d'ordre composite qui le décoraient, cet artiste a dessiné des colonnes droites, entourées, il est vrai, comme les anciennes, de guirlandes de pampre et d'épis de blé. Ces colonnes vont disparaître et faire place à de nouvelles, plus conformes à l'ancien dessin.

Dans cet ancien dessin, les colonnes portaient un entablement sur lequel étaient six grandes figures et quatre enroulemens, ornés de compartimens qui, en se réunissant dans leur partie supérieure, recevaient un baldaquin enrichi de campanes, et terminé par un groupe de chérubins.

Au-dessus de l'entablement, et à plomb de chaque colonne, sont des anges de huit pieds de proportion. Quatre de ces anges concourent à supporter les retroussis des rideaux d'un baldaquin, richement orné de broderies fleurdelisées, et garnies de campanes retroussées avec des glands; deux autres, placés sur les colonnes, sont tournés du côté du tabernacle, tenant un encensoir à la main.

Au-dessus du nouveau baldaquin, on a placé, à peu près comme dans l'ancien, deux petits chérubins qui embrassent un globe surmonté d'une croix.

Les deux autels adossés sont en marbre blanc statuaire, et portent des bas-reliefs et des ornemens en bronze doré. Le bas-relief de la face de l'autel du dôme, représente le Christ descendu de la croix, et adoré par une des saintes femmes, ce qui est conforme à l'ancien dessin. Sur les côtés sont des attributs et des chiffres royaux.

Un socle, aussi en marbre blanc, sert de tabernacle. Il porte un bas-relief représentant Jéhovah dans une gloire environnée de feuilles et d'épis.

Le tabernacle lui-même est d'une grande proportion. Quatre colonnes corinthiennes cannelées, le décorent.

Des candélabres antiques, entourent le sanctuaire. Ses piliers sont en mosaïque de marbre de couleur. Cette décoration avait été détruite.

Enfin, une balustrade en fer poli, avec des ornemens de cuivre doré, divisé par des pilastres en faisceaux, entoure l'autel.

Deux chapelles, comme nous l'avons dit, terminent les bras de la croix grecque, fermée par l'église.

On reconnaît celle de la Vierge, à une belle statue de la mère du Sauveur bien éclairée par la lumière supérieure. Cette chapelle contient un monument élevé en 1807, à l'illustre Vauban (1). Elle a 11 mètres, 95 centimètres de profondeur, sur 12 mètres de largeur et 18 de hauteur, et communique par deux arcades, avec les chapelles de Saint-Ambroise et de Saint-Augustin. Sur l'une de ces arcades se voit un bas-relief représentant Saint-Louis, ordonnant la fondation des Quinze-Vingts; sur l'autre, la prise de Damiette par le même monarque. Le ciseau de Simon Hurtrelle a rivalisé, en représentant ces grandes choses, avec celui de Philippe Magnier, qui est l'auteur des deux figures de la prudence et de la tempérance, placées sur l'archivolte de la croisée.

La chapelle Sainte-Thérèse a les mêmes proportions que la chapelle de la Vierge. Elle contient l'ancien tombeau de Turenne, sculpté par Luby et Marsy, et jadis déposé à Saint-Denis. Deux arcades conduisent de cette chapelle dans celles de Saint-Grégoire et de Saint-Jérôme. Sur l'une, Corneille

---

(1) Nous décrirons ce monument et les autres, dans les annales de l'Hôtel.

Van-Clève a représenté la translation de la couronne d'épines; sur l'autre, Magnier a sculpté Saint-Louis, touchant et guérissant des malades. La justice et la force décorent l'archivolte de la croisée.

Les quatre autres chapelles sont rondes. Leur hauteur est de 24 mètres 65 centimètres ; leur diamètre est de 10 mètres. Huit colonnes engagées, d'ordre corinthien, élevées sur des piédestaux à égale distance, ont, dans leur intervalle, trois arcades, trois niches, deux croisées, et portent un entablement au-dessus duquel est une espèce de piédestal ou d'attique, qui reçoit la naissance de la voûte, et a pour revêtement quatre groupes de figures en bas-relief.

Ces figures sont entre quatre avant-corps, et ornées de sculptures diverses. Quatre tables saillantes s'élèvent dans la voûte, depuis ces avant-corps jusqu'à la lunette qui forme la partie supérieure du cul-de-four de ces chapelles. Une riche bordure, au devant des tables saillantes, porte des coquilles dans le haut des feuillages, et paraît soutenue par quatre figures d'anges en relief, qui la parent de festons. Ces bordures sont séparées par quatre ouvertures de croisées, dont deux sont véritables et les deux autres feintes et ornées de peintures. Ces quatre ouvertures ont chacune une chambranle, et au-dessus une tête de chérubin avec des festons de fleurs.

Ces ornenens de sculpture et d'architecture sont communs aux quatre chapelles.

Lapierre, Lecomte, Jean Paultier, ont décoré celle de Saint-Grégoire. Le premier y a sculpté le mariage de Saint-Louis dans un médaillon soutenu par deux anges, et Saint-Louis prenant la croix; le second y a placé la belle figure de l'Espérance; et le troisième, des groupes d'anges assis sur des nuages. Michel Corneille a peint les six tableaux représentant la vie de Saint-Grégoire, et la coupole qui nous montre ce pape s'élevant vers le ciel.

La chapelle Saint-Jérôme, si célèbre pour avoir reçu provisoirement le cercueil rapporté de Sainte-Hélène, a été décorée par Nicolas Coustou, Jean Paultier et François Spingola. Le premier y a sculpté des groupes de prophètes; le second y a placé Saint-Louis ensevelissant des pestiférés; le troisième, Saint-Louis bénissant ses enfans. Le fameux peintre Bon Boullogne, a représenté dans six tableaux la vie de Saint-Jérôme, et dans la coupole, sa béatification.

Anselme Florent, de Saint-Omer, Hardy et Jean Paultier ont décoré la chapelle de Saint-Ambroise de bas-reliefs analogues à ceux des autres chapelles. Le même Bon Boullogne y a peint six tableaux, représentant les principales phases de la vie de saint Ambroise, et sa mort. La coupole, du même auteur, nous montre le saint évêque enlevé au ciel.

Anselme Florent, Lapierre et Jean Paultier ont décoré, comme il est dit précédemment, la chapelle de Saint-Augustin. Bon Boullogne a représenté sur six tableaux et dans la coupole, la vie et la béatification du saint.

Ces chapelles ne sont pas les seules parties du dôme qui méritent d'être remarquées. Ainsi, sur leurs ouvertures, se font distinguer de très-beaux morceaux, sculptés par Pierre Legros, Sébastien Slods, François Spingola et Corneille Van-Clève. Ce dernier a ciselé les deux anges qui servent de support aux armes du roi, sur la grande porte d'entrée. M. Boichard a rétabli l'écusson qu'ils soutiennent.

Toute la voûte du grand sanctuaire de l'église est peinte ou dorée. Deux magnifiques morceaux de Noël Coypel y fixent d'abord les regards des connaisseurs. Ces peintures représentent la Sainte-Trinité et l'Assomption de la Vierge. Le dernier a été restauré par M. Laffite.

Cette partie est éclairée par deux croisées, l'une à droite et l'autre à gauche. Dans leurs embrâsures, on voit des figures d'anges parfaitement groupés. Le même peintre les a rétablis.

Bon Boullogne et Louis Boullogne ont peint, l'un le tableau qui est à droite, l'autre celui qui est à gauche.

L'espace occupé par les deux grands morceaux de Noël Coypel, est un demi-cercle renfermé entre l'archivolte et les deux impostes de la grande arcade du chœur, et un arc doubleau rampant, en plein cintre, sous la voûte dont il termine les peintures de ce côté ; ainsi, il sépare le tableau de la Trinité de celui de la Sainte-Vierge. Cet arc doubleau, beaucoup plus élevé que l'arc du chœur et un autre archivolte qui est vis-à-vis du midi, sont, l'un et l'autre, richement ornés de sculptures et entièrement dorés.

La sculpture est de Paul Boutet.

Les voûtes des quatre parties de la nef du dôme forment quatre arcades, dans les pendentifs desquelles sont autant de tableaux représentant les quatre évangélistes. Ces tableaux, que M. Laffite a restaurés, sont de Charles Delafosse, élève de Lebrun.

Au-dessus des pendentifs sont un entablement et un attique en mosaïque, ornés de médaillons en bas-relief de douze de nos rois.

Ces portraits qui étaient ceux de Clovis, Dago-

bert, Childebert II, Charlemagne, Louis-le-Débonnaire, Charles-le-Chauve, Philippe-Auguste, Saint-Louis, Louis XII, Henri V, Louis XIII et Louis XIV, il avaient été détruits pendant le cours de la révolution. En les rétablissant, on a substitué le portrait
Pépin-le-Bref à celui de Childebert II. C'était un acte de justice historique.

MM. Bosio, Launay, Cartellier et Rutxhiel ont sculpté ces médaillons.

L'attique en mosaïque sert de soubassement à vingt-quatre pilastres d'ordre composite accouplés, entre lesquels sont douze croisées qui éclairent cette partie du dôme ; elles sont ornées de riches chambranles avec consoles, d'où pendent des guirlandes.

Les pilastres servent à porter le dernier entablement, d'où la première voûte s'élève. Des arcs doubleaux, ornés de cassettes remplies de roses, lesquels répondent aux pilastres de dessous, ont la même largeur par le bas, et se rétrécissent par le haut.

Entre les arcs doubleaux, au-dessus des vitraux, sont douze tableaux représentant les douze apôtres. Jean Jouvenet les a peints.

La corniche qui est au-dessus de ces tableaux a, sous son larmier, un gros cordon orné de pampres de vigne ; le milieu, qui est percé, forme une ouverture circulaire de 14 mètres 65 centimètres de diamètre, à travers laquelle on découvre une seconde voûte, dans laquelle sont des jours pratiqués avec un art infini. Ces lumières ne sont pas aperçues de l'intérieur ; on ne les voit que du dehors, dans l'attique du dôme.

C'est dans cette dernière voûte qu'on a placé le grand morceau de peinture qui sert de couronnement à tout l'ouvrage. Le peintre y a représenté Saint-Louis revêtu des ornemens de la royauté, entrant dans la gloire, environné d'anges, et présentant à Jésus-Christ l'épée avec laquelle il a triomphé des ennemis du nom chrétien.

Ce riche tableau est de la plus grande et de la plus admirable exécution. C'est un des chefs-d'œuvre de Charles Delafosse. Il couronne à merveille tous les morceaux consacrés à la vie du patron royal de l'église.

A l'extérieur, le dôme n'est pas moins magnifique qu'à l'intérieur.

Examinons d'abord sa face principale.

On voit au milieu, deux différens ordres d'architecture, ornés de colonnes et de pilastres ; l'ordre dorique en bas, et l'ordre corinthien au-dessus. Un simple attique orné de pilastres est élevé sur l'ordre dorique, aux extrémités de la même face et dans celle des deux côtés.

Un grand perron carré de quinze marches, placé au milieu de cette face principale, sert à monter sous le portique de l'église qui est en avant-corps. Il est orné de six colonnes doriques, derrière lesquelles il y a un pareil nombre de pilastres. Quatre de ces colonnes sont sur le devant, et deux autres sont près de la porte de l'église.

Quatre autres colonnes, moins avancées que les quatre précédentes, accompagnent de part et d'autre deux niches, dans chacune desquelles on voit une statue de marbre blanc. Celle de l'occident représente Saint-Louis, l'autre Charlemagne.

Au-dessus de l'entablement dorique s'élève un ordre corinthien de colonnes et de pilastres, qui répondent à l'ordre de dessous.

Au devant des deux pilastres attiques, sont les figures de la jeunesse, de la tempérance, de la justice et de la force.

L'avant-corps du milieu est terminé par un fronton, dans le tympan duquel on voit l'écusson des armes de France, rétabli par M. Boichard. Sur le sommet, ont existé jusqu'en 1793, deux figures assises, représentant la foi et la charité.

Quatre figures : la confiance, la constance, l'humilité, la magnanimité, s'élèvent de part et d'autre sur des socles, aux côtés du fronton et au-dessus des quatre colonnes des extrémités de l'avant-corps.

Une balustrade en pierres, à hauteur d'appui, règne des deux côtés du fronton, un peu au-dessous, dans tout le pourtour de l'église.

Les groupes jadis placés aux angles n'existent plus, ils représentaient huit docteurs chrétiens.

Les deux faces latérales ont chacune un avant-corps au milieu du bâtiment où sont établies des tables portant l'entablement dorique sur lequel s'élève l'attique. Quatre pilastres servent à soutenir un grand fronton, dont le milieu est rempli par les armes de France.

Le dehors du dôme est décoré de quarante colonnes composites, posées sur un soubassement qui sert à élever tout l'édifice.

Trente-deux de ces colonnes accompagnent huit massifs, qui servent de piliers buttans au-dehors; les huit autres sont accouplés au-devant de quatre trumeaux, dans le milieu des quatre axes des quatre faces du monument. Deux vitraux sont séparés par ces groupes de colonnes. Ces douze vitraux ainsi distribués, sont ornés d'un chambranle, d'une tête de chérubin, et couronnés d'une corniche sur laquelle est un vase avec deux anges à côté.

Malgré toute la bonne volonté d'une admiration officielle, on ne saurait louer cette partie d'ornementation. Un attique au-dessus de l'ordre composite, est décoré de douze croisées plein-cintre. Des festons de fleurs, attachés à des consoles qui servent de clef à ces ouvertures, pendent de part et d'autre sur leurs archivoltes ; huit enroulemens en forme de consoles, ornés chacun, dans le haut, d'une tête de chérubin, et qui étaient accompagnés dans le bas de deux grandes statues, contribuent à l'embellissement de cet attique et à sa solidité. Les statues ont disparu.

Une balustrade de pierre règne à la hauteur de ces piédestaux, sur la corniche du même ordre, pour appuyer une plate-forme découverte qui environne l'attique au-dehors, et qui a son passage sur les enroulemens.

Pour servir d'amortissement à tous les massifs ornés de guirlandes et de têtes de chérubins dans l'attique, il y a sur la corniche, des socles qui portent des candélabres.

C'est derrière ces candélabres, que s'élève, en manière de coupe renversée, le centre du dôme. La forme est admirable, et l'ornementation assez riche.

De larges côtés qui répondent aux massifs de dessous, sont ornés dans leurs intervalles de grands trophées d'armes en bas-relief. Au milieu de ces trophées, on voit des lucarnes sous la forme de casques dont les visières servent à éclairer la charpente intérieure du dôme.

Ainsi, que nous l'avons dit, au-dessus du cordon où les trophées sont attachés, existe une campagne très-riche qui s'étend à un autre cordon et à des consoles qui portent une plate-forme circulaire d'où s'élève une lanterne environnée d'un balcon de fer, le tout entièrement doré.

Cette lanterne, qui est tout à jour, a quatre arcades et douze colonnes, dont quatre des plus saillantes sont isolées.

Nous laissons de côté toutes les mesures que l'architecte a prises pour assurer la solidité de son édifice. Nos lecteurs pourront recourir à des descriptions plus longues que la nôtre et cependant insuffisantes. Les œuvres d'art ne se décrivent pas et souvent leurs beautés échappent à l'analyse.

Louis XIV lui-même, ce prince si difficile, donna des éloges à Mansard. La postérité a jusqu'ici ratifié ces éloges. Le monument de l'Hôtel des Invalides est généralement regardé comme l'un des plus plus beaux de l'architecture moderne.

Cet édifice n'était pas encore élevé que l'on songea à organiser un service religieux en harmonie avec sa splendeur : Mais il était difficile d'y arriver.

Nous devons en effet dire ici, que l'harmonie dont nous parlions, n'exista peut-être pas. Sans nous faire les organes d'aucun regret, d'aucune déclamation, nous allons mettre nos lecteurs à même de juger eux-mêmes; nous nous contenterons de raconter.

C'est par un contrat passé entre Charles Maurice Letellier, archevêque de Rheims, se portant fort pour son frère Michel Letellier, marquis de Louvois, et messire Edme Jolly, supérieur-général de la congrégation de la mission de Saint-Lazare-les-Paris, que le service religieux fut assuré pour la première fois à l'Hôtel.

Louvois chargé de nommer les officiers de la maison avait proposé au roi le 11 mai 1675 les congréganistes de Saint-Lazare, pour qu'ils eussent a perpétuité l'administration religieuse de la grande fondation royale. Mais Louis XIV n'était pas homme à se confier aveuglément au clergé. Il prit ses mesures, comme il les prit dans toutes les occasions, à l'égard du pape et de l'église. Il ordonna à son ministre de convenir préalablement avec les missionnaires des clauses et conditions.

Les clauses et conditions furent donc arrêtées.

Le supérieur de Saint-Lazare s'engagea, pour lui et ses successeurs, à fournir de douze à vingt prêtres pour le service des Invalides. Ces prêtres devaient faire les fonctions curiales à perpétuité, célébrer le service divin, chanter la messe et les vêpres aux jours des dimanches et fêtes, et dire leur messe; les autres jours ils devaient *reciter à voix médiocre l'office canonical*, sans chanter.

Le soin des âmes leur était exclusivement confié dans l'Hôtel, ils devaient administrer les sacremens aux soldats, aux officiers et aux domestiques; leur faire des exhortations, des prédications, des catéchismes; ils étaient tenus de prier Dieu pour la conservation de la personne sacrée du roi, pour la maison royale et la prospérité des armes françaises; à cet effet, il leur fallait chanter, tous les jours, le psaume *exaudiat*, en répétant trois fois le verset : *Domine salvum fac regem* et en y ajoutant l'oraison *pro rege*. Ils s'engagèrent aussi, à partir du jour du décès du prince, à célébrer chaque année, un service solennel pour le repos de son âme, et cela, en l'honneur de la fondation de l'Hôtel.

De son côté, le gouvernement du roi promit de bâtir aux prêtres de Saint-Lazare, un logement commode près de l'Hôtel, logement qui serait entretenu à perpétuité, et meublé une fois pour toutes. On leur donna aussi une bibliothèque pour l'établissement de laquelle on attribua mille livres.

Ils furent placés, d'ailleurs, sous la protection spéciale du roi. Ni le gouverneur ni aucun autre officier n'ont vue et autorité sur eux.

Par réciprocité lesdits prêtres s'engagèrent pour

eux et pour leurs successeurs *à ne se mêler aucunement du temporel;* mais on leur assura leurs entrées libres dans les infirmeries, et dans tous les autres endroits de l'Hôtel, pour qu'ils pussent vaquer à leurs devoirs. Le gouverneur et les officiers promirent de les appuyer, surtout quand il serait question de *juremens*, de blasphèmes, ivrognerie, querelles et scandales.

Ce fut l'Hôtel qui se chargea d'entretenir l'église et la sacristie, de la fournir de luminaire, de linge, de chandeliers, d'ornemens; de son côté, les Lazaristes contractèrent l'obligation de rendre aux fonctionnaires, suivant leur rang, tous les honneurs que le culte permet envers les séculiers.

Les prêtres jouirent d'ailleurs des privilèges généraux de l'Hôtel; ainsi ils reçurent le droit de *franc-salé*, jusqu'à concurrence de deux minots, et l'exemption du droit d'entrée pour le vin, à raison d'un muid *par personne;* ordre fut donné au service de santé, *de les assister de soins et de médicamens* et au trésorier de l'Hôtel, de leur payer en blés trois mille livres par an.

Cette somme était bien au-dessous de leurs besoins. Mais la congrégation se chargea de fournir le reste, l'archevêque de Rheims et Louvois, leur promettant de faire obtenir de nouvelles lettres patentes pour les maintenir dans la possession paisible et perpétuelle de la maison de Saint-Lazare, et la confirmation de tous les privilèges de cette maison.

Louvois ratifia bientôt, pardevant le greffier en chef de la prévôté de la connétablie, le contrat signé par son frère, il le signa dans sa tente, au camp de Gibelone, en présence de témoins, le 28 mai de la même année.

Bien que le contrat textuel ne le porte pas, nous pensons qu'une clause additionnelle exclut de l'Hôtel les protestans et les calvinistes, car bientôt après, cent soldats suisses qui réunissaient les conditions d'admission dans cet établissement, reçurent chacun une pension de 50 livres sur les revenus des Invalides, en dédommagement de leur exclusion. Ajoutons que le service de santé fut rendu indépendant de l'état-major religieux : Lorsque les sœurs de la charité furent choisies pour recevoir la charge des infirmeries, on établit qu'elles ne rendraient compte de leur administration qu'au gouverneur.

Quoiqu'il en soit, le contrat passé entre Louvois et la congrégation des missionnaires, fut bientôt modifié. Le 2 janvier 1680, au lieu de 3,000 livres de rétribution, 6,000 livres leur furent accordées en considération de la pauvreté des Lazaristes, et cela à partir de l'an 1680. Les desservans de l'Hôtel reçurent en outre les revenus du prieuré de Sainte-Marie Magdeleine de Lac Roi, prieuré d'Augustins. La maison de Saint-Lazare dût elle-même contribuer à leur entretien, pour 1,500 livres par an.

D'un autre côté, les missionnaires s'étant sans doute plaint du peu de dévotion de leurs ouailles, le ministre fit une réforme dans leurs obligations : il les dispensa de réciter à voix médiocre, tous les jours de l'année, l'office canonical, ce qui excitait peu le zèle des invalides ; mais à la charge par eux de chanter la messe haute et les vêpres, avec plus de solennité. Ils durent, en outre, être toujours présens par quatre aux funérailles de soldats, et par six à celle des officiers. Ils furent enfin tenus de former et d'instruire les enfans de chœur dont ils reçurent spécialement la garde et le soin.

D'autre part, au lieu de deux minots de sel, le ministre en donna trois, et au lieu d'un muids par personne, les prêtres purent en avoir trente.

Pendant l'intervalle des deux contrats, une décision d'une haute importance avait été prise le 15 mai 1677. Elle fut l'origine de cette coutume qui devint si fameuse dans l'Hôtel, sous le nom de *quarantaine*.

Tout nouveau venu parmi les soldats invalidés, arrivant de l'armée ou des provinces, était, comme un navire qui a traversés de parages suspects, soumis à une quarantaine; pendant quarante jours, confié aux soins des prêtres, il était instruit par eux dans la religion. On lui apprenait aussi les règlemens de la maison, et sous aucun prétexte il ne pouvait communiquer avec le dehors. Une chambre spéciale leur était affectée. Cette coutume subsista jusqu'en 1789. Les officiers n'étaient consignés que pour quinze jours. Pendant ce temps, ils devaient aller se faire instruire, soit par le curé, soit par les prêtres de la mission. Le même curé reçut en 1697, le droit de prononcer sur les mariages que les invalides demandaient à contracter; mais en 1702, ce droit fut retiré, et il fut expressément défendu aux invalides de se marier. Cependant, le règlement principal, et celui qui donna le plus d'influence au corps ecclésiastique dans l'Hôtel, fut rendu en 1710, le 3 janvier.

La quarantaine fut de nouveau ordonnée. Tous les officiers, sergens, cavaliers et soldats étant résidans dans l'Hôtel au temps de Pâques, furent tenus de faire leur devoir pascal dans la paroisse de Saint-Louis; les contrevenans étaient mis aux arrêts pendant trois mois, s'ils étaient officiers, et en prison pendant le même laps de temps, s'ils étaient soldats; et, afin que personne ne pût se soustraire à cette obligation; il fut défendu aux autorités de délivrer aucun congé de sortie, depuis la mi-carême jusqu'à Pâques. Ce certificat devait être signé par les prêtres.

Tous les officiers, sergens, cavaliers et soldats qui juraient ou blasphémaient le *saint nom de Dieu*, étaient mis en prison pour deux mois, à la première faute, et chassés en cas de récidive. Ceux qui se livraient au jeu le dimanche ou les fêtes, aux heures des offices, recevaient un châtiment analogue.

Ce règlement ne fut, il faut le dire, jamais exécuté dans toute sa rigueur.

Enfin, un troisième contrat passé en 1730, porta à 9,000 livres la somme affectée au traitement des prêtres de l'Hôtel. Ils s'engagèrent alors, à célébrer chaque année, un service funèbre pour les guerriers morts au service du roi. D'autre part ils reçurent confirmation de leurs priviléges, seulement on leur imposa la loi de fournir, chaque année, au gouverneur de l'Hôtel, un état de leurs dépenses.

Telle fut la situation religieuse de l'Hôtel, jusqu'au ministère du comte de Saint-Germain. Son ordonnance du 17 juin 1778, réduisit le personnel ecclésiastique de l'Hôtel à un curé, quatre prêtres, un organiste, un serpent et quatre enfans de chœur.

89 et 93 arrivèrent ensuite.

Les desservans furent contraints par la loi de

l'Assemblée Nationale de quitter les bâtimens qu'ils occupaient. Toutefois, il faut remarquer que cette loi ne les nomma pas expressément : elle atteignait tous les fonctionnaires.

L'église du dôme devint alors le temple de Mars. Il y eut plusieurs décrets qui y ordonnèrent des dépôts précieux, comme celui du sabre de Latour-d'Auvergne. D'autres décrets prescrivirent l'inscription, dans le même temple, des guerriers morts pour la patrie.

Par un arrêté du 28 fructidor, les consuls ordonnèrent dans le même lieu, le dépôts du corps de Turenne. Lucien Bonaparte et Carnot présidèrent à cette translation, qui ne fut accompagnée d'aucun acte religieux.

Nulle ordonnance spéciale n'avait banni le culte des Invalides, nulle ordonnance spéciale ne l'y rétablit ; du moins, les archives n'ont gardé aucune trace d'une pareille mesure.

Seulement il est avéré que le 15 août 1804 l'impératrice assista au *Te Deum* solennel qui fut chanté sous le dôme de Saint-Louis, en l'honneur de l'avènement au trône du premier consul. Depuis cette époque, une longue série de cérémonies religieuses qui appartiennent aux fastes généraux de l'Institution, firent retentir les mêmes voûtes.

Quant au personnel religieux, le décret de 1811

le fixa à trois aumôniers. Le spirituel devint alors dépendant du temporel ; le clergé eut à obéir au commissaire des guerres, sous le rapport administratif.

Le seul changement qu'ait reçu en cette matière l'ordonnance impériale, c'est la dénomination de curé, donnée au premier aumônier, et celle de chapelains, donnée aux deux seconds. Ce personnel relève administrativement de l'intendant.

Les administrateurs de l'Hôtel, de 1815 à 1830, essayèrent de faire revivre, en partie, les anciens règlemens religieux.

1830 a rendu une entière liberté religieuse aux invalides et aux fonctionnaires. Le culte n'en est pas moins administré et suivi avec zèle, et l'on peut dire que jamais la religion n'a brillé d'un plus vif éclat sous le dôme de Saint-Louis, que depuis qu'elle y brille pure de toute obligation règlementaire.

CHAPITRE XI.

SERVICE DE SANTÉ.

Il était un service à l'organisation duquel le législateur devait surtout apporter le plus grand soin, c'était le service de santé. Il ne suffisait pas d'avoir choisi sur les bords de la Seine, non trop loin, non trop près du fleuve, un emplacement délicieux, au sein d'un air pur, à moitié isolé des bruits de la capitale, où le vieux soldat pût se croire à la fois à la campagne et à la ville. Il ne suffisait pas d'avoir orienté suffisamment l'édifice, d'avoir règlé sa distribution de manière à éviter, soit l'encombrement, soit l'accumulation des miasmes humains ; en fondant l'Hôtel, il fallait se souvenir que la vieillesse a besoin de soins particuliers, que les blessures, les infirmités exigent une attention suivie ; il fallait, non-seulement prévenir par des mesures constantes d'hygiène et de salubrité, par une nourriture choisie, appropriée, des maladies possibles, mais encore assurer à l'invalide, ou malade ou blessé, l'assistance d'hommes à la fois expérimentés et savans dans le précieux art de guérir.

Aujourd'hui, le service de santé de l'Hôtel des Invalides fait de véritables prodiges. Il est à la hauteur de sa mission, comme le disait déjà le marquis de Clermont-Tonnerre à l'Assemblée Nationale. Il sait que la nation lui a confié le dépôt, non pas de ses espérances, mais de ses gloires. Il paie avec un dévouement sans pareil la dette du pays, sans jamais faire d'expérience *in animâ vili*, il est progressif, savant, fécond en admirables résultats. Si elle était jamais publique, la clinique de l'Hôtel des Invalides ne serait pas une des moins instructives ; elle attesterait mieux que nos paroles, la haute intelligence qui préside à toutes les branches du service de santé dans cet établissement.

Louis XIV sentit tout d'abord de quelle importance il était que l'Hôtel fût organisé d'une manière large et complète sous le rapport médical; mais il sentit aussi qu'il ne fallait pas faire de la maison des Invalides, un hospice.

Nous le voyons accorder aux médecins, aux chirurgiens, aux apothicaires, comme on disait dans ce temps-là, de grands privilèges. C'était cependant l'époque où Molière traduisait les robes noires à la barre d'une comédie, parfois trop bouffonne. Mais il est quelqu'un dont on n'a jamais plaisanté sérieusement, c'est le médecin.

Louis XIV ordonna donc, que les médecins de l'Hôtel auraient les mêmes privilèges que ceux de sa maison. C'était ordonner qu'ils eussent la même science; et l'on ne saurait trop remercier le monarque d'avoir eu cette pensée toute démocratique, d'égaler le médecin du vieux soldat à celui du roi. Il établit que les chirurgiens gagneraient la maîtrise en travaillant six ans dans l'Hôtel. Le chirurgien, dans l'état social, n'avait pas alors, l'importance que lui ont donnée les Morand, les Sabatier, les Coste, les Bagneris, les Desgenettes, les Parmentier, les Larrey et les Ribes.

C'était donc une faveur inouïe que Louis XIV avait accordée aux médecins des Invalides. Aussi le roi prit-il ses précautions pour que les chirurgiens qui deviendraient maîtres, en passant par l'Hôtel, ne fussent point inquiétés, dans aucun cas, par les autres maîtres patentés.

Toutefois, l'on s'aperçut bientôt que ce privilège de chirurgien pouvait devenir fâcheux. En effet, passant maître après six ans, aspirant à l'indépendance, les chirurgiens se hâtaient de quitter l'Hôtel, pour aller ouvrir boutique à Paris. Le 12 août 1707, se fondant sur cette coutume et sur le nombre toujours croissant des pensionnaires, le roi créa le poste fixe et viager de chirurgien-major de l'Hôtel. Sous ce fonctionnaire médical, le chirurgien gagnant maîtrise, continua d'exercer. Ce fut Chamillard qui présenta le premier chirurgien-major à la nomination royale. Ce chirurgien fut un très-habile praticien du nom de Merand. Le premier médecin nommé en 1715, était Duchesne, ancien médecin des ducs de Bourgogne et de Berry (1). Son successeur reçut le droit de *committimus*, l'un des plus hauts privilèges de l'époque. (2)

---

(1) Il est à remarquer que M. A. Pasquier, chirurgien principal de l'Hôtel Royal des Invalides, est aussi le chirurgien du roi.

(2) Pour donner une idée de ce que c'était que le droit de *committimus*, nous transcrivons ici l'ordonnance.

Du 21 novembre 1696.

Louis, par la grâce de Dieu, roi de France et de Navarre :

Au premier notre huissier ou sergent sur ce requis : nous te man-

Le service des infirmeries, fut confié dès l'origine aux sœurs de la charité. Louvois voulut signer un contrat avec les quatre *officières* de la maison de Saint-Lazare. C'étaient alors *Nicole Haran*, supérieure, *Julienne Laurent*, assistante, *Marguerite Chétif*, économe, et *Renée Saigneau*, dépensière. Elles

dons et commandons par ces présentes, qu'à la requête de notre cher et bien-aimé Pierre-Paul Guyart, docteur-régent en la Faculté de Médecine de Paris, exerçant actuellement la charge de médecin en chef de l'Hôtel Royal des Invalides, dont nous l'avons pourvu sur la démission, à condition de survivance du sieur Duchesne, médecin employé près de nos petits-fils les ducs de Bourgogne, d'Anjou et de Berri, toutes les sommes à lui dues, tu lui fasses payer, ou en cas de refus ou délai, tu assignes les refusans, opposans ou dilayans; savoir : ceux de 200 livres et au-dessus, pardevant nos amés et féaux conseillers les maîtres de requêtes ordinaires de notre Hôtel, ou les gens tenant les requêtes de notre palais à Paris, à son choix et option ; et ceux des sommes au-dessous de 200 livres, pardevant les juges qui en doivent connaître. Fais en outre commandement, de par nous, à tous juges pardevant lesquels le dit sieur Guyart, a ou aura aucunes causes personnelles, possessoires ou mixtes, et desquelles il voudra prendre la garantie ou se joindre à icelles, pourvu qu'elles soient entières et non contestées, de les renvoyer incontinent et sans délai aux dites requêtes de notre Hôtel et du dit palais. En cas de refus, fais toi-même le dit renvoi et en certifies nos dits conseillers ; te défendons néanmoins, connaissance de cause. Ces présentes après un an non valables. Car tel est notre plaisir.

Donné à Paris, le 21 novembre, l'an de grâce 1696.

Signé par le conseil : FONTAINE.

Scellé le vingt-huit novembre mil six cent quatre-vingt-seize.

Signé : VALLIN.

s'engagèrent, du consentement d'Edme Jolly, supérieur général de la mission, à consacrer perpétuellement douze de leurs sœurs, au soulagement des pauvres malades de l'Hôtel. Ces sœurs auraient la charge des infirmeries, le gouvernement de l'apothicairerie, sauf pour les recettes difficiles. Elles choisiraient leurs employés et leurs domestiques, dirigeraient les lessives; mais, ne pouvant être *à l'Hôtel et à la rivière*, auraient des femmes pour laver le linge.

Elles devaient être logées séparément. Personne ne pouvait se permettre d'entrer dans leur demeure, si ce n'est en la compagnie du gouverneur.

Pour leurs soins, l'Hôtel les nourrirait et leur donnerait à chacune, pour leurs habits, 36 livres par an, plus 30 livres à leur congrégation. On les traiterait toujours en filles de la maison, et non en mercenaires. Elles auraient pleine liberté d'observer leurs petites coutumes, leurs petits règlemens; la sœur servante les dirigerait seule, sous les auspices de l'administrateur général; recevrait les malades, congédierait les convalescens, et veillerait à ce que les visites du médecin, de l'apothicaire et du chirurgien, eussent lieu régulièrement une fois le jour.

Le contrat portant ces clauses, fut signé le 7 mars 1676. On installa de suite les sœurs dans les infirmeries. Elles firent leur devoir avec ce dévouement angélique qui caractérise depuis son existence leur admirable institution.

L'établissement *des manicros*, compléta l'organisation du service médical. Les soldats infirmes, sans bras, sans jambes ou aveugles, reçurent des servans, connus depuis sous le nom de manicros, et pris parmi les hommes non estropiés de l'Hôtel. Le premier manicro fut donné à Jean Dupuis *dit* Malartiques en 1689. Deux catégories ne tardèrent pas à s'établir; ceux des invalides qui reçurent des servans, conservèrent le nom de moinelais, qui rappelait l'originé de l'Institution. Peu à peu on comprit dans cette catégorie tous les infirmes, et les autres restèrent les simples invalides appelés aujourd'hui divisionnaires.

Nous avons déjà vu que, plus tard, il y eut une troisième catégorie, celle des soldats des compagnies détachées, aujourd'hui les vétérans.

Nous voudrions pouvoir dire que chacun dans le service de santé fit, comme les sœurs, son devoir. A coup sûr, les médecins, les chirurgiens donnèrent l'exemple; ils ne se contentèrent pas d'observer leurs règlemens qui les obligeaient à deux visites par jour, à se confiner à l'Hôtel, à n'en sortir que trois fois la semaine, à des heures déterminées;

plusieurs documens attestent avec quel zèle, ils remplirent toujours leurs fonctions.

Le ministre de la guerre Leblanc, en 1727, se vit d'abord obligé de réprimer l'ardeur de dissection qui s'emparait des néophytes. Il fixa le commencement de *l'anatomie* au 1er novembre, et sa fin à Pâques. Il établit qu'on ne se servirait jamais du corps des officiers et des soldats pour lesquels il y aurait des services ; que les chirurgiens n'auraient qu'un corps par semaine, qu'ils enleveraient pendant la messe, avec la permission du curé, qu'ils garderaient quatre jours, et rendraient au même curé. Le major veillerait à ce que la dissection se fît avec décence, et proposerait le *frater* le plus instruit. Ce règlement fut renouvelé en 1766. Mais le règlement principal, celui du 11 août même année, est foudroyant dans ses considérans, pour Messieurs les aides; *ils jasent, perdent leur temps, négligent leur devoir.* Ce règlement réprime cette négligence, et nous apprend que les chirurgiens avaient sous leurs ordres, six garçons chirurgiens appointés, et six surnuméraires. Il fut fait *ab irato* après une inspection dans la salle du conseil.

Notre devoir d'historien nous impose aussi l'obligation de citer le règlement du 18 mars 1742, du même ministre. Il accuse Messieurs les maîtres eux-mêmes, de sortir de l'Hôtel le matin et de n'y rentrer que le soir, et leur fixe leurs jours et leurs heures de sortie. Les plaintes des invalides motivèrent cette sévérité.

On a souvent accusé la monarchie ancienne d'avoir tout donné à la faveur. Une ordonnance qui se présente à nous le 18 novembre 1766, nous prouve qu'elle savait prendre quelquefois des mesures pour faire parvenir le mérite. Cette ordonnance met au concours les places des chirurgiens et des pharmaciens de l'Hôtel. Elle fut rendue sur la proposition de Mirand fils, et prouve que l'institution des concours médicaux, n'est pas si nouvelle qu'on l'a représentée.

Il y eut quelquefois, dans les infirmeries, un peu de désordre qui est inséparable d'une grande quantité de malades ou d'infirmes; et puis les sœurs étaient si bonnes. Les vieux soldats abusèrent quelquefois de cette bonté ineffable, avec leur malicieuse bonhomie. Ils inventèrent, par exemple, une coutume que l'on appela des médecines de précaution. Ces médecines étaient simplement des prétextes au moyen desquels les grognards de Fontenoy extorquaient aux sœurs, d'excellens bouillons. M. de Saint Germain les supprima par un arrêté du 28 juillet 1776; l'abus des bains avait été réformé l'année précédente. M. de Saint-Germain assimila les infirmeries pour l'administration et pour la police, aux hôpitaux militaires du royaume. Elles devaient être inspectées par le médecin et le chirurgien-major, qui seraient tenus d'adresser leur rapport et celui des aides, au gouverneur et au directeur. Le même ministre créa des salles nouvelles pour les officiers, qui, jusqu'alors, avaient été confondus avec les bas officiers et les soldats.

Enfin, pour en finir avec les abus, on créa, le 1er janvier 1780, un contrôleur aux entrées des infirmeries.

D'un autre côté, en 1769, le contrat entre le ministre de la guerre et les sœurs de Charité, avait été renouvelé par le duc de Choiseul. La congrégation s'était engagée à fournir trente sœurs au lieu de douze. Cette augmentation était motivée. Les sœurs, outre le service des infirmeries, recevraient alors le soin de la cuisine des moinelais. Tous leurs privilèges furent confirmés et même accrus. Elles reçurent 70 livres au lieu de 56; le roi voulut qu'il fût fait mention dans le contrat, du zèle et de la charité qu'elles avaient toujours fait paraître dans leurs fonctions; il ordonna aussi qu'elles veillassent elles-mêmes aux règlemens relatifs aux infirmeries. Peu de temps après, on créa un apothicaire major; elles représentèrent qu'elles étaient elles-mêmes cet apothicaire; on supprima ce nouvel officier médical.

Le poste de médecin en chef fut supprimé de même, mais recréé de suite en 1776. De par l'ordonnance de recomposition rendue à cette époque, l'état-major médical se composa d'un médecin, d'un chirurgien-major, d'un second chirurgien gagnant maîtrise, de deux élèves et d'un apothicaire.

La loi de 1792 s'occupa particulièrement de la santé des invalides; elle créa, comme nous l'avons dit, un bureau d'édilité. Ce bureau devait faire jouir les invalides des avantages attachés à la salubrité, à la propreté; veiller sur la quantité, la préparation et la distribution des alimens et des remèdes; faire donner aux malades, aux estropiés et aux infirmes, tous les soins que leur état exige et que l'humanité commande.

L'administration fut autorisée à conserver les officiers de santé qui étaient employés précédemment, officiers parmi lesquels on remarquait le célèbre Parmentier comme pharmacien en chef. Nous avons dit qu'une exception fut demandée pour lui, en ce qui concernait le droit de loger avec sa famille à l'Hôtel.

Aucun des pouvoirs qui remplacèrent la royauté ne négligea le service de santé. Un instant même, par la force des choses, l'Hôtel fut presque transformé en hospice provisoire, pour les blessés arrivant de la frontière.

Cependant il était réservé au décret de 1811 de réorganiser le service de santé des Invalides. Un médecin en chef, un médecin en chef adjoint, un chirurgien en chef, un chirurgien en chef adjoint, un chirurgien major, un chirurgien aide-major, un chirurgien sous-aide-major, un pharmacien en chef, un pharmacien aide-major, un pharmacien sous-aide-major furent préposés à son administration. On dut se conformer pour les infirmeries à ce qui était prescrit par les réglemens sur les hôpitaux militaires. Le nombre des sœurs de charité ne fut pas borné, seulement le décret taxa les appointemens de chacune à 200 francs. Le contrôleur aux entrées de l'infirmerie continua ses fonctions.

Les ordonnances subséquentes ne modifièrent que très peu la composition de l'état-major médical de l'Hôtel. Il comprend aujourd'hui :

1 médecin principal ; — 1 chirurgien, *idem* ; — 1 pharmacien, *idem* ; — 1 médecin ordinaire ; — 1 chirurgien-major ; — 1 chirurgien aide-major ; — 1 pharmacien, *idem* ; — 6 chirurgiens sous-aides ; — 3 *idem*, détachés ; — 2 officiers de l'administration de l'infirmerie ; — 26 sœurs de charité, y comprise la sœur supérieure.

Les infirmiers ordinaires sont entretenus à raison

d'un pour chaque officier malade, d'un infirmier par deux malades pour les autres grades, non compris la salle d'appareil en cas extraordinaire ; le sous-intendant augmente ce nombre.

Les militaires de tous grades, les élèves tambours, certains ouvriers à gage comme les cureurs d'aquéduc, sont, en cas de maladie ou de blessure, admis ou traités aux infirmeries de l'Hôtel.

Peuvent être admis aussi et traités dans les infirmeries : les officiers de santé et les officiers d'administration, qui y seraient employés, mais à charge par eux de payer à l'adjudicataire, pendant le temps qu'ils y restent, 2 fr. 40 c. par jour.

Les militaires atteints d'aliénation mentale sont traités à Charenton.

La gestion de l'infirmerie et de la lingerie est exclusivement sous la garde, la surveillance et la responsabilité des sœurs.

Il nous reste à parler de la manière dont le service lui-même est effectué, de la nature générale des maladies et des infirmités communes aux Invalides.

Voici d'abord un aperçu général des catégories de blessures et d'infirmités comparées au total des Invalides, tant dans l'Hôtel que dans la succursale d'Avignon.

Voir le tableau ci-contre :

CLASSIFICATION, par nature de blessures et infirmités, des militaires invalides de tous grades, composant l'Hôtel et la succursale d'Avignon, à l'époque du 15 décembre 1851.

	A l'Hôtel à Paris.	A la succursale d'Avignon	Total des deux Etablissemens
Privés de la vue	176	70	246
Privés de la vue et d'une jambe ou d'un bras	6	1	7
Privés des deux jambes	15	2	17
Privés d'une jambe	339	129	468
Privés des deux bras	7	1	8
Privés d'un bras	288	98	386
Privés de l'usage des deux jambes	4	1	5
Privés de l'usage des deux bras	11	»	11
Privés d'un bras et de l'usage de l'autre	4	1	5
Privés d'une jambe et de l'usage de l'autre	5	1	6
Privés de l'usage d'une jambe	140	»	140
Privés de l'usage d'un bras	304	4	308
Agés de 70 ans et au-dessus	494	32	526
Épileptiques	27	6	33
Paralysés	60	15	75
Insensés	48	9	57
Mentons ou nez d'argent	9	1	10
Culs de jatte ou marchant en brouette	21	2	23
Estropiés des mains	118	2	120
Pieds gelés	25	10	35
Pieds-bots	112	73	185
Caducs ou moinclais	228	58	286
Marchant avec sellettes ou béquilles	46	18	64
Blessures et infirmités, plus ou moins graves à la tête et au corps	923	399	1322
TOTAL égal aux effectifs	3410	933	4343

Chaque jour un état du mouvement de l'Hôtel et de l'infirmerie des Invalides certifié par le chef d'administration et par M. le sous-intendant, est remis au maréchal gouverneur. Ce bulletin constate le nombre des malades, soit officiers soit soldats ; par catégorie de fiévreux, blessés, vénériens et galeux. Il désigne les divisions auxquelles ils appartiennent, constate la tenue des salles, la qualité des alimens et les décès.

Il résulte de l'examen que nous avons fait de ce bulletin journalier pendant plusieurs années, que le nombre des malades toujours présens aux infirmeries est, en moyenne, de 198 à 200, soit environ un quinzième de l'effectif des Invalides ; sur ce chiffre, il y a en moyenne 20 officiers, un dixième de l'effectif des officiers ; — le nombre des fiévreux est en moyenne de 140 ; — celui des blessés, 40 ; — celui des vénériens, de 20. Il n'y a presque jamais de galeux.

Cinq malades nouveaux entrent par jour à l'infirmerie, et cinq en sortent.

Une revue attentive des tables de mortalité à l'Hôtel, donne par mois, en temps ordinaire, les chiffres moyens suivans : janvier, 34 décès ; — février, 30 ; — mars, 34 ; — avril, 22 ; — mai, 25 ; — juin, 18 ; — juillet, 20 ; — août, 16 ; — septembre, 19 ; — octobre, 23 ; — novembre, 16 ; — décembre, 11 ; — c'est-à-dire par an, 263. Sur ce chiffre, figurent un quart de décès arrivés par suite de péripneumonie ; un quart par apoplexie foudroyante ; un quart par décrépitude ; un par maladies diverses ; et, sur ce quart, au moins cinq ou six suicides, provoqués en général par des souffrances inouïes.

D'après l'art. 29 du règlement des infirmeries, les officiers de santé exécutent par eux-mêmes, ou font pratiquer sous leur direction et par leurs subordonnés, les autopsies cadavériques et les dissections anatomiques, toutes les fois qu'ils ont des conjectures à vérifier ou des observations à recueillir ; ils tiennent note des faits rares et intéressans.

Les officiers de santé chargés du traitement, doivent faire chaque jour deux visites dans leurs divisions respectives, l'une le matin et l'autre le soir.

Le règlement des infirmeries contient d'ailleurs les prescriptions les plus minutieuses pour éviter les erreurs, les accidens et sauver les malades, toutes les fois que la science du médecin doit et peut le sauver. Il fixe des alimens spéciaux. L'article 57 est à lui seul un témoignage irréfrayable des précautions que l'on prend. Les marmites cuisant les alimens délivrés aux malades, doivent fermer à cadenas. Les clefs en sont remises à l'adjudant de service. Le renouvellement de l'air, la propreté, la température, la tranquillité, sont aussi l'objet d'attentions extraordinaires. Le colonel-major désigne chaque jour un officier invalide pour visiter les malades, et veille chaque jour à ce que tout soit dans l'ordre.

Enfin, quand la science est impuissante, l'invalide mort est encore l'objet des soins les plus attentifs ; toutes les mesures nécessaires sont prises afin que rien ne soit distrait de sa succession ; on veille sur sa décoration, sur ses bijoux, et sa sépulture est entourée des honneurs militaires dus à son grade.

Les infirmeries sont, d'ailleurs, vastes et convenablement aérées, elles contiennent sept salles :

La première salle, dite de *Saint-Louis*, ou salle des fiévreux, est divisée au rez-de-chaussée, comme au premier étage, en quatre parties.

Dans le milieu où ces parties se croisent, existe une coupole éclairée par le haut, et soutenue par huit colonnes à chaque étage. Sous cette coupole, s'élève un autel à la romaine, placé de manière que chaque malade puisse, de son lit, entendre la messe qui se dit tous les jours.

Ces quatre divisions contiennent ensemble 88 lits.

La seconde salle est celle de *Saint-Joseph*, ou

salle des officiers ; elle se divise en deux parties : l'une sert aux hommes malades, et l'autre aux hommes à demeure ou réputés incurables. Le nombre des lits pour chaque partie est de 25.

La troisième salle dite de *la Valeur* ou *Salle des Blessés*, contient 101 lits.

La quatrième salle dite de *Saint-Vincent-de-Paule*, ou des *Epileptiques*, contient 64 lits.

La cinquième salle dite de *la Victoire*, contient 25 lits.

La sixième salle est celle de *Saint-Côme*, n° 1, ou salle des *Cancéreux;* elle contient 22 lits.

La septième porte le même nom, et contient 18 lits.

Une sœur, une femme de garde et plusieurs infirmiers font le service de nuit dans chaque salle.

Enfin, les infirmeries ont une cuisine spéciale dirigée par trois sœurs, ayant sous leurs ordres un personnel suffisant.

Deux pharmacies, une grande et une petite, toujours parfaitement pourvues de médicamens soigneusement choisis, accompagnent les infirmeries.

La grande sert de dépôt pour les médicamens en provision. On y remarque de belles armoires de Chine sculptées, une table et des vases aussi anciens que l'Hôtel. La petite est destinée au service journalier. L'infirmerie a une tisannerie et une distillerie garnies de tous les ustensiles nécessaires.

Dans une salle particulière, dite d'appareil, les pensionnaires reçoivent les soins journaliers qu'exigent les infirmités peu graves. Un établissement de bains où ont été ménagées des salles pour les douches ascendantes, pour les bains de vapeurs et autres, imités, complète cette organisation médicale. Une promenade pour les convalescens ne doit pas non plus être oubliée; elle est située au midi, et en face de la salle de la *Valeur*.

Nous ne devons pas omettre de faire remarquer que le service de santé à l'Hôtel, a toujours été dirigé par des hommes fort distingués.

Tels ont été, dans l'ancien temps, les médecins, Raoul, Duchesne, Guyart, Maloet et les deux Munier; les chirurgiens Leroux, Bonnet, Lebout, Méry, Morand père et fils, Bouquot, Sabatier. Plus récemment et de nos jours, les médecins Coste, Bagnéris, Desgenettes, Ribes, Cornac; les Chirurgiens Morand, Sabatier, Larrey, Pasquier père et Pasquier fils; les pharmaciens Parmentier, Blondel, Périnet et Daënzer.

Nous ne pouvons mieux terminer ce chapitre qu'en donnant le tableau suivant qui indique le mouvement des infirmeries dans l'année 1835 :

HOTEL DES

RELEVÉ SOMMAIRE du mouvement journalier de l'Infirmerie, morts, ainsi que la quantité des journées de traitement.

DÉSIGNATION des MOIS.	Restans le 1er jour de chaque mois au matin.			NOMBRE DE					
				ENTRÉS.			SORTIS.		
	of-ficiers	s.-of. soldats	externes.	of-ficiers	s.-of. soldats	externes.	of-ficiers	s.-of. soldats	externes.
Janvier...	17	197	1	9	92	2	3	73	1
Février...	21	184	1	5	79	2	6	65	1
Mars....	20	171	1	10	95	«	6	56	«
Avril....	22	193	1	3	89	1	7	94	«
Mai.....	15	164	2	10	97	«	4	53	«
Juin.....	20	181	2	9	75	«	5	66	«
Juillet....	21	177	2	9	95	«	13	88	1
Août....	16	175	1	8	92	«	5	60	«
Septembre.	18	190	1	8	78	«	7	80	«
Octobre...	17	175	1	4	93	1	5	61	«
Novembre.	14	180	2	10	104	«	6	50	1
Décembre.	18	212	1	12	95	1	5	75	1
				97	1084		72	821	
					1181	7		893	5
					1188			898	

Vu par nous, Sous-Intendant militaire,
    Signé : b^{on} LEDUC.

RÉCAPITULATION DES

De 20 à 30 . . . .
De 30 à 40 . . .
De 40 à 50 . . .
De 50 à 60 . . .
De 60 à 70 . . .
De 70 à 80 . . .
De 80 à 90 . . .

INVALIDES.

pendant l'année 1835, présentant le nombre des malades entrés, sortis et

MALADES.						TOTAL des JOURNÉES.		OBSERVATIONS.
MORTS.			Restans le dernier jour de chaque mois au soir					
of-ficiers	s.-of. soldats	exter-nes.	offi-ciers	s.-of. sold.	ex-tern	d'officiers s.-of. sold.	exter-nes.	
2	52	1	21	184	1	6593	49	
«	27	1	20	171	1	5675	40	
2	17	«	22	193	1	6334	31	
3	24	«	15	164	2	5829	33	
1	27	«	20	181	2	6235	62	
3	15	«	21	177	2	5892	60	
1	9	«	16	175	1	6165	49	
1	17	«	18	190	1	6147	31	
2	13	«	17	175	1	6172	30	
2	27	«	14	180	2	5990	37	
«	22	«	18	212	1	6344	42	
2	17	«	22	215	1	7206	39	
19	245					74580	503	
264		2						
266						75083		

DÉCÈS SUIVANT LES AGES.

. . . 2
. . . 4
. . . 9
. . . 41
. . . 115
. . . 72
. . . 20

TOTAL . 266

Le présent État certifié véritable par l'officier d'administration des hôpitaux militaires.

Paris le 15 janvier 1835.

Signé : BOURDIN.

CHAPITRE XII.

SERVICE D'ALIMENTATION.

On a prêté à Louvois un mot qui paraît, à la première réflexion, d'une sévérité exagérée.

Il vint un jour, comme c'était son habitude, visiter les bâtimens de l'Hôtel, quelques invalides saisirent l'occasion de sa visite, pour se plaindre de la mauvaise qualité du pain qu'on leur distribuait. J'en ferai donner, leur répondit-il, de bien pire que celui-là, et je ferai pendre ceux qui réclameront.

Louvois n'avait sans doute pas l'intention d'exécuter sa menace, mais il avait deviné le caractère futur de l'invalide. L'habitude du mécontentement militaire, jointe chez le pensionnaire de l'Hôtel à l'humeur chagrine du malade ou du vieillard, en a de tout temps fait un réclamateur impitoyable.

On organisa ainsi le service de l'alimentation : Régularité, abondance, salubrité, voilà qu'elles furent ses bases et qu'elles elles sont encore aujourd'hui.

Les annales de l'Hôtel sont néanmoins pleines de réclamations. D'un autre côté, vis-à-vis de ces réclamations, se trouvent une foule d'arrêtés qui ont pour but de perfectionner le service, de rendre plus facile et moins coûteuse, l'introduction des vivres dans l'Hôtel. Il serait superflu de les analyser. Louis XIV donna l'exemple d'accorder aux invalides la libre entrée du sel et du vin. Peu à peu cette franchise s'étendit, et aucune des denrées, aucun des objets utiles à la maison, comme le plâtre et les charpentes ne payèrent des droits d'entrée.

Les archives de l'Hôtel ne nous ont conservé aucun document qui nous fasse connaître les détails d'alimentation que les frères Camus établirent sous la direction de Louvois, mais nous apprenons par des règlemens postérieurs qu'il y eut bientôt des abus.

Les officiers mangeaient à des tables de douze couverts, de même que les soldats. Leurs alimens se cuisaient dans la même cuisine, mais ils n'étaient point les mêmes.

Les officiers comme les soldats avaient droit à une livre et demie de pain. Il y eut, jusqu'à 1792, le pain des officiers et celui du soldat.

Chaque table recevait trente-huit livres de viande, soit trois livres de viande par homme pour les deux repas. La viande consistait en bœuf, veau et mouton. Elle était servie rôtie ou bouillie aux officiers, et seulement bouillie aux soldats. L'usage du maigre était régulièrement prescrit. Il consistait en morue, merluche, saumon salé, harengs, œufs, légumes et salade. Les repas étaient au nombre de deux, un diner et un souper, aux mêmes heures qu'aujourd'hui, et servi dans l'étain sans distinction.

Nous employons les termes mêmes du règlement du 7 septembre 1766, et on voit que cette partie du service parut bientôt demander une tout autre composition pour détruire tous les abus; les déprédations qui s'y glissèrent devinrent insensiblement fort onéreuses à l'Hôtel.

Un grand nombre de personnes externes ou invalides, employées dans la maison, tiraient des cuisines, des potages, leurs vivres accommodés; d'autres, sur des billets de l'intendant, prenaient des subsistances en nature sans être cuites. Les officiers arrivaient au réfectoire à toute heure.

Un règlement de cent vingt-deux articles fut donc fait pour parer à ces inconvénients. Avant tout, on établit un surveillant général de l'administration, sous le nom de contrôleur de la bouche.

La quantité de viande fut réduite, par table, à vingt-quatre livres; le service fut monté pour le dîner, par table :

Dîner : Un potage, une pièce de bœuf, de cinq livres, deux entrées de trois livres et demie chacune, un plat de dessert, fromage, fruits, échaudés.

Souper : Rôti de six livres, deux entrées de trois une salade, un dessert.

On ne servit plus les tables qu'au nombre d'hommes présens, après les avoir comptés. Il y eut des compteurs établis à cet effet; défense fut faite de rien emporter des réfectoires. Chacun, petit et grand, reçut ordre d'y venir manger. Depuis longtemps déjà il était défendu de faire amas de vin dans les chambres, et l'ivrognerie était sévèrement punie.

Le comte de Saint-Germain ne paraît pas avoir porté ses réformes sur le régime alimentaire de l'Hôtel. En effet, le grand grief dont se servit le comité militaire, pour demander à l'Assemblée Nationale, le renvoi des invalides, ce fut la masse de parasites qui vivaient à leurs dépens. Tout le monde dans ce corps délibérant fut d'accord sur ce point qu'il fallait réformer les abus. Nous avons cité le mot éloquent de Clermont-Tonnerre, disant que la Patrie devait de bon pain à ceux qui lui avaient sacrifié de bon sang. Maury, Guillaume, tous les défenseurs de l'Institution convinrent du fait de la mauvaise alimentation. Ils regrettèrent qu'il ne fût pas permis de discuter à la tribune les améliorations importantes qu'une administration plus attentive obtiendrait aisément dans le service alimentaire, en rendant la nourriture des officiers plus variée et celle des soldats plus abondante. Ce sont, comme le dit alors Maury, toutes ces petites négligences qui excitent les plaintes, multiplient les mécontens et qui, dans une multitude d'hommes rassemblés, toujours disposés à s'entretenir du régime de l'Hôtel, toujours aigris par l'humeur morose de la vieillesse ou des infirmités, n'ont besoin que de trouver au-dehors des agens bénévoles pour compromettre la stabilité du plus bel établissement.

La réforme des abus n'eut lieu qu'en paroles, car nous voyons, à partir de la promulgation de la loi de 92, plus de réclamations que par le passé. Il est vrai que l'on vivait alors sous un régime de liberté et de réclamations. L'administration particulière, la régie, l'intendance, firent successivement quelques améliorations, et sans entrer dans plus de détails sur ce qui a été, voici ce qui est aujourd'hui :

Une entreprise spéciale reçoit, par adjudication publique, les soins du régime alimentaire. Elle s'engage, conformément aux conditions stipulées dans un cahier des charges ; il n'y a aucun marché secret, tout se passe au grand jour.

Aucune denrée liquide ou solide ne peut entrer en magasin ou être livrée à la consommation, sans avoir été préalablement soumise à une expertise ou à une inspection. Cette expertise est faite par les invalides eux-mêmes qui représentent leurs officiers. Les denrées rejetées sont aussitôt transportées hors de l'établissement. Cette expertise porte de droit sur les farines, les vins, eaux-de-vie, les légumes secs, le beurre mi-sel, le vermicelle, le riz, l'huile, le vinaigre, le poivre, le sel, les fromages et les pruneaux. Les denrées dont la qualité est facile à reconnaître au premier coup-d'œil, comme la viande, la volaille, le beurre frais, les œufs, les légumes verts et les fruits, sont soumis à une simple inspection. L'expertise a pour objet de constater, non-seulement la supériorité des objets de consommation, mais leur conformité avec les échantillons déjà agréés par le conseil d'administration. Le cahier des charges parle longuement de chacune des denrées, des qualités qu'elles doivent réunir. C'est une chose réellement admirable que cette minutie dans laquelle entre l'administration; on dirait une mère de famille attentive, réglant avec soin, avec intérêt, tous les détails de son intérieur.

Nous ne saurions mieux faire que de citer différens articles de ce cahier, d'autant plus que bien des lecteurs sont tout-à-fait ignorans de la manière dont l'État sait s'occuper des affaires les plus matérielles, et les régler à l'avantage de tous.

L'administration fait d'abord la composition du régime alimentaire.

Les alimens ordinaires, qu'on nous pardonne ces renseignemens, sont :

1° Le pain. Il n'y a qu'une seule qualité pour tout le monde; il est cuit dans les fours de l'Hôtel et distribué rassis. Le maréchal Moncey, duc de Conégliano, n'en mangeait jamais d'autre. Lors de chaque distribution, les principaux fonctionnaires de l'Hôtel sont présens. La quantité remise à chaque homme pour un jour, est de 7 hecto. 50 gram., dont on déduit 72 gram. pour la soupe.

2° Le vin. Il n'y en a de même qu'une seule qualité, tant pour les officiers que pour les soldats. « Il sera, dit le cahier de charges, rouge, franc, naturel, droit en goût, bien clarifié, de bonne qualité, et susceptible de se conserver pendant un an ; il sera tiré des crûs d'Orléans, de Bandol et de Narbonne. Chaque homme, officier et soldat, en reçoit 93 centilitres. »

3° L'eau-de-vie. Ce sera de l'eau-de-vie de vin, limpide, droite en goût, d'un parfum agréable ; elle marquera 47 degrés à l'alcomètre, et sera distribuée aux fêtes.

4° La viande est le bœuf, le veau, le mouton, le porc frais et salé ; la qualité de chacune de ses viandes est déterminée.

5° Les légumes frais et verts de la saison. Six sortes sont spécialement affectées à la table des officiers, savoir : les artichauts, les fèves de marais, les salsifis, les cardons, les asperges et les choux-fleurs ; les légumes secs, sauf les *lentille à la reine*.

6° Les objets de luxe ou de pourvoirie, comme volailles, beurre frais et demi-sel, riz, huile, vinaigre, moutarde, poivre, sel, fruits cuits ou crus, lard, petit salé, jambon, saucisson, fromages et articles d'épicerie de toute nature.

Art. 12. Les légumes frais et verts, désignés à l'article 5, seront toujours fournis en saison; ils seront de bonne espèce et de la grosseur qui en détermine la bonne qualité; les pommes de terre seront de deux espèces, longues, rouges ou jaunes pour les officiers, rondes et jaunes pour les soldats.

Les choux ne pourront être servis sans avoir été blanchis; ils seront accommodés avec du lard, à raison de 300 grammes pour douze hommes.

A partir du 1ᵉʳ mai, les pommes de terre cesseront d'entrer dans la composition des menus jusqu'à la nouvelle récolte; elles seront remplacées par le légume que déterminera l'administration.

Art. 13. Les légumes secs, désignés au même article, seront toujours de l'espèce la plus estimée; ils seront de la meilleure qualité de la dernière récolte, et d'une cuisson facile. En conséquence, ceux de l'avant-dernière récolte, qui se trouveront en magasin au 1ᵉʳ janvier de chaque année, seront retirés du service et remis à la disposition de l'entrepreneur.

Art. 14. Chaque plat de légumes secs et verts, destiné à une table de douze hommes, contiendra, après cuisson, la quantité fixée pour chaque denrée, par les mesures de capacité, arrêtées par le conseil d'administration.

La marmite sera toujours garnie de légumes tels que oignons, carottes, poireaux, navets, panais et choux.

Art. 15. Les légumes frais et verts seront assaisonnés, pour le service des officiers, avec du beurre frais, à raison de deux cent trente grammes, et pour les sous-officiers et soldats avec du beurre mi-sel, à raison de deux cent trente grammes par plat de douze hommes.

Dans les plats d'épinards et chicorée, il entrera trois cents grammes de beurre frais ou mi-sel selon que le service sera fait pour les officiers ou pour les sous-officiers et soldats.

Les légumes secs seront assaisonnés, pour les officiers, avec du beurre frais, à raison de cent cinquante grammes, et pour les sous-officiers et soldats, avec du beurre mi-sel, en même quantité et par plat de douze hommes.

Le poivre et le sel entreront dans les assaisonnemens en quantité convenable.

Art. 16. Une fois par semaine il sera servi, par table d'officiers, sous-officiers et soldats, un plat de légumes assaisonnés à l'huile, au vinaigre, poivre et sel; ce plat sera composé alternativement de pommes de terre, haricots ou lentilles; il entrera dans l'assaisonnement des haricots et des lentilles cent cinquante grammes d'huile, et dans celui des pommes de terre, trois cents grammes.

Art. 17. Les volailles servies sur la table des officiers seront de bonne qualité et du poids d'un kilogramme quatre cents grammes l'une. Il en sera fourni trois par table de douze hommes ; néanmoins lorsqu'il sera fourni des dindes ou des d'indonneaux, il n'en sera fourni que deux par table, mais chacun d'eux devra peser au moins deux kilogrammes cent grammes.

Art. 18. Le petit salé à fournir sera en tout semblable à celui admis dans le commerce de charcuterie.

Le jambon salé ou fumé sera de bonne qualité, d'une belle couleur, et devra être dégagé de toutes les parties grasses de couleur jaune et d'un goût rance.

Art. 19. Les beurres frais et mi-sel, employés à l'assaisonnement, seront de bonne qualité, et des provenances de Normandie ou de Bretagne.

L'huile d'olive pourra seule être employée : elle sera de bonne qualité, pure, limpide.

Le vinaigre rouge ou blanc devra être de vin et naturel, bien clarifié, sans aucun goût étranger, et peser au moins deux degrés trois quarts au pèse-vinaigre de Vincent. Il sera tiré d'Orléans, ou des départemens qui sont formés de l'ancienne province de Bourgogne.

Le poivre entrera en grains dans les magasins où il sera moulu, sans mélange d'aucun corps étranger.

Le sel gris sera admis pour la consommation générale, mais il sera fourni du sel blanc pour la table des officiers. Le sel de l'une et de l'autre espèce devra être sec, net, et purgé de matières hétérogènes ; il ne devra pas colorer l'eau chaude dans laquelle on le ferait dissoudre, ni y laisser de dépôt terreux ou sablonneux.

Les fromages seront de bonne qualité et d'une bonne pâte ; ils seront de Gruyères, de Brie, de Neufchâtel et de Hollande.

Le vermicelle et le riz seront de qualité loyale et marchande ; le vermicelle sera blanc ou légèrement safrané, de grosseur moyenne, transparent, sans odeur, d'une saveur franche ; celui d'un jaune foncé ne sera admis dans aucun cas.

Le riz de la Caroline entrera seul dans l'approvisionnement ; il sera net, dégagé de sa pellicule, sans odeur, et vanné avec soin.

Les œufs seront de bonne qualité, et de grosseur moyenne, tels que ceux qui, dans le commerce, ne passent pas par un anneau de quatre centimètres de diamètre.

Les fruits seront de chaque saison ; ils seront sains, mûrs et de bonne qualité.

Les pruneaux seront bien secs, charnus, de bonne qualité ; ils ne seront reçus définitivement qu'après que, par la cuisson d'un échantillon, ils auront été reconnus propres à l'usage des malades.

Nous ne citons ces articles que pour faire connaître très-sommairement les précautions qui sont prises par l'administration, pour qu'il n'entre rien que de pur et de sain dans le régime alimentaire de l'Hôtel.

Les invalides la secondent par une surveillance sévère. Et d'ailleurs, à toute heure les cuisines sont ouvertes, et l'étranger admire aussi bien leur grandeur que leur tenue et leur propreté.

Le pain se fait dans l'Hôtel même : un bâtiment spécial est affecté à sa manutention. Les officiers surveillent la boucherie située hors de l'établissement.

Enfin, il suffit, d'avoir par hasard vu les invalides faisant presque tous des épargnes sur leur repas, pour juger combien leur nourriture est abondante.

Quatre grands réfectoires, à droite et à gauche de la cour d'honneur, sont destinés aux repas communs.

Des peintures à fresque exécutées par Martin,

élève de Van-der-Meulen, sur les murs de ces réfectoires, rappellent les conquêtes de Louis XIV.

Dans le premier réfectoire, du côté de Paris, sont représentées les prises de Charleroy, Cambrai, Tournai, Douai, Bergues, Saint-Vinox, Lille, Furnes, Courtrai, Oudenarde, Alost. Sur l'une des portes, Louis XIV met en fuite l'Ignorance et la Superstition, et la France le remercie de ses bienfaits. Sur l'autre porte, le monarque revient de faire des conquêtes, suivi de la Victoire et de la Valeur, au milieu des provinces enchaînées.

Dans les trumeaux des croisées, on voit les prises de Besançon, de Salins, de Dôle, de Gray, du Fort-de-Joux, de Saint-Laurent-Laroche et de Sainte-Anne.

Sur la porte du second réfectoire, du côté de Paris, Louis XIV, assis sur son lit de justice, déclare la guerre aux Hollandais. Il est accompagné de la Raison, de la Religion et de la Justice. Pallas, Bellone, la muse de la guerre, la Paix, prennent part à cette scène.

Sur les murs et dans les trumeaux, on voit la prise de Remberg, Orsay, Wessel, du fort de la Lippe, de Rées, de Schin, d'Émerick, de Guritz, de Zutpren, Narden, Utrecht, Tiel, Graves, Bommel, Crève-Cœur, fort Saint-André, Voorn, Nimègue, Znotxembourg, Oudenardes, Culembourg, Doësbourg, Viassem et Arnheim.

La porte du troisième réfectoire, du côté de Saint-Cloud, nous montre encore Louis XIV, mais se dirigeant vers la Meuse qui lui rend la ville de Maëstrich, et recevant les hommages du Rhin, à la vue de l'Europe. Sur la porte, vis-à-vis, un grand médaillon représente la Clémence, assise sur des trophées. Elle tient une victoire à la main, avec cette inscription : *Victoris clementia.*

Sur les murs, dans les trumeaux, ce peintre a rappelé la prise de Maëstrich et celle de Dinan, la bataille de Senef, les armées combinées, forcées de lever le siége d'Oudenarde, la prise du fort de Joux, la seconde chute de Besançon, de Dôle et de Salins, la prise de Lure, de Vesoul et de Fauconnier.

Dans le quatrième réfectoire, du même côté, nous voyons, au-dessus de la première porte, Louis XIV à cheval, et dirigeant ses dernières campagnes. Au-dessus de la seconde porte, il reçoit les remerciemens des ambassadeurs, pour la paix qu'il vient de signer.

Sur les murs, dans les trumeaux, sont représentés la prise de Valenciennes, de Condé, de Cambrai, de Bouchain, de Saint-Omer, d'Aire, le secours de Maëstricht, la bataille de Mont-Cassel, l'embrâsement du pont de Strasbourg, la prise d'Ipres, du Fort-Rouge, de Puycerda, de Saint-Guilain, de Fribourg, du fort de Linck, de Bouillon, la bataille de Saint-Denis devant Mons.

Un de ces réfectoires, celui qui porte le numéro premier, est affecté spécialement aux officiers, du grade de capitaines, lieutenans titulaires et chefs de division. Les tables de ces Messieurs sont de 12 couverts. Leur service est de porcelaine et d'argenterie. Ils tiennent cette dernière de l'impératrice Marie-Louise.

Les officiers supérieurs et officiers majors, sont servis dans leurs chambres.

Les trois autres réfectoires sont destinés aux sous-officiers et aux soldats. Ils y mangent par tables de 12 couverts. Leur grand nombre ne permettant pas qu'ils prennent tous ensemble leur repas, une moitié environ dîne à dix heures et soupe à quatre heures et demie, une autre moitié dîne à dix heures et demie et soupe a cinq heures.

Un réfectoire particulier est destiné aux servans de l'Hôtel.

La cuisine de l'infirmerie nourrit les moinelais, qui prennent leur repas dans leurs chambres, et y sont servis avec tous les égards dus à leur position.

Autrefois, un grand nombre de pensionnaires avaient le droit de venir chercher leurs vivres pour les consommer au dehors. Ce droit qui était, pour ainsi dire, usurpé n'existe plus. Néanmoins, quelques hommes, qu'un travail fructueux éloigne de l'Hôtel, obtiennent une solde représentative de leurs vivres. Cette solde est fixée à 50 centimes.

Pour compléter ce chapitre de l'alimentation, nous dirons un mot des caves de l'Hôtel. Leur berceau est magnifique; elles sont partagées en trente-huit caveaux, et peuvent contenir 4,000 pièces de vin.

Une seule et même entreprise est chargée du service d'alimentation, suivant les conditions dont nous avons parlé. La même entreprise est chargée du chauffage, de l'éclairage, du service des infirmeries et des pharmacies, des fournitures d'habillement, de l'entretien et du renouvellement du mobilier et du linge, du blanchissage, de la propreté, du nettoiement, du service de la pompe, de la conservation des approvisionnemens de réserve, des fournitures extraordinaires. Elle avait encore, en 1841, à pourvoir aux mêmes services pour la succursale d'Avignon. Il existe aujourd'hui deux compagnies particulières.

CHAPITRE XIII.

SERVICE D'HABILLEMENT.

Simplicité, propreté, dignité : voilà, en trois mots, ce qui a toujours caractérisé le vêtement de l'invalide.

Louvois fixa ainsi ce vêtement : habit de drap bleu, sans revers, uni, pour la sortie; culotte, *id.*; pour l'intérieur, gilet de peau jaune, doublé de toile. L'habit se renouvelait tous les six ans, la culotte tous les trois ans.

En 1701, un entrepreneur fut chargé de vêtir tous les invalides, conformément à des modèles donnés.

L'habit de l'officier fut alors distingué de celui du bas officier et du soldat, par une tresse d'argent de trois lignes de large, sur toutes les tailles, et à double rang sur les paremens et les poches.

En 1752, le ministre ordonna la suppression de la tresse, pour y substituer des boutonnières d'argent.

En 1767, le duc de Choiseul réserva au roi, par ordonnance, le soin d'habiller les compagnies d'invalides détachées, et les pensionnaires que l'Hôtel habillait precédemment au moyen d'une somme annuelle de *trois cent mille livres*, que l'extrordinaire des guerres lui payait, mais qui est devenue insuffisante. Cette même somme rentra au roi, et l'Hôtel, sur ses fonds, ne fut plus chargé que de l'habillement des hommes qui étaient dans son intérieur, et de ceux absens par congé.

On jugea alors nécessaire de fixer par un règlement l'habillement des officiers, bas officiers et soldats invalides en général, afin d'améliorer leur situation, d'établir des différences marquées, de prévenir des abus. L'entreprise continua son service.

En thèse commune, il fut posé avant tout que

l'habillement serait renouvelé tous les trois ans.

Citons le règlement lui-même :

« Officiers : Habit, veste, culotte de drap de Chateauroux, bleu de roi, quatre quarts entre les deux lisières, paremens de drap écarlate, doublure de refoulé rouge-garance pour l'habit et blanc écru pour la veste, quatre plis de chaque côté, vingt-huit boutonnières d'argent cordonnet, dix-huit à la veste, boutons argentés sur bois, aux armes du roi, surmontés de la couronne royale, culotte doublée de toile garance, boutons, poches et boursons.

« Deux chapeaux unis, deux paires de bas d'estame ou de laine gris de fer, ou gris ou drapés, neuf paire de souliers, six remontures.

« Bas officiers et soldats : Habit, veste, culotte, savoir : l'habit, de drap de Romorantin et de Seignelay, bleu de roi, quatre quarts, doublé de refoulé garance, paremens de drap rouge-garance, l'habit, mi-croisé par derrière, une pièce d'épaule, la veste et la culotte en tricot, aussi bleu de roi, la veste doublée de refoulé blanc écru, la culotte doublée de toile, garnie de ses poches et boutons, les boutons, savoir : pour les bas officiers, de métal blanc sur bois, empreints des armes du roi, surmontés de la couronne royale, et pour les soldats, d'étain.

« Deux chapeaux, deux paires de bas de laine, gris blanc, tricotés, drapés ou non drapés, six paires de souliers, six remontures, une doublure de culotte.

« En congé, l'habillement était à peu près le même. »

Avant cela, il était permis de rester sans uniforme dans l'Hôtel ; on tolérait même la sortie avec d'autres vêtemens que ceux des Invalides, pourvu que ces vêtemens étrangers fussent meilleurs que les effets de la Maison. Ces tolérances furent suspendues et la nécessité de l'uniforme proclamée. Défense fut faite de prendre l'habit en argent, soit en tout, soit en partie.

A la même époque on supprima l'abus du linge fin qui se distribuait tous les deux ans, aux officiers et soldats ayant un emploi dans l'Hôtel.

Le costume ne pouvait échapper aux rigueurs du comte de Saint-Germain, il le fixe comme il suit : habit de drap bleu, sans revers, le collet de même drap, d'un pouce de hauteur, sans être renversé; le parement de drap rouge garance; gilet-camisole en forme de veste, de laine bleue, pour les invalides de l'intérieur de l'Hôtel, des compagnies attachées à la garde des Maisons royales de Paris et de Vincennes, et d'étoffe blanche pour les Invalides des autres compagnies détachées et pensionnaires; le devant du juste-au-corps garni de douze boutons blancs, sans boutonnière que celle de la couleur de l'étoffe sur laquelle elles seront appliquées, pattes de poches ordinaires, avec trois boutons et autant de paremens, boutons blancs timbrés de trois fleurs de lys, couronnes de France, chapeau garni d'un bouton uniforme et d'une ganse blanche.

La révolution chassa le blanc, les lys et la couronne de France de ce costume; une cocarde tricolore au chapeau, les attributs de la République sur les boutons, voilà les changemens qu'elle apporta.

Les titres 6, 7 et 8 du décret de 1811, entrèrent dans de très-grands détails sur l'uniforme, le linge et le couchage des pensionnaires de l'Hôtel: habit de drap bleu, sans revers, avec un collet droit de même couleur, paremens de drap rouge, poches en pattes, boutons timbrés d'un aigle, avec ces mots : *Hôtel Impérial des Invalides;* veste de drap bleu; culotte de drap bleu pour les officiers, de tricot pour les soldats; chapeau à trois cornes, orné d'une ganse blanche et d'une cocarde; qualité supérieure aux officiers, marques distinctives des grades, très-précises.

Telles furent les dispositions principales du titre 6. Il établit que tous les deux ans, l'habit, l'épaulette, la veste et le chapeau, seront renouvelés; qu'on distribuera, par an, à chaque homme, **une culotte et trois paires de souliers.**

La Restauration détrôna l'aigle impériale ; la fleur de lys, la cocarde blanche reparurent de nouveau. A part ce changement, le costume ne reçut que des modifications avantageuses. Elles furent dues, en très-grande partie, aux instances de M. de Latour-Maubourg, alors gouverneur, et qui fut toujours un père pour les invalides.

En 1831, il fut ordonné de supprimer à l'Hôtel le chiffre du roi exilé. Les fleurs de lys furent alors enlevées des boutons. Le peuple, disait-on, menaçait d'une émeute, si cette satisfaction ne lui était pas donnée.

En résultat, voici quel est aujourd'hui l'uniforme consacré aux Invalides.

1° Habit, frac de drap bleu, sans revers, à collet droit de même couleur, à paremens ronds, de drap rouge-garance, à poches figurées en long, au moyen d'un passe-poil en drap écarlate ; la doublure est de cadis rouge-garance, les boutons sont de métal blanc.

Chaque parement est ouvert en dessous, et se ferme au moyen de trois petits boutons. Ces boutons portent les mots : *Hôtel Royal des Invalides.*

2° Un gilet rond, en drap bleu, à poches et à

manches, garni de dix petits boutons blancs dans la longueur.

3° Un pantalon de drap bleu, pour les officiers et pour les soldats.

4° Un chapeau à trois cornes, uni, garni d'un bouton blanc, d'une gance blanche et d'une cocarde.

Le drap de l'uniforme des officiers est supérieur en qualité.

Les marques distinctives de tous les grades sont les mêmes que pour l'armée, sauf les marques des boutonnières.

Au commencement, les invalides ne furent pas armés. D'après les règlemens, il était expressément défendu à tous les sergens, cavaliers et soldats, de porter aucune arme, ou de garder aucune arme dans l'Hôtel. Les officiers seuls portaient de droit l'épée. Quant aux autres pensionnaires, ils déposaient leurs armes chez les portiers, qui les leur remettaient à leur sortie.

Les sergens reçurent, un peu plus tard, le même droit que les officiers.

Enfin, dès que l'organisation des Invalides fut militaire, ils reçurent pour arme, l'esponton. L'épée est réservée aux officiers.

Quant au linge, tous les officiers, sergens, cavaliers et soldats, recevaient chacun deux garnitures complètes, en entrant à l'Hôtel. Ils étaient tenus de les représenter à la première sommation. Les pertes étaient compensées par une privation de vin.

Le directeur ou l'intendant devaient faire, chaque semaine, la revue des lits et du couchage.

Il se glissa dans ces deux parties du service, de nombreux abus, que réprima le comte de Saint-Germain.

Comme nous l'avons dit, le décret de 1811 fixa tout ce qui les concernait.

Chaque homme, d'après ce décret, possède :

Sous-officier et soldat.	Officier.
5 chemises,	7 id.
2 paires de drap,	3 id.
6 mouchoirs,	6 id.
6 paires de bas,	6 id.

Le même décret prend les mesures nécessaires pour que le linge ne manque ni aux infirmeries, ni aux cuisines. Il fixe le renouvellement, les époques du blanchissage. Il énumère les objets de couchage, la longueur des lits des officiers et des soldats.

Le chauffage et l'éclairage, sont aussi les objets de son attention spéciale.

Ce décret n'a pas reçu de modifications essentielles. Le cahier des charges de l'entreprise s'y conforme pour la plus grande partie. Ce serait abuser de la patience de nos lecteurs, que d'entrer dans des détails plus circonstanciés.

Nous ne discuterons pas non plus quelques griefs dont la publicité a retenti, comme, par exemple, la lumière distribuée aux aveugles, ainsi qu'aux pensionnaires qui jouissent de la vue, les souliers distribués aux amputés.

Les aveugles ne logent pas seuls. La distribution aux amputés, repose sur un ancien usage. Il est démontré d'ailleurs, que l'amputé qui a gardé une jambe, use la chaussure de cette jambe dans un temps moitié moindre que celui qui est fixé.

Nous citerons ailleurs quelques passages d'une admirable lettre du maréchal Moncey, en réponse à ces griefs.

On a souvent comparé la position du pensionnaire de l'Hôtel et du soldat, ou de l'officier qui vit de sa pension, retiré dans ses foyers.

Le tableau suivant fait la même comparaison. Il n'y a rien de plus parlant et de plus décisif qu'une telle statistique.

TABLEAU comparatif de l'existence d'un Militaire Invalide

GRADES DIVERS A L'HÔTEL.	DÉPENSE par jour.	par an	DÉTAIL ET ÉVALUATION, par jour,		
			NOURRITURE 1 f 00 c	LOGEMENT ET AMEUBLEMENT 0 f 20 c	BLANCHISSAGE, CHAUFFAGE ET ÉCLAIRAGE. 0 f 15 c.
Capitaine honoraire.	2 35	860	Pain, 24 on	Part de chambre.	Chemises, 5
Lieutenant Id. . .	2 19	802	Viande, 1 k	Bois de lit, 1	Serviettes, 3
Sergent-Major. . . .	2 21	808	Vin, 1 p	Paillasse, 1	Coiffes, 3
Sergent.	2 18	796	Légumes	Matelas, 1 ou 2	Essuie-mains 3
Caporal.	2 15	784	en commun,	Traversin, 1	Draps, 2
Soldat.	2 11	772	verts et secs 2 fois par jours.	Couvertures, 2 ou 3 Armoire, 1 Chaise, 1 Assiette, 1	Entretien et remplacement de ce linge.
			3 fois par semaine et en remplacement d'une 1/2 r de viande.	Gobelet, 1 Cuillère et fourchette, 1 Pot de nuit, 1 Porte-manteau, 1	L'éclairage et le chauffage sont en commun.
			OEufs, saucisson ou fromage.	Entretien et réparation de bâtimens, de meubles, et de fournitures de couchage.	
Nota. Dans le prix de journée des capitaines et lieutenans honoraires est aussi comprise la valeur du chauffage et de l'éclairage extraordinaire qu'ils reçoivent, et qui est évaluée pour les capitaines honoraires à 47 fr. 45 c. les lieut. Id. à 40 par an.			Frais de préparation, d'assaisonnement, de cuisson, de batterie de cuisine, de loyer.		

et d'un militaire pensionné. (Le terme moyen des pensions est de 180 fr.)

DE LA DÉPENSE ORDINAIRE.

HABILLEMENT.	INFIRMERIE.	SOLDE.
0 f 20 c	0 f 50 c	0 f 00 c

Habit, 1	NOTA. Cet article ne saurait être détaillé : rien n'est épargné pour les malades, les prescriptions des officiers de santé font loi.	Capitaine honoraires, 30 f
Redingotte, 1		Lieuten. *Id.* 15
Veste, 1		Sergent-Major, 16 6/9
Pantalons, 3		Sergent, 13 3/9
Chapeau, 1		Caporal, 10
Bonnet de police, 1		Soldat, 6 6/9
Souliers, 9 p		*Plusieurs ont, en outre, la gratification de manicros, qui est de :*
Guêtres, 3 id		
Bas, 6 id	*On fournit en sus :*	
Mouchoirs, 9	Membres mécaniques et bandages divers.	1re classe, 6 f par mois
Cols, 3	Gilets et caleçons de flanelle.	2e *Id.* 4
Caleçons, 3	Souliers et brodequins difformes.	*Ou la haute-paie, par an :*
Bonnets de coton, 2	Bains divers.	De chef de chambrée, 60
	Médicamens de toutes sortes.	De canonnier, 12
	Infirmiers.	D'adjudant d'habillement, 150
	Linge à discrétion.	
	Traitement des insensés.	D'adjudant des logemens, 300
	Frais funéraires.	De facteur, 200
		D'armurier, 180
		De portier, 185
La valeur de ces effets n'est pas moindre de 240 fr. pour les trois ans, ou de 80 pour chaque année.		De concierge, 150
		Un garçon de bureau, 150
		De barbier, 150
		De sacristain, 400

La pension d'un militaire invalide représente donc une pension de 772 fr. pour simple soldat ; différence avec un pensionné 592 fr.

A quoi il convient d'ajouter encore les avantages ci-après :

1. De trouver, à toute heure, d'habiles secours au moindre accident.
2. D'être exempt d'impositions, logemens militaires et autres charges de la vie civile.
3. La faculté de faire valoir une industrie ou d'exercer des emplois de gardes-champêtres, forestiers, etc.
4. L'absence de toute préoccupation d'esprit, tant du présent que de l'avenir, en santé, comme en maladie.
5. La certitude d'avoir un lit fait pour ses vieux jours.
6. La considération attachée à l'habit et à la position de militaire invalide qui donne rang dans l'armée et l'ordre social.
7. L'agrément d'habiter une maison saine et tranquille, d'y avoir en tout temps une promenade libre et praticable.
8. L'éducation gratuite des petites filles et le placement des garçons comme tambours, enfans de chœur ou de troupe.
9. Une bibliothèque pour s'instruire ou se récréer.
10. Et enfin, droit à un secours annuel pour leurs veuves, quand les militaires invalides viennent à décéder à l'hôtel, si ces veuves sont dans l'indigence et chargées d'enfans.

OBSERVATIONS :

Les avantages spécifiés ci-contre sont le résultat de la *vie commune;* on ne les obtiendrait pas avec la même somme dans la *vie particulière* et ce n'est point exagérer que de dire qu'on ne pourrait se les procurer à moins de *mille francs* par an en dehors de l'hôtel des Invalides.

CHAPITRE XIV.

HONNEURS FUNÈBRES. — INHUMATIONS.

S'il y a quelque chose de triste dans les approches de la mort, c'est assurément ou la solitude, ou l'entourage d'étrangers, intéressés, égoïstes. On a cherché, autant que possible, à éviter cette mort au vieux soldat. On a veillé attentivement à son chevet. Ses parens, s'il en a, sont appelés auprès de lui. A leur défaut ou avec eux, les sœurs, les prêtres, les camarades, assistent à ses derniers momens. L'invalide meurt comme il a vécu, honoré, respecté, servi. Il reste à remplir à son égard les derniers devoirs, à entourer son cerceuil du respect et des honneurs dus à un vieux serviteur de la patrie.

Et d'abord, il faut prendre garde que les dernières volontés du brave soient exécutées. Il faut surveiller sa modeste succession, ne consistât-elle qu'en un sabre, qu'en une croix, afin que rien dans cette succession, ne soit ou distrait ou avili. Il faut faire en sorte qu'elle passe tout entière à qui de droit.

Partout, les prières de la religion sont inséparables des derniers momens du mourant. Quand donc l'invalide s'est acheminé vers l'immortalité, la religion ne peut manquer de bénir et d'escorter son cercueil.

Enfin, même isolé, même sans aucuns parents, il a sa famille, une famille nombreuse; ce sont ceux que, comme lui, l'État récompense ou plutôt rémunère en les servant à son tour. Cette famille ne manquera pas d'accompagner sa dépouille.

Devant ce cercueil, suivi par les héros des anciennes batailles, la foule, soyons-en sûrs, se découvrira, elle sera plus attentive et plus recueillie que sur le passage des dépouilles d'un grand du monde.

Ainsi, jusque dans la tombe, la vie modeste et dévouée du soldat de la France est honorée à la fois par l'État et par le pays.

Il y a eu divers règlemens sur les inhumations des invalides. Le plus remarquable est celui du 1ᵉʳ avril 1754. Il s'exprime ainsi :

» L'intention du roi est qu'après la mort des officiers ci-après dénommés, il soit commandé, savoir :

« Pour le gouverneur, toutes les compagnies qui sont entretenues à l'Hôtel. Pour le lieutenant de roi, la compagnie des bas officiers et deux compagnies de soldats. Pour le major, la moitié de la compagnie des bas officiers, et une compagnie de soldats. Pour les aides-majors, même service.

« Pour un lieutenant-colonel, le capitaine de la compagnie des fusiliers, un lieutenant, deux sergens, un tambour et cinquante bas officiers de cette compagnie.

« Pour un commandant de bataillon, un pareil détachement, excepté qu'il ne sera que de quarante bas officiers. Pour un capitaine, un capitaine, un lieutenant, deux sergens, un tambour et quatre soldats pris dans les compagnies destinées à monter la garde. Pour un lieutenant, un lieutenant, un sergent, un tambour et vingt soldats, comme ci-dessus.

« Quatre officiers du même grade, pour porter les quatre coins du poêle ; à leur défaut, du grade suivant.

« Les bas officiers et soldats commandés, porteront les armes traînantes ; mais ils ne feront de décharges qu'aux enterremens du gouverneur, du lieutenant de roi et du major. »

Depuis ce règlement, la matière a reçu peu de modifications. Voici du reste, ce que nous présente une pièce officielle de 1826.

INHUMATIONS. — Aucun règlement ou ordre écrit, ne paraissant exister pour fixer les honneurs à rendre, selon les grades, aux militaires invalides décédés, l'usage pour l'Hôtel a consacré le mode ci-après, relatif aux services funèbres, savoir :

SERVICE FUNÈBRE.

Les défuns, vingt-quatre heures après le décès, sont portés à l'église, où le prêtre dit une messe basse pour tous en général, s'ils sont plusieurs, et un *oremus* sur le corps de chacun en particulier, sans distinction pour tous les grades, à moins que les parens ne veuillent faire célébrer en particulier et à leurs frais, les funérailles avec plus de solennité, ou que le défunt n'ait manifesté le désir de ce service particulier, et laissé de quoi fournir aux frais qu'il nécessité.

HONNEURS FUNÈBRES.

Le nombre des militaires invalides, ou le détachement armé qui doit suivre le convoi jusqu'au cimetière, est composé, savoir :

Pour 1 colonel,	100 hom.	2	capitaines.	4	lieutenans,	4	tambours.
1 l¹-colon.,	85 id.	1	id.	3	id.	3	id.
1 ch. de b⁰ⁿ.	75 id.	1	id.	2	id.	3	id.
1 capitaine,	50 id.	1	id.	2	id.	2	id.
1 l¹. ou s.-l¹.	25 id.	»	id.	1	id.	1	id.

Le nombre des sous-officiers et caporaux, est en proportion de la composition du détachement. Messieurs les officiers du même grade, et ceux d'un grade inférieur, sont invités d'assister au convoi. Le char funèbre avec le convoi, sortent par la grande grille, après avoir pris le corps dans la cour Royale, après la sortie de l'église.

Les chefs de division, adjudans et sous-adjudans de division, qui ne sont pas officiers, ont un détachement de 15 hommes, dont 1 sous-officier et 1 caporal pour le commander. Ces Messieurs assistent au convoi du défunt.

Les sous-officiers et soldats n'ont point de détachement, à moins qu'ils ne soient légionnaires, et dans ce cas, le détachement qui leur est fourni est de 12 hommes, dont 1 sous-officier pour le commander.

Le convoi pour chefs, adjudans et sous-adjudans de division qui ne sont pas légionnaires, passe par la grille du dôme, comme pour les autres sous-officiers et soldats.

Quant à Messieurs les officiers majors, les honneurs funèbres leur sont rendus comme officiers titulaires et selon leur grade.

Messieurs les fonctionnaires du civil ont les honneurs funèbres, par assimilation aux grades militaires.

Chaque détachement est armé.

Pour completter ce qui est relatif à ce chapitre, nous aurons recours à une lettre de M. le comte de Latour-Maubourg, écrite en 1829 à M. le préfet de la Seine. Cette lettre expose l'Histoire générale des funérailles.

Elle rappelle qu'avant 1784, les inhumations des morts se faisait dans l'intérieur de l'Hôtel. Un terrain placé à l'orient, servait de cimetière.

En 1784, l'Hôtel consacra aux inhumations, un terrain qu'il possédait entre les rues de Sèvres et de Vaugirard, terrain attenant d'un côté à un cimetière de la ville. A cette même époque, l'Hôtel acquit de la fabrique de Saint-Sulpice, deux pieds de terrain, pris sur le susdit cimetière Urbain, qui lui appartenait. Malgré cet agrandissement, le cimetière de l'Hôtel fut toujours trop petit. Le service s'y faisait difficilement. Il fallut, au bout de quelques années, songer à renouveler la fosse commune.

Après avoir long-temps souffert de cet état de choses, l'Hôtel demanda, en 1829, par l'organe du comte de Latour-Maubourg, que la ville de Paris, voulût bien lui abandonner la concession d'une partie du cimetière contigu au sien, lequel était alors abandonné et fermé depuis cinq ans révolus. En l'accordant, la ville ne faisait qu'un acte de justice; car l'Hôtel lui avait naguère abandonné une partie de ses propriétés, qui s'étendait jusqu'à la rivière. Cette partie avait été demandée pour les constructions du prolongement du quai d'Orsay.

Le conseil municipal de la ville de Paris, appelé à se prononcer sur la demande de l'Hôtel, ne crut pas devoir y accéder.

Il est résulté de là, que l'Hôtel des Invalides n'a plus de cimetière spécial.

Après qu'ils ont été présentés à l'église et honorés par elle, les pensionnaires, accompagnés suivant leurs grades, sont inhumés au cimetière de Mont-Parnasse.

SUCCURSALES DE L'HOTEL ROYAL DES INVALIDES.

Les premières succursales de l'Hôtel des Invalides, furent les compagnies détachées.

L'idée de ces compagnies vint des soldats eux-mêmes. Lors de la réception primitive un grand nombre de blessés non incurables, fut admis à l'Hôtel, conjointement avec les vrais invalides. Grâce aux soins dont ils furent l'objet, ces militaires se rétablirent pour la plupart, et ils demandèrent des armes pour servir encore le roi. C'eût été abuser de leur dévoûment, que de les lancer de nouveau sur les champs de bataille, mais, sans s'exposer à des revers et à violer les lois de l'humanité, on pouvait employer utilement leur vieille activité en les plaçant, par exemple, comme garnisons, dans des places d'une garde peu pénible et cependant nécessaire. Ces braves gens qui ne comprenaient pas bien encore l'existence tranquille de l'Hôtel, le quittèrent donc en 1681, pour former ce qu'on appela des compagnies détachées.

Chaque petite place frontière, chaque château fort de l'intérieur devint ainsi une succursale de la grande Maison centrale de Paris.

Nous avons déjà présenté en abrégé, l'Histoire des compagnies détachées; nous avons indiqué les lieux où il s'en trouvait; nous les avons signalées par les noms de leurs capitaines; nous les avons vues tour à tour réduites et augmentées.

Nous savons enfin que ce sont ces compagnies détachées des Invalides, qui, par le bénéfice de la loi de l'Assemblée Nationale, sont devenues les compagnies de vétérans. Compagnies qu'aujourd'hui le soldat quitte pour passer parmi les invalides, et qui tiennent ainsi le milieu entre l'activité et le repos absolu.

La transformation des compagnies détachées en compagnies de vétérans, causa un grand vide. En effet, les vétérans de la République eurent à faire un service bien plus actif que les invalides placés dans les petites garnisons. Il fallut être plus difficile sur le choix des hommes appelés à composer les nouvelles compagnies.

Une plus grande quantité de vieux soldats dut, par conséquent, être dirigée vers l'Hôtel. Il devint évident que la maison centrale de Paris, ne pouvait suffire à renfermer tous les soldats qui, placés entre l'Hôtel et la pension, étaient forcés par les circonstances de leur position, à se décider pour le premier.

Il fallut songer à créer des établissemens pour recevoir ce que l'Hôtel ne pouvait contenir ; car mêler les invalides à la population des hospices ordinaires, c'était compromettre leur existence, ou tout au moins fort mal les récompenser.

Avant la loi de 1792, la gendarmerie de France avait un asile qui lui était particulier, c'était l'hospice de Lunéville. C'était là, pour ainsi dire, la première succursale véritable ; mais déjà cet hospice avait une autre destination, et tous les privilèges en étaient d'ailleurs abolis.

Lacuée, ainsi que nous l'avons vu ; proposa de loger l'excédant de l'Hôtel sous les lambris de ce grand Versailles, devenu vide par la chute de la royauté. Ecartée d'abord, cette idée reçut ensuite un commencement d'exécution, mais la succursale des Invalides de Versailles, eut une durée éphémère.

Un arrêté des consuls, que nous avons signalé, créa quatre nouvelles succursales, dans quatre divisions militaires différentes. Cet arrêté n'eut aussi qu'une exécution incomplète. Il n'y eut en réalité que deux succursales de l'Hôtel, toutes deux ouvertes en 1801, sous les auspices de Bonaparte. L'une fut placée au midi, à Avignon ; l'autre, au nord, dans les provinces conquises, à Louvain.

Débordée par la coalition en 1814, la France fut obligée de renoncer à sa succursale de Belgique, qui lui rendait d'immenses services, et de la faire battre en retraite, pour ainsi dire, jusques sur Arras, où on la fixa un instant.

Quant à celle d'Avignon, toujours indispensable à cause de sa position méridionale, elle existe encore aujourd'hui. C'est d'elle que nous avons à nous occuper dans ce chapitre. Sous le rapport de l'organisation, la succursale d'Avignon est en petit, ce que l'Hôtel Royal des Invalides est à Paris. Son chef immédiat est le gouverneur des Invalides, qui y est représenté ou substitué par un général commandant.

Sous ce général, qui a le titre de maréchal de camp, est institué un état-major composé d'un chef de bataillon, adjudant-major, faisant fonctions de major et de commandant en second, et de deux sous-adjudans majors.

Le sous-intendant militaire de la 8e division, est chargé de son administration militaire, et il est assisté d'un trésorier, garde des archives, secrétaire du conseil.

Le service du culte est fait par un aumônier, assisté d'un sacristain et de deux enfans de chœur.

Un médecin, un chirurgien-major, un pharmacien-major et deux sous-aides chirurgiens, composent le service de santé. Ces fonctionnaires médicaux sont aidés par trois bonnes sœurs de Saint-Charles, par un adjudant de l'administration des hôpitaux militaires, par un infirmier-major, dirigeant cinq infirmiers ordinaires.

La discipline intérieure, le service d'alimentation et celui d'habillement sont, à peu de choses près, les mêmes qu'à l'Hôtel Royal. On a eu égard dans les règlemens concernant ces matières, à la situation méridionale d'Avignon, aux productions de son territoire. Une entreprise particulière et distincte de celle de Paris, est chargée, depuis plusieurs années, de fournir le matériel de tous ces services.

La succursale à Avignon contient quatre divisions d'invalides, d'environ 150 à 200 hommes; une de ces divisions est composée de moinelais. Elles sont d'ailleurs organisées absolument comme à Paris.

Trois de ces anciens couvens, qui faisaient autrefois d'Avignon la ville sonnante, la ville aux églises et aux docteurs, et qui se trouvaient, pour ainsi dire, contigus, ont servi d'abord à l'installation de la succursale, qui fut dans les temps bien plus considérable qu'aujourd'hui. Ces couvens étaient connus sous les noms de Saint-Charles, Saint-Louis et des Célestins. Sous la restauration, en 1823, le grand séminaire d'Avignon se trouvant à l'étroit, et enviant aux Invalides l'église de Saint-Charles, le gouvernement se rendit aux désirs du clergé.

Les Invalides sont réduits, depuis cette époque, aux deux seuls bâtimens de Saint-Louis et des Célestins.

Un parc magnifique, planté d'arbres séculaires et assez bien dessiné, réunit ces deux bâtimens d'une manière heureuse. Il forme un long parallélogramme, d'une superficie de 25,000 mètres. Sur les deux côtés est et ouest, qui sont les plus petits, règnent les façades des couvens. Les deux grands côtés sud et nord sont fermés par des murs de clôture, dont l'un, celui du nord, est tapissé de hauts lauriers en charmille, et dont l'autre a reçu une série d'inscriptions, rappelant les principaux évènemens militaires de 1792 à 1840, les noms des officiers-généraux morts sur le champ de bataille, et la biographie militaire de Napoléon.

Les invalides lisent avec plaisir ces inscriptions. Cette magnifique promenade leur présente d'ailleurs des avantages réels. « La longévité écrit un touriste, est supérieure à celle qu'offre l'Hôtel de Paris. On rencontre, terme moyen, à Avignon, 160 vieillards de 70 à 80 ans. »

On pénètre dans le parc par quatre portes, dont une principale est toujours ouverte. Des trois autres, deux s'ouvrent sur la place dite du Corps-Saint, et une sur le rempart intérieur de la ville qui conduit de la porte de Saint-Michel à la porte de Saint-Roch.

Nous avons déjà dit que les murs du parc de la succursale rappèlent la gloire impériale. Ce ne sont pas les seuls signes qui attestent combien à Avignon on est fidèle aux sermens de la grande époque. Ainsi, l'un des compartimens forme un bois qu'on appelle bois de Hohenlenden. Au milieu de ce bois, se cache une batterie de deux forts canons obusiers, provenant de la conquête d'Alger. Cette batterie, comme celle des Invalides de Paris, annonce les grands évènemens, mais elle est plus nouvelle. En 1830, la succursale n'avait pour tout armement que quelques sabres usés, que quelques piques raccourcies par le frottement. Le vicomte Lenoir, son commandant actuel, obtint qu'elle fut mieux armée, et le maréchal Gérard (1) ordonna la remise des deux canons algériens.

Un second compartiment contient quatre grands carrés de gazon, coupés de l'est à l'ouest par l'avenue de Fleurus. Les allées portent les noms de Friedland, d'Eylau, de Wagram et d'Iéna.

Un troisième compartiment forme quatre grands carrés, plantés d'arbustes verts. Au milieu, figure une grande étoile de la Légion-d'Honneur, avec une exergue en fonte, portant ces mots : *Honneur et Patrie*.

Deux longues avenues latérales et parallèles, mènent en outre d'un bâtiment à l'autre, le long des murs de clôture. L'une est appelée avenue d'Austerlitz, l'autre, l'avenue des Pyramides. La première a été exhaussée pour défendre le parc contre les inondations périodiques du Rhône.

Enfin, au devant de chacun des bâtimens, s'étendent des terrasses ; l'une est celle de Jemmapes ;

(1) Alors ministre de la guerre.

l'autre est celle de Moscou; celle-ci projette un embranchement, que les vieux braves ont surnommé le Pont-d'Arcole.

Ces braves, non contens de tant de noms et de symboles, ont élevé, dans un endroit apparent, un obélisque à la mémoire de l'empereur.

Le bâtiment principal semble être celui de Saint-Louis. On y pénètre par une cour entourée d'arcades et appelée cour d'Honneur. Là, s'élèvent des pilastres portant l'inscription du nom des différentes armées que la France a mises sur pied depuis 1792, et qui ont ainsi fourni des vétérans à la succursale.

Au milieu de cette cour, une sorte de fontaine, ombragée de platanes, attire l'attention. Sur cette pompe on lit l'inscription suivante, qui, traduite et commentée en français, ferait sans doute un beau chapitre, rempli de préceptes utiles.

Naïas hospita Martis.

Le bâtiment de Saint-Louis est magnifiquement orienté. Il a trois étages, du haut desquels, au sud et à l'ouest, on découvre de vastes horizons, de beaux paysages. « Il y a, dit le vicomte Lenoir, auteur d'une notice sur la succursale, et à laquelle nous empruntons la plupart de ces détails, telles chambrées d'où l'on a sous les yeux, les trois départemens du Gard, de Vaucluse et des Bouches-du-Rhône. Du belvédère qui domine l'édifice, on jouit en outre du panorama de la ville, que son rocher, son fleuve, ses ponts, ses clochers, son ancien palais des papes et son vieux mur d'enceinte, rendent si pittoresque.

Le bâtiment de Saint-Louis contient les dortoirs de trois divisions d'invalides. Le commandant en second y est logé, de même qu'une partie des officiers. Il contient aussi les bureaux du trésorier, de l'entreprise et de la lingerie.

Cette lingerie, très-remarquable par le dôme qui la surmonte, servait autrefois de chapelle aux dames du couvent de Saint-Louis.

Le grand réfectoire, où 360 hommes se trouvent aisément servis à table, est placé dans le même bâtiment. Sa voûte légère, sa propreté, font sa principale décoration.

Enfin, l'ancien couvent de Saint-Louis renferme encore le réfectoire des officiers, les cuisines avec leurs dépendances, les boucheries avec la pourvoirie, la buanderie, l'école des élèves tambours, le grand chauffoir commun où, dans les mauvais temps, se presse la population des Invalides, l'arsenal, assez bien garni depuis 1830, les corps-de-garde, et enfin, la salle de police et la prison.

Le bâtiment des Célestins, est, par le fait, le plus

important, puisqu'il contient le siège du commandement. Il est aussi fort bien orienté, et, si de la Bibliothèque, à Paris, la vue embrasse la belle conception de l'Esplanade, de la salle de la Bibliothèque, à Avignon, la vue s'égare jusques sur le mont Ventoux, contrefort avancé des Alpes.

Ce bâtiment sert à loger la 1re division, qui est une division de moinelais, et un certain nombre d'officiers.

On y trouve, en premier lieu, la chapelle des Invalides. Cette chapelle composait jadis l'une des nefs de l'église des Célestins. Sa hauteur, la hardiesse et la légèreté de ses voûtes, rappellent l'élégance des anciens édifices religieux ; du midi, un monument modeste attire l'attention, c'est celui qui contient le cœur de la princesse de Villelume. On ne peut se rappeler sans émotion, que cette dame fut l'héroïne de l'un des plus beaux drames de la révolution. Le nom de Sombreuil, sous lequel elle s'illustra, caractérise un dévouement sublime.

La bibliothèque des Invalides est située aux Célestins. Elle renferme environ 3,000 volumes de choix, et est passablement fréquentée. Un buste du maréchal Jourdan, et, à défaut de peintures, les portraits lithographiés de l'Empereur, du Roi, des Maréchaux de France, la décorent.

Une portion du même bâtiment est consacrée aux infirmeries et à tous leurs accessoires.

Ces infirmeries se composent de trois salles contigües et de plein pied. Soixante malades environ y trouvent des secours assidus et éclairés. Une petite salle particulière reçoit les officiers.

Tout le personnel de santé, comme celui du grand Hôtel, rivalise de dévouement.

Les ateliers, le grand cellier, les greniers, les fours, la boulangerie, les magasins d'ameublement et de chauffage, sont enfin placés aux Célestins.

On ne les quittera pas non plus, sans avoir donné un coup-d'œil à l'école des petites filles d'invalides; école dirigée par les sœurs de Saint-Charles, sous les auspices de la supérieure et de l'aumônier de la succursale.

Nous avons dit que les mêmes règlemens présidaient à l'existence des invalides d'Avignon, et à celle des invalides de Paris. Le service militaire d'intérieur est fait par les pensionnaires de la succursale, et tout se passe à peu près comme au grand Hôtel.

Il nous reste à dire quels sont les généraux qui ont commandé les succursales.

Celle de Louvain, créée en 1801, supprimée en 1814 et transportée à Arras, a été successivement commandée par les généraux de brigade Varin, 1804; Viala, 1809; Meunier, 1810; Expert de Sibra, 1812. Transportée à Arras par Expert de Sibra, elle a alors été commandée par le baron Carto, puis par le comte de Bardonnenche, de 1815 à 1818.

En 1818, son personnel fut divisé entre l'Hôtel de Paris et la succursale d'Avignon.

Les généraux de cette dernière, ont été :

   Compère, ... en 1811.
   Fugière, ... en 1813.
  Le b^{on} Rolland, ... en 1814.
  Cte de Lussac, ... en 1815.
  Cte de Villelume . . . en 1821.

Le vicomte Lenoir, ancien commandant de l'École de Saint-Cyr et chef de bureau de l'infanterie au ministère de la guerre, depuis 1830.

L'histoire de la succursale d'Avignon, présente d'ailleurs peu de faits très-remarquables.

Nous citerons néanmoins l'attitude des Invalides lors des divers mouvemens des Anglais sur nos côtes et en Italie, leur conduite au retour de l'île d'Elbe, la violation de leur asile en 1815, par des fanatiques, les troubles qui les ont affligés dans les derniers temps, et leur belle conduite lors de l'inondation de 1840.

Cette inondation ne respecta pas leur asile, et dévasta leur beau parc, qui n'a pas encore repris ses anciens ornemens. Mais le courage des officiers et des pensionnaires, se montra supérieur au fléau. Les uns allèrent sauver les vieillards, des femmes, des enfans envahis par des eaux, durant la nuit; les autres partagèrent avec ces malheureux leurs vivres et leur coucher. Tous, jusqu'aux servans, se distinguèrent.

Ainsi gloire, dévouement : voilà quels sont partout, les mots d'ordre des invalides.

ANNALES LÉGISLATIVES DE L'INSTITUTION ET DE
L'HÔTEL DES INVALIDES (1).

---

28 octobre 1568. — Ordonnance concernant les oblats.

4 mars 1578. — Ordonnance de Henri III, portant défense d'admettre aux places d'oblats d'autres que les soldats estropiés au service du roi.

(1) La plupart des pièces ci-mentionnées, sont invoquées dans le cours du volume.

Février 1585. — Autre ordonnance de Henri III, sur le même sujet.

Edit de Henri IV, du mois de juillet 1604, portant donation de la maison de la Charité Chrétienne aux vieux soldats.

Juillet 1606. — Autre édit du même roi, accordant aux Invalides, les reliquats des comptes des établissemens de charité.

Janvier 1629. — Ordonnance de Louis XIII, portant qu'il sera fait un rôle des abbayes et communautés sujettes aux oblats.

Novembre 1633. — Edit de Louis XIII, portant création d'une nouvelle maison, destinée aux militaires invalides, et dont l'administration sera confiée au cardinal de Richelieu.

Janvier 1670. — Déclaration du roi, pour augmenter les pensions des religieux-lais, de 50 liv., et les mettre jusqu'à 150 livres.

24 janvier 1670. — Arrêt du conseil du roi, qui ordonne que les fonds des pensions des religieux-lais, à raison de 150 livres, seront remis à M. Penautier.

24 février 1670. — Ordonnance du roi, concernant les intentions de S. M., sur l'emploi du fonds destiné pour les pensions des religieux-lais de son royaume.

12 mars 1670. — Arrêt du conseil du roi, qui

ordonne une retenue de deux deniers pour livre, sur les paiemens de l'ordinaire et extraordinaire des guerres.

15 avril 1670. — Ordonnance du roi, pour la direction de l'Hôtel Royal des Invalides.

15 janvier 1671. — Arrêt du conseil d'État du roi, qui ordonne que l'arrêt du 24 janvier dernier, sera exécuté selon sa forme et teneur, et en conséquence, que les abbés et prieurs sujets aux paiemens des pensions des religieux-lais, paieront incessamment, ès-mains du sieur Penautier, la somme de 150 livres, chaque année; défendant S. M., au Parlement de Paris, et au Grand Conseil, de prendre connaissance du fait du dit arrêt.

27 août 1671. — Arrêt du conseil d'État du roi, qui ordonne que les abbés et prieurs, sujets aux pensions des religieux-lais, paieront incessamment au sieur Penautier, la somme de 150 liv. pour l'année 1670, à quoi faire ils seront contraints, comme pour les propres deniers et affaires de S. M.

16 septembre 1671. — Arrêt du conseil d'État du roi, qui ordonne que les arrêts des 24 janvier 1670 et 15 janvier 1671, seront exécutés selon leur forme et teneur; et que, conformément à iceux, le fonds entier des pensions de 150 livres, pour

chaque place de religieux-lais, sera remis ès-mains du sieur Penautier.

27 avril 1672. — Arrêt du conseil d'État du roi, qui ordonne que les abbés et prieurs du royaume, qui sont à la nomination du roi, et qui ont 1,000 livres de revenu, paieront, par chacun an, la somme de 150 livres, pour la pension d'un religieux-lais.

10 décembre 1672. — Arrêt du conseil d'État du roi, qui accorde l'exemption des droits d'entrées de Paris et du pont de Joigny, pour la quantité de trois cents muids de vin et trente minots de sel, pour la provision de l'Hôtel Royal des Invalides.

28 mars 1673. — Arrêt du conseil d'État du roi, qui ordonne aux abbés et prieurs de nomination royale, de payer au sieur Penautier, pour l'entretien et subsistance des religieux-lais, savoir : ceux dont le revenu est de 1,000 livres et au-dessus, 150 livres ; et ceux au-dessous de 1,000 livres, 75 livres, pour être par lui délivrées au receveur-général de l'Hôtel Royal des Invalides.

Avril 1674. — Édit du roi, pour l'établissement de l'Hôtel Royal des Invalides.

31 décembre 1674. — Arrêt du conseil d'État du roi, portant exemption de cent muids de vin de supplément, outre et pardessus les deux cents ac-

cordés en premier lieu à l'Hôtel Royal des Invalides.

17 mai 1675. — Contrat pour l'établissement des prêtres de la mission, établis à l'Hôtel Royal des Invalides.

10 août 1675. — Ordonnance du roi, concernant la manière dont on tiendra le conseil de guerre à l'Hôtel Royal des Invalides, donné à l'occasion du nommé Jacques Saulnier *dit* Latour-Saint-Laurent, soldat invalide, qui blessa le sergent-major du dit Hôtel, étant au réfectoire, et pour punir les officiers, cavaliers, dragons et soldats qui commettront quelques crimes dans l'enclos du dit Hôtel.

7 mars 1676. — Contrat pour l'établissement des sœurs de charité à l'Hôtel Royal des Invalides.

Mars 1676. — Édit du roi, portant augmentation de franc-salé et affranchissement de vin, vivres et autres provisions qui seront portés dans l'Hôtel Royal des Invalides.

21 mars 1676 — Police à tenir dans les chambres des soldats.

17 avril 1677. — Punition aux ivrognes.

15 mai 1677. — Quarantaine.

16 juin 1677. — Arrêt du conseil d'État du roi, portant augmentation de trois cent cinquante

muids de vin et trente minots de sel, à l'Hôtel Royal des Invalides.

25 août 1678. — Arrêt du conseil d'État du roi, qui ordonne que le sieur Penautier rendra les comptes des oblats ou pensions des religieux-lais, pardevant le directeur et administrateur de l'Hôtel des Invalides, et le décharge de rendre autre compte, en aucune de ses chambres des comptes ni ailleurs.

19 octobre 1678. — Arrêt du conseil d'État du roi, qui ordonne que les abbayes, prieurés et autres bénéfices de nomination royale, situés en Flandre, Artois, Cambrésis, Haynault, évêchés de Metz, Toul et Verdun, Alsace, Lorraine, Barrois et Roussillon, paieront les pensions des religieux-lais, pour la subsistance des soldats estropiés et invalides, qui sont retirés dans l'Hôtel Royal construit pour cet effet.

29 octobre 1678. — Arrêt du conseil d'État du roi, portant affranchissement des droits pour trois cent cinquante muids de vin, accordés à l'Hôtel Royal des Invalides, par arrêt du 30 juillet de ladite année.

7 janvier 1679. — Punition.

9 janvier 1679. — Arrêt du conseil d'État du roi, qui ordonne que les abbayes, prieurés et autres bénéfices de nomination royale, situés tant sur les

frontières de Champagne, dans le Luxembourg, dépendant de la généralité de Metz, que dans le gouvernement de Pignerol, paieront les pensions des religieux lais, pour la subsistance des soldats estropiés et invalides, qui sont retirés dans l'Hôtel Royal, construit pour cet effet.

18 mars 1679. — Domestiques admis aux infirmeries, pour huit ou dix jours.

16 mai 1679. — Arrêt du conseil d'État du roi, qui affranchit l'Hôtel Royal des Invalides, de tous droits d'entrées, subsides et impositions, et du droit d'entrée de onze cent cinquante muids de vin.

10 juin 1679. — Arrêt du conseil d'État du roi, portant augmentation de trois cent cinquante muids de vin et quarante-six minots de sel, pour la provision de l'Hôtel Royal des Invalides.

5 janvier 1680. — Contrat, pour nouvelles conventions avec les prêtres de la mission, établis à l'Hôtel Royal des Invalides.

30 août 1681. — Testamens et successions.

17 février 1682. — Arrêt du conseil d'État du roi, qui accorde trois deniers pour livre à l'Hôtel Royal des Invalides, sur les paiemens qui se font à l'ordinaire et extraordinaire des guerres.

12 février 1683. — Arrêt du conseil d'État du roi, qui ordonne aux trésoriers de l'ordinaire et

extraordinaire des guerres, de payer les deux deniers et trois deniers pour livre.

7 août 1683. — Portiers en deuil. Mort de la reine Marie-Thérèse d'Autriche.

14 juillet 1684. — Arrêt du conseil d'État du roi, portant augmentation de deux cents muids de vin et cinquante minots de sel, accordés à l'Hôtel Royal des Invalides.

14 juillet 1685. — Arrêt du conseil d'État du roi, portant augmentation de trois cents muids de vin, et de cinquante minots de sel, accordés à l'Hôtel Royal des Invalides.

25 février 1689. — Origine de la classe des manicros.

6 septembre 1689. — Défense de vendre du tabac dans l'Hôtel.

28 avril 1692. — Commission de la charge de lieutenant de roi de l'Hôtel Royal des Invalides, pour le sieur Boyveau.

11 décembre 1692. — Gendarmes ne monteront point la garde et mangeront ensemble.

15 janvier 1693. — Sergens aux gardes, exempts de monter la garde, etc.

26 mars 1693. — Decision pour le demi-setier de vin, tous les jours au déjeûner.

26 mars 1693. — Décision portant qu'il ne se

pourra faire aucun testament que le major n'y soit présent.

10 septembre 1693. — Décision sur le mariage des Invalides.

16 février 1696. — Sergens des gardes-suisses exempts de garde, *etc.*

22 février 1696. — Provisions de gouverneur de l'Hôtel Royal des Invalides, pour le sieur Desroches d'Orange.

22 mars 1696. — Acte du serment prêté par le sieur Desroches d'Orange, pour le gouvernement de l'Hôtel Royal des Invalides.

5 novembre 1696. — Brevet de médecin en chef de l'Hôtel Royal des Invalides, pour le sieur Guyart.

21 novembre 1696. — *Committimus* pour le médecin en chef de l'Hôtel Royal des Invalides.

26 novembre 1696. — Ordonnance du roi, pour donner rang dans l'infanterie aux compagnies de l'Hôtel Royal des Invalides.

Février 1701. — Édit du roi, portant création des trésoriers-généraux de l'Hôtel Royal des Invalides.

4 mars 1701. — Provisions de conseiller du roi, trésorier-général, ancien et mi-triennal de l'Hôtel Royal des Invalides. Nouvelle création pour M. de la Cour.

6 mars 1701. — Acte du serment prêté par M. de la Cour.

Année 1701. — Quittance de deniers payés au trésor royal, pour la finance de l'office ancien et mi-triennal de trésorier-général de l'Hôtel Royal des Invalides, trois cents mille francs comptant : M. de la Cour.

15 février 1701. — Modération des droits de marc d'or et de sceau.

18 février 1701. — Quittance du droit de marc d'or de la somme de cent livres.

17 avril 1702. — Brevet de l'établissement de la charge d'architecte et contrôleur des bâtimens de l'Hôtel Royal des Invalides, pour le sieur Levé.

9 février 1703. — Quinzaine pour les officiers entrans.

18 mai 1703. — Arrêt du conseil d'État du roi, portant exemption des droits pour cinq cents muids de vin pour la provision de l'Hôtel Royal des Invalides, outre les deux mille muids qui lui ont été ci-devant accordés.

30 octobre 1703. — Arrêt du conseil, portant confirmation de celui du 14 juillet 1703, qui accorde l'exemption des droits pour la quantité de cinq cents muids de vin pour la provision de l'Hôtel Royal des Invalides, outre les deux mille muids qui lui ont été ci-devant accordés.

1er février 1704. — Arrêt du conseil d'État du roi, qui ordonne que le directeur de l'Hôtel Royal des Invalides touchera par an six mille livres d'appointemens.

1er février 1704. — Brevet de directeur.

8 mars 1704. — Arrêt du conseil d'État du roi, qui explique et confirme les privilèges de l'Hôtel Royal des Invalides.

Novembre 1704. — Arrêt du conseil d'État du roi, qui décharge l'Hôtel Royal des Invalides, des paiemens des sommes exigées pour les droits de jauge et courtage des vins entrés pour la consommation, depuis le 1er octobre 1702 jusqu'au dernier septembre 1703, et pour les droits de gros et d'augmentation demandés pour la quantité des vins excédant son privilège.

10 janvier 1705. — Provisions de gouverneur en faveur du sieur de Boyveau, *etc.*

10 janvier 1705. — Commission de la charge de lieutenant de roi, en faveur du sieur de la Javie, *etc.*

21 juillet 1705. — Arrêt du conseil d'État du roi, pour les privilèges de l'Hôtel Royal des Invalides.

28 juillet 1705. — Arrêt du conseil d'État du roi, portant exemption des droits d'entrées pour

trois mille muids de vin, pour la provision de l'Hôtel Royal des Invalides.

2 octobre 1706. — Déclaration du roi, en faveur de l'Hôtel Royal des Invalides.

16 juillet 1707. — Arrêt du conseil d'État du roi, qui ordonne que le fermier du domaine sera tenu de restituer la somme de deux cent quatre-vingt-quinze livres deux sous six deniers, payée par un voiturier par eau, pour soixante-un muids de charbon, appartenant à l'Hôtel Royal des Invalides, arrivés au commencement de l'année 1707.

16 juillet 1707. — Arrêt du conseil d'État du roi, qui décharge le sieur du Mouthiers, commissaire de l'Hôtel Royal des Invalides, de la soumission par lui faite aux officiers porteurs de sel, pour le paiement du quart en sus de leurs droits à cause du franc-salé du dit Hôtel.

12 août 1707. — Ordonnance du roi, portant établissement de la charge de chirurgien-major à l'Hôtel Royal des Invalides.

12 août 1707. — Brevet de l'établissement de la charge de chirurgien-major en chef et consultant, dont la place soit fixe à l'Hôtel Royal des Invalides, pour le sieur Morand.

6 septembre 1707. — Arrêt du conseil d'État du roi, qui décharge l'Hôtel Royal des Invalides, du droit de trois sous six deniers par minot de sel

de franc-salé du dit Hôtel, prétendus par les jurés porteurs et briseurs de sel, en conséquence de l'édit du mois d'octobre 1703.

1er mars 1708. — Brevet de l'établissement de la charge de commissaire des guerres, à la résidence et police de l'Hôtel Royal des Invalides, pour le sieur du Mouthiers.

7 septembre 1709. — Arrêt du conseil d'État du roi, rendu contre les trésoriers-généraux de l'ordinaire et de l'extraordinaire des guerres, de l'artillerie et autres, pour les contraindre à payer les sommes considérables, provenant des trois deniers pour livre, qu'ils doivent à l'Hôtel Royal des Invalides, dont le sieur Quenau est commis, par icelui pour en faire le recouvrement.

9 septembre 1709. — Ordre de M. Voisin au sieur Quenau, commis par arrêt du conseil d'État, pour les sommes dues par les trésoriers-généraux de l'ordinaire et de l'extraordinaire des guerres à l'Hôtel Royal des Invalides, pour faire ses diligences à parvenir à ce recouvrement.

10 septembre 1709. — Brevet de directeur de l'Hôtel Royal des Invalides, en faveur du sieur de Versoris.

10 septembre 1709. — Brevet de commissaire des guerres à la résidence et police de l'Hôtel

Royal des Invalides, en faveur du sieur de Sanglères, *etc.*

18 septembre 1709. — Arrêt du conseil d'État du roi, qui casse les marchés faits par ordre de M. de La Cour, pour les achats des grains pour l'Hôtel Royal des Invalides.

17 décembre 1709. — Arrêt du conseil d'État du roi, qui confirme les privilèges accordés par S. M., à l'Hôtel Royal des Invalides; ordonne en conséquence au fermier du sieur évêque de Viviers, de rendre et restituer la somme qu'il a exigée à titre de péage, pour le passage d'une voiture de vin, destinée pour le dit Hôtel Royal des Invalides.

3 janvier 1710. — Règlement pour l'Hôtel Royal des Invalides.

3 janvier 1710. — Règlement pour les infirmeries de l'Hôtel Royal des Invalides.

17 janvier 1710. — Ordonnance du roi, pour les pensions des Suisses protestans.

23 février 1710. — Provisions de conseiller du roi, trésorier-général de l'Hôtel Royal des Invalides, pour le sieur Moreau, *etc.*, vacant par le décès de François Moricet sieur de La Cour.

10 juin 1710. — Arrêt du conseil d'État du roi, qui décharge l'Hôtel Royal des Invalides du droit de deux sous six deniers par minot de sel de francsalé du dit Hôtel, attribué à l'office de receveur-

payeur des droits manuels sur le sel, au grenier de Paris.

10 octobre 1710. — Legs fait à l'Hôtel; refusé, et pourquoi.

25 juin 1711. — Arrêt du conseil d'État du roi, qui ordonne la restitution des vins destinés pour l'Hôtel Royal des Invalides, et saisis sous prétexte du paiement des droits.

24 août 1711. — Ordonnance du roi, pour les pensions des Suisses protestans.

18 mars 1712. — Règlement sur ce qui doit être observé par les médecins, chirurgiens et apothicaires de l'Hôtel Royal des Invalides, et par les garçons ou fraters des dits chirurgiens.

10 mars 1713. — Décision du conseil, concernant les manicros.

25 août 1713. — Arrêt du conseil d'État du roi, qui exempte des droits de jauge et de courtage, et de ceux de courtiers-commissaires et jaugeurs de futailles, les vins et eaux-de-vie, destinés pour la provision de l'Hôtel Royal des Invalides.

12 mars 1714. — Arrêt du conseil d'État du roi, qui casse et annulle deux saisies faites sur les vins destinés pour la provision de l'Hôtel Royal des Invalides.

6 mai 1715. — Arrêt du conseil d'État du roi, portant règlement pour le paiement des pensions

d'oblats ou places de religieux-lais, attribuées à l'Hôtel Royal des Invalides.

20 septembre 1715 — Portiers en deuil, à l'occasion de la mort de Louis XIV.

19 février 1716. — Ordonnance du roi, en faveur des officiers d'artillerie.

21 mars 1716. — Arrêt du conseil d'État du roi, concernant l'exemption de tous droits sur les vins et boissons en faveur de l'Hôtel Royal des Invalides.

29 juin 1716. — Règlement au sujet des dispositions testamentaires, qui se feront dans l'Hôtel Royal des Invalides.

7 juillet 1716. — Arrêt du conseil d'État du roi, concernant les pensions d'oblats ou de religieux-lais, affectées à la nourriture et entretien des officiers et soldats de l'Hôtel Royal des Invalides.

22 août 1716. — Arrêt du conseil d'État du roi, qui ordonne que le receveur du grenier à sel de Paris, continuera de délivrer à l'Hôtel Royal des Invalides, la quantité de deux cent quatre-vingts minots de sel de franc-salé pour la provision du dit Hôtel.

2 novembre 1716. — Brevet de la charge de commissaire des guerres, à la résidence et police de l'Hôtel Royal des Invalides, au lieu et place du sieur de Sanglères, en faveur du sieur de Kessel,

ci-devant commissaire-ordonnateur des guerres à l'armée de Flandre et au siège de Béthune.

9 novembre 1716. — Condamnation et jugement rendu par le conseil de guerre, contre les sieurs Desgonnetz et Castets, officiers de l'Hôtel Royal des Invalides, pour avoir fait imprimer et distribuer un libelle diffamatoire contre M. de Versoris, intendant et directeur de l'Hôtel Royal des Invalides.

15 novembre 1716. — Arrêt du conseil d'État du roi, pour le paiement des pensions d'oblats ou places de religieux-lais, sur les bénéfices situés dans les pays conquis, avec attribution de juridiction au grand conseil.

31 mars 1747. — Lettre du conseil de la guerre aux commandans des compagnies détachées de l'Hôtel Royal des Invalides, au sujet des souliers et du linge des officiers et soldats qui y sont entretenus.

11 mai 1747. — Règlement du conseil de la guerre, sur la police des compagnies détachées de l'Hôtel Royal des Invalides.

22 novembre 1747. — Arrêt du conseil d'État du roi, qui ordonne l'exécution des arrêts des 6 mai 1715, 16 juillet et 15 novembre 1746, et commet M. Oudart-François Bridou, conseiller du roi, substitut de M. le procureur-général de S. M.

en son grand conseil, et avocat au parlement, pour faire toutes les poursuites et diligences nécessaires pour obliger les redevables des pensions d'oblats ou de religieux-lais, à satisfaire au paiement des sommes par eux dues, en exécution des dits arrêts.

19 juin 1718. — Le roi Louis XV est venu voir les Invalides.

25 novembre 1718. — Ordonnance du roi, pour le paiement de la gratification accordée aux sergens, caporaux, anspessades et soldats des compagnies d'invalides, pour les indemniser des quatre deniers pour livre, qui se retiennent sur leur solde.

1719. — Sergens des Gardes-Françaises reçus lieutenans.

11 juin 1719. — Punition aux officiers des compagnies détachées qui se seront mal conduits.

26 mars 1720. — Arrêt du conseil du roi, pour le nouveau plan des arbres aux environs des Invalides.

27 septembre 1720. — Brevet en faveur du sieur Charpentier d'Audron, pour la direction de l'Hôtel Royal des Invalides, vacante par le décès de M. de Versoris.

25 octobre 1720. — Ordonnance du roi, portant établissement de la charge de commissaire-ordonnateur à la résidence et police de l'Hôtel

Royal des Invalides, sous les ordres du sieur Charpentier d'Audron, en faveur du sieur Kessel, commissaire ordinaire des guerres, ci-devant capitaine de cavalerie.

1er janvier 1721. — Brevet en faveur du sieur Maloët, de la charge de médecin en chef de l'Hôtel Royal des Invalides, et docteur régent des Facultés de Médecine de Paris et de Montpellier, vacante par le décès du sieur Paul Guyart, ci-devant médecin du dit Hôtel.

1er mars 1721. — Brevet en faveur du sieur Hiérome Bardon, de la charge d'apothicaire-major de l'Hôtel Royal des Invalides.

27 avril 1721. — Commission de la charge de lieutenant de roi de l'Hôtel Royal des Invalides pour le sieur Beaujeu, maréchal-de-camp des armées du roi, vacante par le décès du sieur de la Javye.

30 mai 1721. — Ordonnance du roi, pour faire payer les compagnies de l'Hôtel Royal des Invalides, depuis 60 hommes jusqu'à 70, lorsqu'elles se trouveront à ce nombre.

1er mai 1722. — Brevet à titre de survivance, de la charge de chirurgien-major en chef et consultant, établie dans l'Hôtel Royal des Invalides, en faveur du sieur Morand fils, membre de l'Académie des Sciences, *etc.*

1ᵉʳ juillet 1722. — Ordonnance du roi, portant établissement de la charge de secrétaire et garde des archives de l'Hôtel Royal des Invalides.

1ᵉʳ juillet 1722. — Brevet de l'établissement de la charge de secrétaire et garde des archives de l'Hôtel Royal des Invalides, dont la place soit fixe et permanente, pour le sieur Pelletier.

15 juillet 1722. — Brevet accordé à titre de survivance, de la charge de secrétaire garde des archives de l'Hôtel Royal des Invalides, dont la place soit fixe et permanente, en faveur du sieur Pelletier fils, dont le père est en possession.

15 mars 1723. — Brevet en faveur du sieur Charpentier de Couvrelle, pour la direction de l'Hôtel Royal des Invalides, au lieu et place du sieur Charpentier d'Audron, son père.

7 octobre 1724. — Ordonnance du roi, portant règlement pour les compagnies détachées de l'Hôtel Royal des Invalides.

14 mai 1725. — Arrêt du conseil d'État du roi, qui commet le sieur Denys Martin, pour achever l'exercice de la charge de trésorier-général de l'Hôtel Royal des Invalides, de la présente année 1725, au lieu et place du feu sieur Moreau, décédé le 5 mai au dit an 1725.

20 octobre 1726. — Provisions de conseiller du roi, trésorier-général, alternatif et mi-triennal de

l'Hôtel Royal des Invalides, pour le sieur de La Barre, auditeur en la Chambre des Comptes de Paris.

17 novembre 1726. — Ordonnance du roi, qui supprime les fonctions de commissaire et de sous-commissaire, établies à l'Hôtel Royal des Invalides.

23 novembre 1726. — Ordonnance du roi, qui établit le sous-inspecteur, pour faire la revue tous les mois de la compagnie des fusiliers du roi, de l'Hôtel Royal des Invalides.

23 novembre 1726. — Depuis l'établissement de l'Hôtel Royal des Invalides, le roi, par plusieurs édits et arrêts de son conseil, lui a accordé la quantité de 280 minots de sel de franc-salé, au prix marchand, avec exemption de tous autres droits.

2 décembre 1726. — Brevet d'inspecteur contrôleur-général de l'Hôtel Royal des Invalides, pour le sieur du Buisson.

15 décembre 1726. — Lettre de M. le Blanc à M. de Beaujeu, pour établir contrôleur de l'Hôtel Royal des Invalides, le sieur Mazelet, capitaine d'une compagnie de soldats invalides, en garnison au château de Nantes, au lieu et place du sieur Devaux, attendu ses grandes infirmités.

1er janvier 1727. — Brevet qui accorde au sieur Morand, la charge de chirurgien-major en chef et consultant de l'Hôtel Royal des Invalides, en survivance du sieur Bouquot.

1ᵉʳ janvier 1727. — Brevet de chirurgien-major en chef et consultant de l'Hôtel Royal des Invalides, par la démission volontaire du sieur Morand, en faveur du sieur Bouquot.

13 février 1727. — Règlement pour les chirurgiens, par rapport à l'anatomie.

28 juillet 1727. — Commission de major de l'Hôtel Royal des Invalides, pour le sieur Reynaut.

Nota. — C'est le premier.

11 août 1727. — Règlement concernant les garçons chirurgiens de l'Hôtel Royal des Invalides.

10 décembre 1727. — Extrait de l'ordonnance du roi, portant règlement pour les troupes de S. M.

30 décembre 1727. — Arrêt du conseil d'État du roi, pour le privilège des deux cent quatre-vingts minots de sel de franc-salé, accordés à l'Hôtel Royal des Invalides, qui ne seront payés qu'à raison d'une livre 17 sous 6 deniers, par Minot.

11 février 1727. — Provisions de gouverneur de l'Hôtel Royal des Invalides, pour le sieur comte de Beaujeu, maréchal de camp, lieutenant de roi du dit Hôtel Royal, vacante par le décès du sieur Boyveau, *etc.*

15 février 1728. — Commission de lieutenant de l'Hôtel Royal des Invalides, pour le sieur Chevalier de Ganges, lieutenant-colonel du régiment de dragons de Beaufremont.

50 juin 1728. — Provisions de conseiller du roi, trésorier-général, ancien, alternatif et mi-triennal de l'Hôtel Royal des Invalides, pour le sieur Riche.

16 octobre 1728. — Arrêt du conseil d'État du roi, qui ordonne l'exécution des précédens édits, déclarations et arrêts rendus au sujet des pensions des oblats en ce qui ne sera pas dérogé par le présent ; commet M. Granet, au lieu et place de M. Bridou, pour faire toutes poursuites et diligences nécessaires ; renvoie la connaissance de tous les procès pendans au grand conseil, et de tous les différens mus et à mouvoir, aux sieurs d'Angervilliers et d'Argenson, conseillers d'État, Le Pelletier de Beaupré, Le Nain, d'Aguesseau de Fresne et Trudaine, maîtres des requêtes.

29 décembre 1728. — Brevet de la charge d'architecte et contrôleur des bâtimens de l'Hôtel Royal des Invalides, vacante par le décès du sieur Levé, en faveur du sieur de Cotte, ancien conseiller du roi, intendant des bâtimens de S. M., membre de l'Académie royale d'architecture.

10 mars 1729. — Extrait de l'ordonnance du roi, pour régler l'ordre et ce qui doit être dorénavant observé en délivrant les congés absolus aux cavaliers, dragons et soldats de ses troupes, à l'expiration de leurs engagemens limités.

14 octobre 1729. — Provisions de conseiller du roi, trésorier-général, ancien, alternatif et mi-triennal de l'Hôtel Royal des Invalides, pour le sieur Périchon, avocat au Parlement.

29 mai 1730. — Provisions de la charge de gouverneur de l'Hôtel Royal des Invalides pour le sieur Chevalier de Ganges, lieutenant de roi du dit Hôtel Royal, vacante par le décès du sieur de Beaujeu.

12 juin 1730. — Commission de lieutenant de roi de l'Hôtel Royal des Invalides, pour le sieur de Saint-André, brigadier et inspecteur-général de cavalerie.

5 décembre 1730. — Ordonnance du roi, pour régler les différentes classes de ceux qui seront reçus à l'Hôtel Royal des Invalides.

30 décembre 1730. — Contrat pour les prêtres de la Congrégation de la Mission, établis en l'Hôtel Royal des Invalides.

1er juin 1731. — Ordonnance du roi, pour l'établissement d'une école de trompettes dans l'Hôtel Royal des Invalides.

7 juin 1731. — Règlement pour l'école de trompettes dans l'Hôtel Royal des Invalides.

29 août 1731. — Ordonnance du roi, concernant la subordination et la discipline de la compagnie du prévôt général des monnaies à Paris.

10 novembre 1731. — Brevet de directeur de

l'Hôtel Royal des Invalides, pour le sieur Berthelot de Duchy.

5 septembre 1731. — Extrait de la lettre de monseigneur d'Angervilliers à M. le marquis de Nangis, au sujet des chirurgiens-majors, servant à la suite des corps.

24 juillet 1752. — Lettres-patentes, accordées par le roi, pour la confirmation au sujet de l'échange proposé entre l'Hôtel Royal des Invalides et le sieur Delorme, ensemble l'approbation du contrat passé, *etc.*

14 juin 1734. — Copie de la lettre de monseigneur d'Angervilliers à M. de Ganges, gouverneur, concernant la réception des soldats, cavaliers ou dragons qui se présentent à l'Hôtel Royal des Invalides, pour y être reçus sans être munis de leurs congés et certificats.

16 janvier 1735. — Commission de major de l'Hôtel Royal des Invalides, en faveur du sieur de Varenne, premier aide-major du dit Hôtel.

30 avril 1735. — Arrêt du conseil d'État du roi, qui ordonne qu'il sera arrêté un rôle général des pensions d'oblats, dans lequel seront compris toutes les abbayes et prieurés et autres bénéfices qui composent, tant l'ancien rôle que celui de 1716, à l'exception néanmoins des abbayes ou prieurés qui ont été déchargés des dites pensions,

qui sont inconnus ou exempts des dites pensions pour n'être point originairement de fondation ou de nomination royales.

3 mai 1735. — Copie de la lettre de M. d'Angervilliers à M. de Sainte-Suzanne, lieutenant pour le roi à Guise, qui établit le pouvoir du gouverneur de l'Hôtel Royal des Invalides, sur les compagnies qui sont détachées du dit Hôtel.

11 janvier 1738. — Provisions de gouverneur de l'Hôtel Royal des Invalides, pour le sieur de Saint-André, maréchal-des-camps et armées du roi.

11 janvier 1738. — Commission de lieutenant de roi de l'Hôtel Royal des Invalides, pour le sieur de la Courneusve, mestre-de-camp, lieutenant-colonel du régiment Royal-Dragons.

1er juillet 1738. — Brevet d'inspecteur contrôleur-général de l'Hôtel Royal des Invalides, pour le sieur Chateauvillard fils, commissaire ordinaire des guerres.

25 septembre 1738 — Permission aux sergens de porter l'épée.

25 février 1739. — Copie d'une lettre de monseigneur d'Angervilliers, à M. de Saint-André, gouverneur, concernant les punitions des officiers de mauvaise conduite.

10 avril 1739. — Extrait de la lettre de monseigneur d'Angervilliers à Messieurs les directeurs

et inspecteurs-généraux de l'infanterie, concernant les officiers et soldats qu'ils doivent envoyer à l'Hôtel Royal des Invalides.

30 janvier 1740. — Brevet de directeur de l'Hôtel Royal des Invalides, pour le sieur Bauyn de Jallais, conseiller-honoraire au Parlement de Paris, intendant de justice, police et finances en Roussillon et pays de Foix.

30 octobre 1741. — Ordonnance du roi, pour mettre à cent trois hommes la compagnie des fusiliers de l'Hôtel Royal des Invalides.

17 janvier 1742. — Brevet de médecin en chef de l'Hôtel Royal des Invalides, pour le sieur Jean-Claude Munier, docteur de la Faculté de Médecine de l'Université de Besançon, vacante par le décès du sieur Pierre Maloët.

16 mars 1742. — Visite des drogues de la pharmacie.

4 mai 1742. — Brevet de la charge de secrétaire et garde des archives de l'Hôtel Royal des Invalides, en faveur du sieur Morand, commis de la guerre, vacante par le décès du sieur Pelletier, qui était pourvu de la charge.

7 mai 1742. — Arrêt du conseil d'État du roi, et lettres-patentes sur icelui, qui ordonnent qu'à la requête du sieur Granet, que S. M. commet et autorise de nouveau, en tant que de besoin, il sera

fait toutes poursuites et diligences nécessaires, contre les redevables des pensions d'oblats ou religieux-lais.

24 mai 1742. — Commission de la charge de major de l'Hôtel Royal des Invalides, pour le sieur de Beauchesne, premier aide-major, vacante par le décès du sieur de Varennes, qui en était pourvu.

25 août 1742. — Arrêt du conseil d'État du roi, et lettres-patentes sur icelui, qui ordonnent que les receveurs diocésains des décimes, seront tenus de poursuivre régulièrement le recouvrement des pensions d'oblats sur les bénéficiers, *etc.*

21 octobre 1742. — Provisions de gouverneur de l'Hôtel Royal des Invalides, pour le sieur Courneusve, lieutenant de roi, vacante par le décès du sieur de Saint-André, qui en était pourvu.

21 octobre 1742. — Commission de la charge de lieutenant de roi de l'Hôtel Royal des Invalides, pour le sieur comte de la Marck, lieutenant de roi de la citadelle d'Amiens, vacante par la promotion du sieur de la Courneusve, à celle de gouverneur.

17 mai 1744. — Ordonnance du roi, pour incorporer la compagnie de Mercière, de l'Hôtel Royal des Invalides, dans les trois compagnies du même Hôtel, qui sont à Saint-Malo, et former une nouvelle compagnie de bas officiers, qui sera composée des anciens sergens, maréchaux-des-logis et

gendarmes des compagnies d'ordonnance, choisis entre ceux qui sont le plus en état de servir.

Décisions du conseil, rendues en faveur de l'Hôtel Royal des Invalides, première décision du 31 mai 1744, donnée sur le rapport de M. Orry, ministre et contrôleur-général des finances, qui exempte l'Hôtel des nouveaux droits d'entrées sur le plâtre. — Autre décision du 19 juin 1744, donnée aussi sur le rapport de M. Orry, qui exempte l'Hôtel, du nouveau droit d'entrée sur l'étain.

27 avril 1745. — Arrêt du conseil d'État du roi, portant augmentation de soixante minots de sel, accordés à l'Hôtel Royal des Invalides.

17 février 1746. — Décision de M. le comte d'Argenson, ministre et secrétaire d'État de la guerre, pour admission à l'Hôtel, etc.

31 juillet 1746. — Ordonnance du roi, pour porter la compagnie de bas officiers invalides de Jacquette, en garnison au château de Saumur, au nombre de cent hommes ; et former du détachement qui a été tiré de la dite compagnie pour garder le château d'Angers, une nouvelle compagnie de cent hommes, etc.

22 septembre 1746. — Ordre du ministre, qui défend aux sergens et soldats invalides, de faire aucun commerce de tabac, dans Paris ou aux environs, etc.

15 novembre 1746. — Ordonnance du roi, pour porter à cent hommes la compagnie de Ferrand, qui est en garnison au fort de l'Écluse.

24 novembre 1746. — Copie de la décision de M. le comte d'Argenson, portant qu'à l'avenir, il ne sera plus reçu à l'Hôtel aucuns chirurgiens-majors des régimens d'infanterie, de cavalerie et de dragons, *etc*.

26 mai 1747. — Ordonnance du roi, pour augmenter, à commencer du 1er juin 1747, de 5 sous par jour, les appointemens de chaque lieutenant des compagnies détachées, et régler qu'il ne sera dorénavant entretenu que quatre lieutenans en chacune de ces compagnies.

15 juillet 1747. — Arrêt du conseil d'État du roi, qui ordonne que les abbés, tant réguliers que séculiers, des abbayes et prieurés de nomination royale, situés dans la partie des Pays-Bas, nouvellement soumise à l'obéissance de S. M., même les évêques aux évêchés desquels il a été uni de ces bénéfices, paieront annuellement entre les mains de celui qui sera commis à cet effet de la part de S. M., les pensions d'oblats ou de religieux-lais, à raison de 150 livres pour chaque abbaye ou prieuré dont le revenu est de 1,000 livres et au-dessus, et de 75 livres pour ceux au-dessous de 1,000 livres, à compter du 1er janvier de l'année dans le cours de

laquelle les pays ou ces bénéfices sont situés, ont été soumis à l'obéissance de S. M.

8 octobre 1747. — Arrêt du conseil d'État du roi, qui exempte l'Hôtel des droits nouvellement rétablis, et ordonne que les entrepreneurs, dont l'exploitation des entreprises se fait hors du dit Hôtel, jouiront des mêmes privilèges.

14 octobre 1747. — Sentence contradictoire du bureau de la ville de Paris, qui décharge le maître de l'Hôtel, des droits d'entrée sur le charbon de terre, *etc.*

14 octobre 1747. — Sentence contradictoire du bureau de la ville de Paris, qui décharge le maître charpentier de l'Hôtel, des droits d'entrée sur le bois de charpente destiné pour le dit Hôtel.

10 février 1748. — Ordonnance du roi, pour empêcher qu'il ne se commette à l'avenir aucun abus dans les revues des commissaires des guerres, servant à la subsistance des compagnies d'invalides.

1ᵉʳ décembre 1748. — Solde aux compagnies détachées. — Extrait de l'ordonnance du roi, pour le traitement des troupes, à commencer du 1ᵉʳ novembre 1748.

12 décembre 1748. — POUR ÊTRE ADMIS A L'HÔTEL. — Extrait de l'ordonnance du roi, concernant les trois bataillons de la milice de la ville de Paris.

1ᵉʳ janvier 1749. — Admission a l'hôtel. — Extrait de l'ordonnance du roi, pour la suppression du régiment Royal-Barrois.

10 janvier 1749. — Admission a l'hôtel. — Extrait de l'ordonnance du roi, portant réduction dans les cinq bataillons du régiment Royal-Artillerie, et dans les compagnies de mineurs et d'ouvriers.

16 février 1749. — Admission a l'hôtel. — Extrait de l'ordonnance du roi, portant réduction dans les régimens Royal-Italien et Royal-Corse.

15 mars 1749. — Admission a l'hôtel. — Extrait de l'ordonnance du roi, concercant sa cavalerie française.

24 avril 1749. — Successions des Invalides décédés à l'Hôtel. — Décision de M. le comte d'Argenson.

29 avril 1749. — Admission a l'hôtel. — Extrait de l'ordonnance du roi, pour régler la distribution des congés d'ancienneté pendant l'hiver prochain.

6 mai 1740. — Ordonnance du roi, pour établir un cinquième lieutenant en chaque compagnie détachée de l'Hôtel, et fixer les appointemens de chaque lieutenant à 50 livres par mois.

8 mai 1749. — Ordonnance du roi, concernant les compagnies de bas officiers de l'Hôtel Royal des Invalides.

1ᵉʳ juillet 1749. — Solde aux compagnies détachées. — Revues tous les deux mois.

1ᵉʳ août 1749. — Admission a l'hôtel. — Extrait de l'ordonnance du roi, pour la suppression de plusieurs corps de troupes légères, et la formation d'un nouveau corps, sous le titre des *Volontaires de Flandre*.

9 septembre 1749. — Ordonnance du roi, concernant les officiers de ses troupes, retirés à l'Hôtel Royal des Invalides.

31 décembre 1749. — Ordonnance du roi, pour la formation d'une compagnie de bas officiers invalides, destinée à servir la garde du château de la Bastille.

26 mai 1750. — Livraison de bois et chandelles au bâtiment neuf.

6 novembre 1750. — Commission de la charge de major de l'Hôtel Royal des Invalides, pour le sieur de Saint-Étienne, troisième aide-major du dit Hôtel.

1ᵉʳ septembre 1751. — Ordonnance du roi, concernant les compagnies détachées de l'Hôtel Royal des Invalides.

10 septembre 1751. — Ordonnance du roi, concernant les compagnies de bas officiers de l'Hôtel Royal des Invalides.

1ᵉʳ janvier 1752. — Subsistance en route pour les compagnies détachées.

1ᵉʳ mai 1752. — Admission à l'Hôtel.

24 septembre 1752. — Arrêt du conseil d'État du roi, qui commet le sieur Fabus, pour achever l'exercice du feu sieur le Riche, ancien trésorier de l'Hôtel Royal des Invalides.

23 novembre 1752. — Règlement concernant les chirurgiens de l'Hôtel, employés sous les ordres du chirurgien-major.

1ᵉʳ décembre 1752. — Provisions de conseiller du roi, trésorier, *etc.*, pour le sieur Fabus.

3 novembre 1753.—Provisions de gouverneur, pour le sieur de la Serre.

1ᵉʳ mars 1754. — Commission de commissaire d'artillerie, pour le sieur Saudral.

1ᵉʳ avril 1754. — Règlement pour les convois.

1ᵉʳ mai 1754. — Admission à l'Hôtel.

16 octobre 1755. — Règlement pour les officiers, bas officiers et soldats des compagnies détachées, qui désireront rentrer dans les troupes du roi.

30 novembre 1755. — Gratifications règlées pour les grades supérieurs.

6 mai 1756. — Couchers des compagnies détachées.

17 juin 1756. — Règle à observer pour les incorporés dans les compagnies détachées.

2 août 1756. — Établissement d'un corps-de-garde dans les avenues, en face de l'Hôtel.

15 décembre 1756. — Ordonnance du roi, portant règlement pour les officiers de ses troupes, retirés à l'Hôtel.

30 mars 1757. — Ordonnance du roi, pour la formation d'une compagnie de bas officiers invalides, destinés à servir à la garde de l'arsenal à Paris.

1er avril 1757. — Suppression d'une compagnie d'Invalides, en garnison aux îles Sainte-Marguerite.

25 février 1758. — Brevet de directeur de l'Hôtel Royal des Invalides, pour le sieur Partyet.

25 février 1758. — Brevet de la charge de secrétaire-garde des archives du dit Hôtel, en faveur du sieur Jacques-Éléonor le Cul Lefèbvre.

16 mars 1758. — Brevet de retenue de service, pendant l'année 1758 seulement, pour le sieur Périchon, trésorier-général, *etc.*

16 mars 1758. — Provisions de trésorier du dit Hôtel, pour le sieur Dangé de Bagneux, par la démission volontaire du sieur Périchon.

27 mai 1758. — Brevet qui commet M. de Cremilles, pour remplir toutes les fonctions attribuées

au secrétaire d'État de la guerre, en qualité de directeur et administrateur-général de l'Hôtel Royal des Invalides.

6 août 1758. — Tambours des mousquetaires reçus bas officiers.

2 septembre 1758. — Arrêt du conseil d'État du roi, qui ordonne que les bénéfices dépendans des abbayes de Saint-Denis, de Saint-Michel-en-l'Herm et autres, seront dorénavant assujétis aux oblats.

28 novembre 1758. — Décision pour remédier aux abus que les grands congés peuvent occasionner.

15 décembre 1758. — Ordonnance du roi, concernant les compagnies d'invalides, destinées au service de l'artillerie dans les places et sur les côtes.

14 avril 1759. — Brevet qui commet le sieur d'Outremont, avocat au Parlement, pour traiter, suivre et consulter les affaires de l'Hôtel Royal des Invalides.

12 mai 1759. — Ordre pour ne rien changer à la reception d'un brigadier de cavalerie.

12 mai 1759. — Lettre de M. de Cremilles, écrite à M. le comte de la Serre, gouverneur de l'Hôtel, portant décision pour Messieurs les maréchaux-des-logis de la gendarmerie.

25 juin 1759. — Extrait de la lettre de M. le maréchal duc de Belle-Isle à M. le comte de la Serre, gouverneur, portant décision pour Messieurs les gardes-du-corps du roi.

30 octobre 1759. — Brevet de la charge d'architecte et de contrôleur des bâtimens de l'Hôtel, en faveur de M. Pierre Contant, *etc.*

10 janvier 1760. — Arrêt du conseil d'État du roi, qui ordonne l'exécution des arrêts rendus concernant les pensions d'oblats et religieux-lais, attribués à l'Hôtel Royal des Invalides; renvoie pardevant les commissaires nommés par les arrêts du 16 octobre 1728 et autres subséquens, tous les procès, différends et contestations à naître, concernant les droits, privilèges et immunités, accordés au dit Hôtel; et commet le sieur d'Outremont aux fonctions de procureur-général en la dite commission.

19 avril 1750. — Extrait de l'ordonnance du roi, sur la discipline, subordination et service des maréchaussées du royaume.

15 juillet 1760. — Ordonnance du roi, concernant la réception à l'Hôtel, des maréchaux-des-logis et fourriers des compagnies de cavalerie et de dragons.

Lettres-patentes du roi, qui autorisent l'Hôtel

Royal des Invalides, à faire un emprunt de quatre cent mille livres à rentes viagères.

25 août 1760. — Arrêt du conseil d'État du roi, qui attribue à l'Hôtel de l'École Royale Militaire, deux deniers pour livre sur le montant des dépenses des marchés concernant la subsistance, l'entretien et le service, tant des troupes de S. M., que de ses places.

Août 1760. — Aquéduc.

24 octobre 1760. — Observations sur les admissions à l'Hôtel.

30 décembre 1760. — Extrait des registres du conseil d'État du roi, qui commet le sieur Dangé de Bagneux, trésorier de l'Hôtel pour l'exercice 1761, au lieu et place du sieur Fabus, trésorier du dit Hôtel.

3 mars 1761. — Brevet de chirurgien-major en chef et consultant de l'Hôtel (pour succéder au sieur Morand, lors de son décès), en faveur du sieur Sabatier, *etc.*

13 mars 1761. — Arrêt du conseil d'État du roi, qui ordonne que toutes les demandes qui pourront concerner les biens et droits appartenans à l'Hôtel Royal des Invalides, ou à l'École Royale Militaire, seront formés par le ministère du procureur-général du roi en la commission.

10 mai 1762. — Brevet d'inspecteur contrô-

leur-général de l'Hôtel, en survivance du sieur Châteauvillard, pour le sieur de la Ponce, *etc.*

10 décembre 1762. — Extrait de l'ordonnance du roi, concernant l'infanterie française. — Récompense pour les soldats qui ont contracté un troisième engagement.

15 janvier 1763. — Règlement concernant les chirurgiens employés sous les ordres du chirurgien-major, arrêté au conseil de l'Hôtel.

1ᵉʳ février 1763. — Admission à l'Hôtel pour les troupes allemandes, après vingt-quatre ans de service, *etc.*

1ᵉʳ février 1763. — Admission à l'Hôtel pour les troupes françaises, après vingt-quatre ans de service.

5 juin 1763. — Admission à l'Hôtel, concernant la gendarmerie.

19 juillet 1763. — Commission d'adjoint à la lieutenance de roi de l'Hôtel Royal des Invalides, pour le sieur d'Espagnac, maréchal-de-camp des armées du roi.

Octobre 1763. — Édit du roi, portant suppression des offices de trésoriers-généraux de l'Hôtel Royal des Invalides.

25 octobre 1763. — Privilèges aux soldats retirés dans les provinces.

18 novembre 1763. — Création d'un receveur de l'Hôtel.

18 novembre 1763. — Brevet de receveur de l'Hôtel Royal des Invalides, pour le sieur de la Poix de Freminville.

31 janvier 1764. — Règlement pour ce qui concerne le traitement et les fonctions de receveur de l'Hôtel Royal des Invalides, dont il n'est pas fait mention dans l'édit de rétablissement de cette place.

20 janvier 1764. — Brevet de survivance de la place de secrétaire-garde des archives de l'Hôtel Royal des Invalides, pour le sieur Hecquet.

29 janvier 1764. — Admission à l'Hôtel, pour le régiment des Gardes-Françaises de S. M.

26 février 1764. — Ordonnance du roi, concernant les Invalides, et qui leur accorde des pensions, et suppression de plusieurs compagnies.

20 mars 1764. — Revues des compagnies d'invalides. — Extrait de l'ordonnance du roi, concernant les revues des commissaires des guerres.

8 mai 1764. — Lettre en faveur des invalides retirés chez eux. — Extrait de la lettre écrite par M. le comte de Choiseul à M. le comte de la Serre.

10 mai 1764. — Admission a l'hôtel. — Extrait

de l'ordonnance du roi, concernant les régimens suisses et grisons qui sont à son service.

16 septembre 1764. — Lettre sur ce qui doit être observé à la réception de ceux admis pendant l'année 1764. — Copie de la lettre écrite par M. le duc de Choiseul à M. le comte de la Serre.

7 novembre 1764. — Inspection générale des compagnies détachées. — Ordre du roi en faveur du sieur baron d'Espagnac, lieutenant de roi de l'Hôtel Royal des Invalides.

30 novembre 1764. — Ordonnance du roi, concernant les officiers, bas officiers et soldats invalides retirés dans les provinces, et compagnies détachées qui ont été conservées sur pied.

21 janvier 1765. — Décision sur les pensions en faveur de la maréchaussée, *etc.* — Extrait de la lettre écrite par M. le duc de Choiseul à M. le baron d'Espagnac.

22 avril 1765. — Réhabilitation des invalides rayés des registres de l'Hôtel. — Copie de la lettre écrite par M. le duc de Choiseul à M. le baron d'Espagnac.

27 novembre 1765. — ADMISSION A L'HÔTEL. — Extrait de l'ordonnance du roi, concernant les milices.

31 décembre 1765. — Hommes à renvoyer à leurs corps ou dans leurs pays, s'ils n'ont pas le

service requis pour l'Hôtel. — Extrait d'une lettre de M. le duc de Choiseul à M. le comte de la Serre, gouverneur de l'Hôtel Royal des Invalides.

1765. — Observations sur plusieurs règlemens faits en 1765, pour l'Hôtel et les infirmeries, *etc.*

27 février 1766. — Infirmerie. — Règlement pour servir d'instruction aux commis aux entrées.

23 février 1766. — Nouvelle décision pour la dite suppression de tout linge, meubles, ustensiles aux supérieurs et employés qui en avaient ci-devant.

11 mars 1766. — Officiers, bas officiers, soldats détachés, pensionnés ou par grands congés, rappelés à l'Hôtel, et dans quel cas.

17 mai 1766. — Bois, charbon, chandelle, huile à brûler.

21 mai 1766. — Provisions d'adjoint au gouvernement de l'Hôtel Royal des Invalides, pour M. le baron d'Espagnac, maréchal-de-camp, *etc.*

21 mai 1766. — Ordonnance du roi, pour créer quatre compagnies de canonniers invalides, et changer la composition de quelques compagnies invalides, actuellement sur pied.

7 septembre 1766. — Meubles et ustensiles supprimés, *etc.*

7 septembre 1766. — Service des tables (règlement) pour l'Hôtel Royal des Invalides.

11 septembre 1766. — Bâtimens. — Lettre de M. de Choiseul à M. Partayet, intendant de l'Hôtel.

20 septembre 1766. — Punition aux officiers et soldats.

Octobre 1766. — Réfectoire et cuisine des officiers. — Nouvel établissement.

19 octobre 1766. — Ordre du roi, qui commet le sieur Lefebvre, commissaire ordinaire des guerres, secrétaire et garde des archives, pour remplir les fonctions de contrôleur, inspecteur-général, par intérim seulement, au lieu et place du sieur de la Ponce, qui en était devenu titulaire, par la retraite du sieur de Châtauvillard.

31 octobre 1766. — Suppression de l'école des trompettes et timbales.

8 novembre 1766. — Ordonnance du roi, qui accorde une solde par mois aux soldats qui sont invalides, et augmente celle des bas officiers.

8 novembre 1766. — Ordonnance du roi, concernant les invalides logés hors de l'Hôtel.

8 novembre 1766. — Officiers et soldats mis par bataillons et par compagnies dans l'intérieur de l'Hôtel.

13 novembre 1766. — Traitemens en argent

aux supérieurs, employés quelconques de l'Hôtel, et rations supprimées.

18 novembre 1766. — Leçons d'anatomie.

18 novembre 1766. — Ordonnance du roi, portant règlement pour les cours d'anatomie, dans l'Hôtel Royal des Invalides.

18 novembre 1766. — Chirurgiens, apothicaire au concours.

18 novembre 1766. — Règlement provisoire, sur quelques objets concernant le service des infirmeries.

4 décembre 1766. — Règlement pour les manicros et les moinelais.

1ᵉʳ décembre 1766. — Ordonnance du roi, concernant la paie des officiers, bas officiers et soldats invalides détachés de l'Hôtel, pour servir dans les compagnies ou retirés avec pension.

15 décembre 1766. — Ordonnance du roi, concernant le paiement des invalides.

31 décembre 1766. — Commission de la charge de lieutenant de roi, pour le sieur Daston.

28 janvier 1767. — Habillement.

12 février 1767. — Emplois d'inspecteurs et contrôleurs des caves, grains et farines, supprimés.

31 mars 1767. — Chemises fines supprimées.

22 novembre 1767. — Commission de la charge de major, pour le sieur Guillaume de Gilibert.

1ᵉʳ janvier 1768. — Admission à l'Hôtel pour l'infanterie, cavalerie, dragons et troupes légères.

25 février 1768.—Admission a l'hôtel.—Extrait de l'ordonnance du roi, concernant l'augmentation, le service, la discipline et le traitement des maréchaussées.

2 avril 1768. — Déclaration du roi, qui fixe le droit d'oblat à une somme annuelle de 300 livres.

23 août 1768. — Buanderie.

12 novembre 1768. — Vétérances aux domestiques de l'Hôtel.

18 décembre 1768. — Défense de vendre des denrées.

18 décembre 1768. — Règlement concernant le rachat, vente et trafic des denrées ou effets donnés aux officiers, bas officiers ou soldats résidans à l'Hôtel, pour leur subsistance et entretien.

13 janvier 1769. — Arrêt du conseil d'État du roi, portant confirmation de la déclaration du roi du 2 avril 1768, en interprétation de la réserve qui y est mentionnée au sujet de la pension d'oblat.

2 décembre 1768. — Evènement remarquable.

16 février 1769. — Contrat portant nouvelles conventions entre l'Hôtel et la communauté des sœurs de la charité, pour le service des infirmeries.

1er mai 1769. — Ordonnance du roi, pour créer deux compagnies d'invalides, et réduire celles qui sont détachées dans les provinces.

15 octobre 1769. — Arrêt du conseil d'État du roi, en interprétation de la déclaration du roi du 2 avril 1768, concernant les pensions d'oblats.

27 décembre 1769. — Admission a l'hôtel — Extrait de l'ordonnance du roi, concernant les maréchaussées.

31 décembre 1769. — Brevet de directeur de l'Hôtel Royal des Invalides, en faveur du sieur Jacques-Donatien-le-Ray de Chaumont.

5 janvier 1770.—Permission aux voitures pour le service de l'Hôtel, de passer sur les nouveaux boulevards.

25 mai 1770. — Souliers supprimés aux infirmeries, pantoufles de buffle à leur place.

16 septembre 1770. — Prêtres supprimés.

17 septembre 1770. — Brevet de médecin de l'Hôtel, en survivance pour le sieur Munier fils.

22 septembre 1770. — Brevet qui accorde la survivance de la charge d'architecte-contrôleur des bâtimens de l'Hôtel au sieur Le Camus, architecte, pour succéder au sieur Contant.

1er octobre 1770. — Ordonnance du roi, portant création de deux compagnies d'invalides, et suppression des deux autres.

17 décembre 1770. — Admission à l'Hôtel pour les Suisses pensionnés.

Janvier 1771. — Evènement remarquable.

4 août 1771. — ADMISSION A L'HÔTEL. — Extrait de l'ordonnance du roi, pour former les bataillons de milice en régimens provinciaux.

4 août 1771. — ADMISSION A L'HÔTEL. — Extrait de l'ordonnance du roi, pour accorder la solde entière, et des marques distinctives aux anciens appointés, grenadiers et tambours de la compagnie du corps des grenadiers à cheval.

4 août 1771. — ADMISSION A L'HÔTEL. — Extrait de l'ordonnance du roi, pour la suppression des grenadiers de France.

10 septembre 1771. — Blanchissage du linge en argent.

17 avril 1772. — Ordonnance du roi, concernant les invalides pensionnés, les soldats retirés dans les provinces avec leur solde et demi-solde, et les vétérans.

18 juillet 1771. — Brevet d'apothicaire-major de l'Hôtel, en faveur de M. Parmentier.

11 août 1772. — ADMISSION A L'HÔTEL. — Décision pour les gardes de M. le comte de Provence.

21 août 1772. — ADMISSION A L'HÔTEL. — Décision en faveur des capitaines des portes de l'École Royale Militaire.

23 août 1772. — Admission a l'hôtel. — Extrait de l'ordonnance du roi, concernant le corps royal d'artillerie.

5 et 31 octobre 1772. — Arbres coupés dans le quinconce ; et pourquoi.

10 novembre 1772. — Règlement concernant le paiement des soldes et demi-soldes accordées aux bas officiers, soldats, cavaliers, hussards ou dragons retirés, et pour dispenser de la retenue des quatre deniers pour livre les pensions des invalides retirés dans les provinces.

29 janvier 1773. — Filles de charité réduites à trente.

29 janvier 1773. — Apothicaire-major, supprimé.

16 mars 1773. — Archives de l'ordre de Saint-Louis, établies à l'Hôtel.

2 septembre 1774. — Tables de marbre dans les quatre réfectoires.

11 février 1774. — Admission a l'hôtel. — Extrait de l'ordonnance du roi, concernant la compagnie de maréchaussée de l'Ile de France.

6 mai 1774. — Arbres élagués, et pourquoi.

30 mai 1774. — Portiers en deuil à la mort de S. M. Louis XV.

31 décembre 1774. — Arrêt du conseil d'État du roi, qui supprime la place d'apothicaire-major

de l'Hôtel, dont le sieur Parmentier était pourvu.

19 janvier 1775. — Commission de receveur des pensions d'oblats du département de Metz, en faveur du sieur Brémont (receveur des oblats de Lorraine), vacante par le décès du sieur d'Humbepaire, qui en était pourvu.

11 février 1775. — Evènement remarquable.

8 juin 1775. — Infirmeries. — Abus réformés ; et à quelle occasion.

12 août 1775. — Infirmeries. — Abus des bains.

2 septembre 1775. — Uniformes pour les compagnies d'invalides.

25 mars 1776. — Admission a l'hôtel. — Extrait de l'ordonnance du roi, concernant l'infanterie française et étrangère.

25 mars 1776. — Admission a l'hôtel. — Extrait de l'ordonnance du roi, portant règlement sur l'administration de tous les corps de troupes, *etc.*

17 juin 1776. — Nouvelle administration de l'Hôtel Royal des Invalides. — Ancienne administration de l'Hôtel supprimée, et nouvelle administration établie du 17 juin 1776.

17 juin 1776. — Ordonnance du roi, concernant la constitution et administration de l'Hôtel Royal des Invalides, les officiers, bas officiers et soldats pensionnés du 17 juin 1776.

25 juin 1776. — Ordonnance du roi, concer-

nant les compagnies détachées de l'Hôtel Royal des Invalides, du 17 juin 1776.—Instruction pour M. de la Ponce, relativement à l'exécution de l'ordonnance du 17 juin 1776, concernant l'Hôtel Royal des Invalides.

25 juin 1776. — État des traitemens accordés par le roi aux officiers du grand état-major, pour les appointemens des commis de leurs secrétariats, frais de bureaux et d'impression, et leur abonnement pour le bois, la lumière et le blanchissage.

26 juin 1776. — Bas officiers et fusiliers détachés à Paris et aux environs, reçus aux infirmeries.

7 juillet 1776. — Officiers pensionnés à Paris, traités aux infirmeries.

18 juillet 1776.—Réduction des sœurs à trente.

20 juillet 1776. — Décision des administrateurs. — Chaussettes et caleçons supprimés aux infirmeries.

28 juillet 1776.—Médecines de précaution supprimées.

29 juillet 1776. — Ports de lettres. Franchises des dits ports et à qui accordées.

14 août 1776. — Officiers quittant l'Hôtel, rayés des registres.

14 août 1776. — Pensions sur les fonds de l'Hôtel, accordées aux officiers, bas officiers et sol-

dats sortis de l'Hôtel, se paieront tous les deux mois.

1ᵉʳ septembre 1776. — Gratifications sur les fonds de l'Hôtel, accordées aux officiers qui sont pensionnés sur les fonds du dit Hôtel.

25 septembre 1776. — Grands congés habillés par l'Hôtel.

29 octobre 1776. — M. de la Ponce, directeur, autorisé par extrait des registres du conseil d'État du roi, de vérifier, arrêter et signer tous les mémoires des entrepreneurs et ouvriers non payés, sous la direction des sieurs Partayet et le Ray de Chaumont.

16 novembre 1776. — Invalides pensionnés, blessés, admis aux infirmeries et à l'Hôtel, à l'âge de soixante-quinze ans.

Mars 1777. — Plans ci-devant au Louvre, actuellement à l'Hôtel.

20 avril 1777. — Evènement remarquable.

7 juin 1777. — Décompte en argent, du linge et des chaussures, aux compagnies détachées.

27 juin 1777. — Oblats. — Augmentation de gratification et de frais de ports de lettres, accordés au commis du comptable.

17 juillet 1777. — Gardes-Françaises.— Extrait de l'ordonnance du roi, concernant leur admission à l'Hôtel.

9 août 1777. — Franchises du vin en argent, aux officiers des compagnies détachées à Paris.

24 août 1777. — Lettres-patentes du roi, qui renvoient à la Grand'Chambre du Parlement de Paris, la connaissance des contestations nées et à naître, au sujet des biens, revenus, droits, privilèges, exemptions et immunités appartenans à à l'Hôtel Royal des Invalides.

25 septembre 1777.—Évènement remarquable.

1ᵉʳ mars 1778. — Troupes provinciales. — Extrait du règlement concernant leur admission à l'Hôtel.

9 mars 1778. — Ordonnance du roi, concernant les invalides pensionnés, soldes et demi-soldes, et récompenses militaires, retirés dans les provinces.

31 mars 1778. — Infirmerie.—Salles nouvelles pour les officiers.

28 avril 1778. — Retraite à l'Hôtel des Invalides. — Extrait de l'ordonnance du roi, concernant la maréchaussée.

5 mai 1778. — Origine de l'impression de la description historique de l'Hôtel Royal des Invalides.

26 mai 1778. — Établissemens de deux sous-inspecteurs des bâtimens.

10 août 1778. — Brevet de receveur des oblats

de la province d'Artois, en faveur du sieur de Gouvé, vacante par la retraite du sieur Denys, secrétaire du roi.

30 septembre 1778. — Commission de receveur des oblats du département d'Alsace, pour le sieur Brémont, receveur des oblats de Lorraine et Pays-Messin, vacante par le décès du sieur Duval.

15 décembre 1778. — Brevet de contrôleur-général des bâtimens, en faveur du sieur Boullée, de l'Académie royale d'Architecture, vacante par la démission du sieur le Camus, qui en était pourvu.

21 février 1779. — Habillement. — Extrait du règlement arrêté par le roi, pour l'uniforme des compagnies d'invalides.

1er janvier 1780. — Contrôleur aux entrées des infirmeries ; la dite place rétablie en faveur du sieur Brayer.

4 janvier 1780. — Lettre de M. le prince de Montbarey à Messieurs les administrateurs de l'Hôtel, pour deux mille six livres un sou sept deniers, remboursés par les régisseurs des cuirs.

20 juillet 1780. — Extrait de l'ordonnance du roi, concernant les compagnies des gardes-du-corps de Monsieur, et les deux compagnies des gardes-du-corps de M. le comte d'Artois.

ÉTAT des lois, règlements et ordonnances concernant l'organisation de l'Hôtel royal des Invalides, insérés au bulletin des lois et manuscrits. (1)

* 16 mai 1790. — Augmentation de la solde des invalides détachés.

1er juillet 1790. — Classement des places de guerre.

* 9 juillet 1790. — Mode du paiement des pensions.

3 août 1790. — Règlement sur les pensions.

* 22 août 1790. — Les fonds destinés aux invalides, ne font point partie des fonds affectés aux pensions.

* 15 septembre 1790. — Paiement des officiers invalides pour l'année 1790, jusqu'à concurrence de 600 francs.

* 21 septembre 1790. — Indemnité qui pourrait être nécessaire à l'Hôtel Royal des Invalides, pour le remplacement de différens droits supprimés.

* 21 septembre 1790. — Le Trésor public paiera à la caisse des Invalides, la somme de deux cent dix mille francs, pour la prestation des oblats.

(1) Les lois marquées d'une astérique n'existent point à la collection des n^{os} du *Bulletin des Lois* de l'Imprimerie royale.

* 25 février 1791. — Acquit des dépenses de l'Hôtel Royal des Invalides, pour 1791.

28 mars 1791. — Décret de l'Assemblée Nationale, portant, article 2e : « L'état-major de l'Hôtel est supprimé ; l'administration en sera reformée. »

* 17 avril 1791. — Désignation des militaires qui seront reçus à l'avenir à l'Hôtel des Invalides.

* 17 avril 1791. — Pension de retraite des officiers et soldats qui voudront en sortir.

* 17 avril 1791. — Suppression de l'état-major de l'Hôtel.

* 13 mai 1791. — Les marins estropiés ou qui seront d'un âge caduc, ou qui n'auront aucun moyen de subsister, y seront reçus.

* 4 août 1791. — Le président de l'Assemblée, est chargé d'écrire au ministre de la guerre, pour faire expédier aux invalides réclamans, la somme à eux allouée par les précédens décrets.

* 4 août 1791. — Compte à rendre à l'Assemblée, de la situation du personnel de l'Hôtel des Invalides.

* 5 janvier 1792. — La somme versée par le sieur Guillaume sera versée dans la caisse des Invalides.

* 27 janvier 1792. — Ordre de la remettre à la caisse de l'extraordinaire.

* 11 avril 1792. — Versement dans la caisse de

l'Hôtel des Invalides, d'une somme de quatre cent mille francs, de l'emploi de laquelle il sera rendu compte.

* 16 mai 1792. — Le ci-devant Hôtel des Invalides est conservé sous la dénomination d'Hôtel National des militaires invalides.

* 16 mai 1792. — Administration intérieure de l'Hôtel. — Conseil d'administration. — Bureau administratif et tribunal de conciliation.

* 6 juin 1792. — Logement en argent des officiers.

* 27 juillet 1792. — Versement d'une somme de quatre cent mille francs, dans la caisse des Invalides.

* 21 septembre 1792. — Services des infirmeries des Invalides.

* 3 octobre 1792. — Somme destinée aux besoins de l'Hôtel des Invalides.

* 11 novembre 1792. — Il est nommé des commissaires pour recevoir les plaintes des invalides de l'Hôtel.

* janvier 1793. — La somme de 400,000 francs est mise à la disposition du ministre de l'intérieur, pour les dépenses de l'Hôtel des Invalides.

8 janvier 1793. — Arrêté du département. — Tableau des invalides admis et à admettre.

' 12 janvier 1793. — Le ministre de la guerre

admettra, provisoirement, à l'Hôtel National des Invalides les volontaires nationaux, et soldats des troupes de ligne, qui reviennent des armées avec des blessures ou des infirmités.

* 27 janvier 1793. — Plaintes des invalides sur l'inexécution de l'organisation de l'Hôtel.

* 6 février 1793. — Les boutons des habits des militaires invalides, seront changés.

* février 1793. — Secours à accorder à des militaires invalides, pour se rendre aux lieux qui leur seront indiqués par les officiers de santé.

* 23 et 24 février 1793. — Les chirurgiens, pharmaciens et aides-majors, chirurgiens de l'Hôtel, qui partiront pour les armées, conserveront leurs places.

* 24 février 1793. — Impression de l'adresse des vétérans de l'Hôtel.

* 3 mars 1793. — Admission de militaires aux places qui y sont vacantes.

* 15 mars 1793. — Traitement des militaires qui y seront admis provisoirement.

* 31 mars 1793. — Compte à rendre de l'exécution de la loi du 16 mai 1792, sur l'organisation de la maison des Invalides.

* 30 mai 1793. — Tableau de militaires invalides admis à l'Hôtel ou à la pension.

* Juin 1793. — Décret relatif aux pensions accordées, *etc.*

* 27 juin 1793. — Le nombre des places à l'Hôtel est porté de trois mille six cents à quatre mille hommes, pour l'année 1793.

* 5 septembre 1793. — La solde des vétérans composant les compagnies détachées à l'Hôtel, est augmentée.

* 29 octobre 1793. — La fourniture d'habillement est continuée aux invalides.

* 24 décembre 1793. — Paiement des pensions accordées aux militaires qui sont admissibles à l'Hôtel des Invalides.

* 7 mars 1794. — Dépenses de l'Hôtel.

* 7 mars 1794. — Paiement des pensions des invalides.

* 28 avril 1794. — La nourriture des officiers et soldats à l'Hôtel sera la même.

* 4 fructidor an 2. — Les militaires qui se sont retirés ou se retireront de l'Hôtel pour jouir de la pension représentative de cette maison, toucheront, à compter du 1er vendémiaire prochain, 300 francs par an.

13 floréal an 2. — Décret, qu'à l'avenir, il n'y aura plus aucune distinction, dans les rations fournies aux officiers et soldats de la Maison militaire des Invalides.

17 floréal an 2. — Établissement d'une école à l'Hôtel, pour enseigner à lire, écrire et compter.

25 floréal an 2. — Arrêté du Comité de Salut Public, qui supprime l'administration de la Maison Nationale des Invalides, et la remplace par une agence.

26 floréal an 2. — Nomination des membres de l'agence.

* 13 nivôse an 3. — Secours annuels accordés aux veuves âgées au moins de cinquante ans, et aux enfans d'invalides ou de militaires retirés avec la pension.

* 10 messidor an 3. — Rapport à faire sur les moyens de venir au secours des invalides.

* 11 floréal an 4. — Recherche des procédés propres à faciliter aux citoyens privés de quelque membre, le moyen d'exercer leur industrie.

* 26 messidor an 4. — Message du directoire, pour obtenir une nouvelle organisation de l'Hôtel.

* 9 thermidor an 4. — Il est accordé des pensions aux veuves et enfans des invalides.

* 14 thermidor an 4. — Rectification de cette loi.

22 brumaire an 5. — Nouvelle organisation.

30 brumaire an 5. — Nomination aux emplois de l'état-major.

* 5 ventôse an 5. — Il est accordé une pension

de retraite à cinquante militaires, en place de leur admission à l'Hôtel des Invalides.

* 25 vendémiaire an 6. — Situation de l'Hôtel des Invalides.

25 vendémiaire an 6. — Composition de l'état-major et des fonctionnaires. — Règlement sur leurs attributions.

27 vendémiaire an 6. — Nomination aux emplois de l'état-major et des fonctionnaires.

* 28 ventôse an 6. — Dépenses de l'Hôtel, et mode de paiement.

29 ventôse an 6. — Loi relative aux dépenses.

25 germinal an 6. — Changemens à l'arrêté du 25 vendémiaire dernier.

25 germinal an 6. — Ouverture d'une nouvelle allée à la partie occidentale de l'Hôtel.

* 19 floréal an 6. — Arrêté du Directoire exécutif, concernant l'Hôtel des Invalides. — Visite générale des militaires admis; leur réduction à trois mille cinq cents, et établissement d'une succursale à Versailles.

17 messidor an 6. — Etablissement d'une succursale à Saint-Cyr.

* 9 frimaire an 7. — Paiement des pensions représentatives de l'Hôtel.

* 11 frimaire an 7. — Les dépenses de cette maison font partie des dépenses générales.

13 frimaire an 7. — Nouveau mode d'administration des Invalides, sous la forme de régie intéressée.

* 26 fructidor an 7. — Retenue faite sur les dépenses de la guerre, au profit de l'Hôtel.

6 frimaire an 8. — Composition du Conseil d'administration. — Suppression de la régie.

17 et 26 frimaire an 8. — Nominations des fonctionnaires. — Leur traitement.

23 prairial an 8. — Règlement portant organisation de toutes les parties de services relatives à l'administration, en exécution de l'arrêté du 6 frimaire.

* 13 frimaire an 8. — Paiement des pensions des militaires invalides, pour le second semestre de l'an 7.

* 8 nivôse an 8. — Exécution de travaux destinés à l'embellissement de l'Hôtel des Invalides.

19 pluviôse an 8. — Établissement d'une bibliothèque à l'Hôtel, de la quantité de vingt mille volumes, pour l'usage des invalides.

* 1er thermidor an 8. — Dépôt du sabre de la Tour-d'Auvergne au temple de Mars.

* 27 thermidor an 8. — Inscription dans ce Temple, des militaires qui ont obtenu des armes d'honneur.

* 3 fructidor an 8. — Peines contre les invalides

convaincus d'avoir vendu ou donné des effets destinés à leur usage.

* 7 fructidor an 8. — Établissement de quatre succursales : une dans la 24°, une dans la 26°, une dans la 12°, et une dans la 8° divisions militaires.

* 18 fructidor an 8. — Décret relatif à la fête du 1ᵉʳ vendémiaire.—Arrêté des consuls, sur la translation du corps de Turenne au temple de Mars, où il sera déposé. — Le monument élevé à sa mémoire y sera placé.

21 fructidor an 8.— Établissement à Versailles, d'un institut pour les élèves tambours, sous les ordres du commandant en chef des Invalides ; le chef de brigade Desaudray, directeur.

* 28 fructidor an 8. — Paiement des pensions accordées à des veuves de militaires invalides.

* 19 frimaire an 9. — Nouvelle fixation des soldes de retraite, et règles d'administration à l'Hôtel.

* 2 ventôse an 9. — Paiement à domicile de pensions accordées à des veuves d'invalides.

* 30 ventôse an 9. — Capital des domaines nationaux, affectés à la dépense des succursales de l'Hôtel.

* 8 germinal an 9. — La police et l'administration de ces succursales. — Son organisation.

* 13 floréal an 9. — Mobilier des militaires invalides décédés.

1ᵉʳ prairial an 9. — Paiement des pensions accordées à des veuves d'invalides.

11 prairial an 9. — Arrêté des consuls, qui met à la disposition du ministre de la guerre, pour établir la succursale d'Avignon, les ci-devant monastères de Saint-Louis, Saint-Charles et les Célestins.

* 8 fructidor an 9. — Établissement d'une succursale à Nice, pour trois cents hommes, destinée aux militaires des pays méridionaux.

5 vendémiaire an 10. — Règlement d'administration pour la succursale d'Avignon, nouvellement formée.

* 19 frimaire an 10. — Paiement de pensions accordées à des veuves d'invalides.

* 5 nivôse an 10. — Époque à laquelle la distribution aura lieu aux Invalides, d'après le nouveau système des poids et mesures.

5 pluviôse an 10. — Les élèves de l'Institut existant à l'Hôtel des Invalides, seront transférés à Compiègne.

9 pluviôse an 10.—Suppression de la succursale de Versailles.

* 27 ventôse an 10. — Pensions accordées à des veuves d'invalides.

29 ventôse an 10. — Gratification d'un mois de solde, accordée aux militaires invalides, tant à Paris qu'à Versailles.

* 10 germinal an 11. — L'arrêté des consuls, du 7 thermidor an 10, relatif aux créanciers des fonctionnaires du gouvernement, est applicable à la solde de menus besoins des militaires invalides. — Mode de paiement de créances sur les militaires invalides.

27 prairial an 11. — Il est accordé des feuilles de route avec indemnité, aux militaires invalides, sortant par congé.

* 10 floréal an 11. — Il n'est plus accordé de feuilles de route à ces militaires. Ils recevront 50 centimes, pendant tout le temps de leur absence par congé. Sont exceptés, les militaires allant de l'Hôtel à la succursale, et *vice versa*.

19 messidor an 11. — Nouvelle organisation de l'administration de l'Hôtel des Invalides et de ses succursales, à compter du 1er vendémiaire an 12.

25 thermidor an 12. — Règlement d'administration et de comptabilité de l'Hôtel et des succursales.

25 fructidor an 12. — Règlement concernant l'admission et la sortie des invalides.

22 février 1808. — La dépense des bâtimens

de l'Hôtel, sera entièrement à la charge du ministère de la guerre.

* 25 mars 1811.—Décret de l'empereur, sur l'administration, la police et les dépenses de l'Hôtel.

* 10 avril 1811. — Retenues à faire sur la solde de retraite, en faveur de cet Hôtel.

12 avril 1808. — Les militaires invalides pour délits graves, qui ne seraient pas de nature à être déférés aux tribunaux, les mauvais sujets incorrigibles, pourront être envoyés dans une maison de détention, pendant trois mois.—Décret impérial.

* 23 juillet 1811. — Mode de perception du prélèvement d'un pour cent au profit de l'Hôtel, sur les octrois et revenus du commerce.

18 août 1811.—Honneurs à rendre au ministre de la guerre, lorsqu'il se rendra à l'Hôtel.

1er septembre 1811. — Costumes de l'intendant, du trésorier et du secrétaire archiviste.

19 septembre 1811. — Décret relatif à l'exécution des articles 12, 13 et 14 du décret du 28 août, sur l'approvisionnement des grains et farines.

* 22 décembre 1812. — Mode d'exécution de l'article 2 du décret du 25 mars 1811, relatif à la dotation de cet Hôtel.

19 avril 1813. — Pension de 200 francs, accordée aux militaires invalides aveugles.

4 novembre 1813. — Admission à la vétérance des anciens servans.

* 12 septembre 1814. — Ordonnance relative à l'administration de l'Hôtel Royal des Invalides, et à la suppression des succursales. — Délai de trois mois, accordé aux militaires invalides qui voudront se retirer avec une retraite plus forte que celle accordée par les règlemens.

* 12 décembre 1814. — Rétribution à payer par forme de droit de sceau, au profit de l'Hôtel Royal des Invalides, pour l'expédition des brevets d'avancement et grades honorifiques.

* 16 décembre 1814. — Ordonnance relative à la succursale d'Avignon.

* 13 mai 1815. — Décret impérial, qui annulle l'ordonnance du 12 décembre 1814, relative à l'établissement d'une caisse des Invalides de la guerre.

* 10 janvier 1816. — Ordonnance relative à la dotation et à l'administration de l'Hôtel Royal des militaires invalides. — M. le duc de Coigny nommé gouverneur. — Ordonnance portant nomination des membres du grand Conseil d'administration de l'Hôtel Royal des militaires invalides. — Ordonnance portant nomination des membre du Conseil d'administration de l'Hôtel et de ses succursales. — Ordonnance portant nomination de l'administrateur comptable de l'Hôtel et de ses succursales. —Ordonnance portant nomination du trésorier de la dotation des invalides de la guerre, et payeur de l'Hôtel des militaires invalides.

21 février 1816. — Ordonnance qui accorde le titre de secrétaire général archiviste, au secrétaire archiviste de l'Hôtel, et élève son traitement de 4,000, à 5,000 francs.

11 octobre 1816. — Suppressions d'emplois.— Suppressions et réductions de traitemens, pour l'Hôtel et ses succursales.

6 mai 1818. — Suppression de la succursale d'Arras.

4 mai 1820. — Ordonnance qui met l'administration des Invalides et de ses succursales en rapport avec l'institution du corps des intendans militaires. — Suppression de l'emploi d'administrateur comptable, remplacé par un sous-intendant militaire.

28 prairial an 8. — Aucun militaire invalide ne peut se marier sans autorisation du ministre de la guerre demandée par le commandant en chef de l'Hôtel, sous peine d'être renvoyé.

16 juin 1808. — Décret sur les mariages des militaires, et instruction.

24 février 1818. — Avis d'une décision du roi, qui défend les mariages des militaires invalides.

18 décembre 1822. — Rapport au roi, qui maintient formellement le principe de la défense du mariage des militaires invalides, et laisse le ministre, juge des cas particuliers où il pourrait être toléré.

17 mai 1822. — Lettre du ministre, qui annonce qu'il a appelé l'attention du ministre de l'intérieur, sur les mesures à prendre pour s'assurer de l'état des militaires invalides qui veulent se marier.

9 avril 1823. — Remise des bâtimens de l'ancien séminaire de Saint-Charles, affectés à la succursale d'Avignon, à l'archevêque, pour y établir le séminaire.

24 juin 1829. — Ordonnance relative aux sous-lieutenans et adjudans sous-officiers, qui obtiendront à l'avenir leur admission.

12 août 1830. — Ordonnance qui nomme M. le maréchal comte Jourdan, gouverneur de l'Hôtel des Invalides, en remplacement de M. le marquis de la Tour-Maubourg, démissionnaire.

16 octobre 1830. — Ordonnance qui réduit les dépenses de l'administration des Invalides. — Réduction d'emploi et de traitemens, en cas de vacance.

11 avril 1831. — Loi sur les pensions.

14 décembre 1831. — Réduction du personnel

de santé de l'Hôtel et de la succursale. — Service administratif des infirmeries, donné aux officiers d'administration des hôpitaux.

* 10 mars 1832. — Composition du Conseil d'administration, et mode d'élection de ses membres.

* 10 mars 1832. — Ordonnance relative à la composition du Conseil d'administration gérant l'Hôtel des Invalides.

* 1er mai 1832. — Ordonnance du roi, concernant la nomination à divers emplois dans l'Hôtel et la succursale des Invalides.

* 16 mai 1832. — Ordonnance portant que les emplois militaires à l'Hôtel des Invalides, celui de gouverneur excepté, seront, à l'avenir, donnés exclusivement aux officiers en retraite.

DOTATION.

* 25 mars 1811. — Décret du 25 mars 1811, portant création de la dotation de l'Hôtel des Invalides.

22 mai 1812. — Décret portant qu'une portion des octrois des villes non passibles du prélèvement du centime ordonné par le précédent, réviendra à l'Hôtel.

* 22 décembre 1812. — Décret qui régle l'administration des terrains des fortifications, dont le revenu fait partie de la dotation.

• 10 janvier 1816. — Ordonnance qui répartit les fonds de la dotation entre les Invalides, les écoles militaires et l'ordre de Saint-Louis, crée un directeur de la dotation, *etc.*

24 novembre 1824. — Suppression du directeur de la dotation, et réglement sur le nouveau mode de comptabilité.

24 novembre 1824. — Application des règles suivies dans les autres branches de l'administration publique, à la comptabilité de la dotation.

1er mai 1832. — Suppression de la dotation.

25 mai 1832. — Décret relatif aux fonds provenant des successions des invalides décédés dans l'Hôtel et dans ses succursales. — Ordonnance du roi, qui contient des dispositions relatives aux successions des militaires décédés à l'Hôtel des Invalides, et porte que leurs veuves pourront recevoir des secours sur les fonds destinés au service de cet établissement.

13 floréal an 9. — Successions.

23 vendémiaire an 13.
25 mai 1832. } Pensions des veuves.

• 23 janvier 1833. — Ordonnance du roi, relative aux fonds provenant des successions des militaires décédés à l'Hôtel des Invalides.

• 17 décembre 1833. — Ordonnance du roi,

qui nomme M. le maréchal Moncey, duc de Conégliano, gouverneur de l'Hôtel des Invalides.

* 30 novembre 1836.—Suppression de l'emploi d'intendant militaire, et remplacé par un sous-intendant militaire de 1re classe en activité. — Suppression de l'emploi de sous-intendant militaire, qui est nommé agent de surveillance des services administratifs de l'Hôtel. — Ordonnance relative au personnel du service de santé de l'Hôtel et de sa succursale.

4 mars 1837. — Arrêté ministériel concernant les vivres en nature, et l'assiette des logemens.

* 21 septembre 1837. — Ordonnance relative a divers emplois du service intérieur de l'Hôtel et de sa succursale. — Dispositions en faveur des militaires qui auront occupé des emplois d'adjudans-majors, sous-adjudans-majors, chefs de division, *etc*,

13 mars 1838. — Loi qui autorise la cession gratuite à la ville de Paris, d'avenues et places dépendant de l'Hôtel des Invalides et de l'École-Militaire.

9 janvier 1839. — Arrêté ministériel, concernant les congés que les militaires invalides sont susceptibles d'obtenir.

6 mars 1842. — Ordonnance du roi, qui détermine les conditions auxquelles les officiers en pos-

session d'une pension de réforme, seront admis à concourir pour les places vacantes aux Invalides. (*Journal Militaire*, année 1842, N° 11, page 101.).

FIN DU PREMIER VOLUME.

TABLE DES MATIÈRES

CONTENUES

DANS CE VOLUME.

INTRODUCTION	j
Chapitre Ier. — Nationalité, importance, nécessité de l'Hôtel Royal des Invalides ; son influence sur l'esprit de l'armée	1
Chapitre II. — Histoire de la fondation de l'Hôtel Royal des Invalides	15
Chapitre III. — Fondation de l'Hôtel Royal des Invalides par Louis XIV	43
Chapitre IV. — Phases diverses de l'Institution des Invalides, depuis sa fondation jusqu'à sa réforme par l'Assemblée Nationale en 1792	61
Chapitre V. — Histoire générale de l'Institution, depuis 1791, jusqu'à nos jours	81
Chapitre VI. — Description générale de l'Hôtel	107
Chapitre VII. — Lois et ordonnances concernant les divers titres d'admission à l'Hôtel Royal des Invalides . . .	131
Chapitre VIII. — Ressources financières de l'Hôtel Royal des Invalides	159
Chapitre IX. — Administration générale de l'Hôtel Royal des Invalides	181
Chapitre X. — Service religieux	211
Chapitre XI. — Service de santé	241
Chapitre XII. — Service d'alimentation	263
Chapitre XIII. — Service d'habillement	281
Chapitre XIV. — Inhumations. — Honneurs funèbres .	293
Succursales de l'Hôtel Royal des Invalides	301
Annales législatives de l'Institution et de l'Hôtel Royal des Invalides	315

www.ingramcontent.com/pod-product-compliance
Lightning Source LLC
Chambersburg PA
CBHW052036230426
43671CB00011B/1677